国家出版基金项目
NATIONAL PUBLICATION FOUNDATION

王力全集　第十六卷

怎样学习普通话

王　力 著

中 华 书 局

图书在版编目（CIP）数据

怎样学习普通话／王力著.—北京：中华书局，2014.3
（2015.7 重印）
（王力全集;16）
ISBN 978－7－101－09898－3

Ⅰ.怎… Ⅱ.王… Ⅲ.普通话—文集 Ⅳ.H102-53

中国版本图书馆 CIP数据核字（2013）第 310717 号

书　　名　怎样学习普通话
著　　者　王　力
丛 书 名　王力全集　第十六卷
出版发行　中华书局
　　　　　（北京市丰台区太平桥西里 38 号　100073）
　　　　　http://www.zhbc.com.cn
　　　　　E-mail:zhbc@zhbc.com.cn
印　　刷　北京天来印务有限公司
版　　次　2014 年 3 月北京第 1 版
　　　　　2015 年 7 月北京第 2 次印刷
规　　格　开本/880×1230 毫米　1/32
　　　　　印张 9⅛　插页 2　字数 221 千字
印　　数　3001-5000 册
国际书号　ISBN 978－7－101－09898－3
定　　价　35.00 元

《王力全集》出版说明

　　王力(1900—1986)，字了一，广西壮族自治区博白县人，我国著名语言学家、教育家、翻译家、散文家和诗人。

　　王力先生毕生致力于语言学的教学、研究工作，为发展中国语言学、培养语言学专门人才作出了重要贡献。王力先生的著作涉及汉语研究的多个领域，在汉语发展史、汉语语法学、汉语音韵学、汉语词汇学、古代汉语教学、文字改革、汉语规范化、推广现代汉语普通话和汉语诗律学等领域取得了杰出的成就；在诗歌、散文创作和翻译领域也卓有建树。

　　要了解中国语言学的发展脉络、发展趋势，必须研究王力先生的学术思想，体会其作品的精华之处，从而给我们带来新的领悟、新的收获，因而，系统整理王力先生的著作，对总结和弘扬王力先生的学术成就，推动我国的语言学及其他相关学科的发展，具有重要的意义。

　　《王力全集》完整收录王力先生的各类著作三十余种、论文二百余篇、译著二十余种及其他诗文等各类文学。全集按内容分卷，各卷所收文稿在保持著作历史面貌的基础上，参考不同时期的版本精心编校，核订引文。学术论著后附"主要术语、人名、论著索引"，以便读者使用。

　　《王力全集》的编辑出版工作中，得到了王力先生家属、学生及社会各界人士的帮助和支持，在此谨致以诚挚的谢意。

中华书局编辑部

2012 年 3 月

本卷出版说明

本卷收入王力先生的专著《江浙人怎样学习普通话》《广东人怎样学习普通话》《谈谈汉语规范化》以及七篇关于普通话的文章。

《江浙人怎样学习普通话》原名《江浙人学习国语法》，扉页上题"献给蔚霞"，蔚霞即夏蔚霞先生，是王力先生夫人，江苏苏州人。据夏蔚霞先生回忆，王先生编写本书的初衷就是为了帮助她学习普通话的。1936 年正中书局出版，1955 年稍作修订，由文化教育出版社出版（后称"文教本"）。《广东人怎样学习普通话》原名《广东人学习国语法》，1951 年由华南人民出版社出版。1955 年稍作修订，如"国语"改称"普通话"、拉丁字母标音法改为注音字母标音法，由文化教育出版社出版（后称"文教本"）；1990 年山东教育出版社出版的《王力文集》第七卷收入《江浙人怎样学习普通话》《广东人怎样学习普通话》（后称"文集本"），该卷由曹先擢先生负责编校，订正了文字和音标上的个别讹误。

《谈谈汉语规范化》1956 年由工人出版社出版（后称"工人本"），1985 年山东教育出版社出版的《王力文集》第三卷收入《谈谈汉语规范化》（后称"文集本"），该卷由曹先擢、吉常宏、程湘清先生负责编校，改动了个别字句。

此次收入《王力全集》，我们以文集本为底本，同时参以文教本和工人本进行了整理和编辑。

中华书局编辑部
2013 年 5 月

总　目

江浙人怎样
学习普通话

目　录

序

　　这是一本旧作，现在作了一些修订，由文化教育出版社重印出版。

　　中国人民革命在党的领导下获得了伟大的胜利，我们正在学习苏联的先进经验来建设我们的社会主义国家。汉族语言的规范化被提到日程上来。伟大的汉族必须有统一的民族共同语，因此，文化教育出版社重印了这一本小册子作为推广普通话的工具之一，希望它在正音方面能起一些作用。

　　苏联的教学经验告诉我们，传授语言的最好的方法是比较的方法，例如教汉族人民学习俄语，最好是拿汉语的语音、语法、词汇和俄语相比较，收效更大。对于普通话的学习，道理是一样的：教江浙人学习普通话，最有效的方法是使学生们知道吴语和普通话的相异点和相同点，这样才容易掌握普通话。这一本小册子就是企图达到这样的一个目的的。

　　在付印前，曾作了一些必要的修订。但是，恐怕还难免有许多错误。希望读者随时指正；这直接是对我有好处，同时也是对吴语区域许许多多读者有好处的。

1955 年

例　　言

　　一　本书所谓普通话是以北方话为基础方言、以北京语音为标准音的民族共同语。

　　二　本书力求适合江浙人普遍的需要。但偶然有些论音的地方与某县的方音不符的，不能一一注明。

　　三　读这本书必须先学会了注音字母；最好是同时买一套注音字母留声片。

　　四　本书因为力求浅显，就不免有不精确的地方，例如注音不用国际音标，而用注音字母，有许多细微的分别没法子表现出来。又有许多该补充的地方，都没有补充。在一个语音学者看来，非但浅陋，而且不免于错误。但是，充满了学院气味的书，却不能成为一部浅显而通俗的书。著者下笔时，处处怕人家不懂，往往用些不精确然而容易了解的说明语，不过，如果读者发现了不可原谅的错误，仍请教正。

第一章　绪　　论

第一节　学话的可能性

说话乃是一种潜在的习惯。当我们说本乡的方言的时候，不必思索，要说什么就能说什么，这因为从小就养成了那潜在的习惯了。譬如您说一个"人"字，舌头翘起的高低的程度，与其前后的部位，都与上次您说"人"字的时候完全相同。除非您离乡很久，否则您对于您的方言可以说是有五分的程度①。

假使您要在本人的乡谈之外，再学一种话，情形就不同了。依原则说，最容易学话的人是小孩子，因为小孩子对于乡谈的习惯未深，再养成另一种习惯是很容易的。等到十五岁以后，就渐渐难起来；再到二十岁以上，就一般情况来说，要纯粹地学会一种话就更困难了。

那么我们就没法子学话了吗？这又不然。刚才我说成年的人要纯粹地学会一种话是很困难的，这是站在语音学上的一种严格的说法；如果就实用上说，当我们学某一种话的时候，只要能学到四分的程度，也就很够用了。

这一本小书不能帮助您学到五分的普通话，但是它能帮助您学到四分的普通话。

---

① 五分，指满分。

这里所谓四分也是严格的分数。有些人在北京住了几年，能说一口很流利的北京话，但如果我们仔细听他们的话，几乎每十个字就有五个字是错了的。一个人如果自己知道自己说的是满口蓝青官话，当然赶快想法子矫正。要是他们自己以为他们的普通话已经是五分的了，那他们就不可救药了。所以我们凡是在十五岁以后学习普通话的，都应该先肯定我们说出的普通话是蓝青官话，由此虚心研究，一定大有进步的。

现代有三种东西最能帮助我们学习普通话：第一是话剧，第二是电影，第三是收音机。这三种东西固然也可以用各地的方言，但大多数仍以普通话为主。您如果看了这一本小书之后再去看话剧与电影或听收音机，一定可以互相印证，更有进步。至于江浙人要学话剧或演电影的时候，看看这一本小书，也不无小补。

第二节　　学话的对象

我们学习普通话，大概可以说有三个对象：第一是词汇，第二是语音，第三是声调。这是对汉语任何一个方言区的人学普通话而说的，因为汉语各地方言的语法大致相同，所以不必单另来学，又因汉语里的声调占很重要的位置，所以特别提出。

这三个对象当中，词汇最易惹人注意，而且最易学习。江浙人初到北京不满三天，就会知道"铜钿"该叫做"钱"、"自来火"该叫做"火柴"。但是，当一个人学习某一地的语言的时候，如果只知道了许多词，而忽略了其余的两个对象，可以说是最没有学话的本领的人；因为词汇是最笨的人也能学会的，只要他肯留心就行了。本书对于词汇，索性撇开不提，一则因为大家可以从小说、戏剧里学习，二则为篇幅所限，只能专讨论语音与声调这两方面的问题。

除了词汇之外，要算声调最惹人注意了，例如上海人听见北京人把"钱"字和"洋"字都念得声音高了许多（指音乐上所谓高低，不是说话响不响），不像上海人所念的"钱"字和"洋"字的声音那样低,于是立刻觉到自己的声调与普通话的声调是有差别的,就渐渐把声调先改了。我们往往注意到许多人学普通话的时候,声调已到了五分的程度,而语音却仍旧不及格呢。

语音相差太大的,当然也惹人注意,例如北京人把"六"字读如"溜",这一类的情形就十分显而易知。我曾听见有人把"六"字的语音读对了,而"六"字的声调却像温州的"刘"字。但是,当语音相差的程度稍为小些的时候,仍比声调更易被人忽略的。

词汇、语音、声调比较起来,词汇与语音是同样重要的,声调却居于次要的地位;但是,如果要人家听来顺耳、易懂,声调也不宜忽略。所以这三方面都是应该十分注意的。

第三节　类推法

有些字,在甲地是不同音的,在乙地却是同音;另有些字,在甲地是同音的,在乙地却不同音。在这两种情形之下,都用得着类推法。

例如"精"字与"经"字,在江浙大部分的方言里是不同音的,在普通话里却是同音。注音字母刚公布的时候,原是把"精"注作ㄗㄥ,把"经"注作ㄐㄥ的;后来改用北京话为标准,于是"精、经"两字变为同音。我们又看见普通话里"清、轻"同音,"星、兴"同音,由此我们可以类推而知:江浙的声母ㄗ、ㄘ、ㄙ,在介母ㄧ之前的时候,都该改为ㄐ、ㄑ、ㄒ,才与普通话相符。于是我们知道在普通话里,"笺、奸"同音,"钱、乾"同音,"齐、期"同音,"笑、孝"同音,"荐、见"同音,"济、继"同音,等等。

这是"由异化同"的类推法,除了极少数的例外,大致不会有错误的。

但如"来"字与"兰"字,在江浙大部分的方言里是同音的,在普通话里却是不同音。"来、兰"在江浙都念作ㄌㄞ,然而在普通话里,"来"字念ㄌㄞ,而"兰"字念ㄌㄢ。我们再看:"赛、散"在江浙都念

ㄙㄝ,而在普通话里则分为ㄙㄞ、ㄙㄢ两音;"台、谈"在江浙都念ㄊㄝ(浊音),而在普通话里则分为ㄊㄞ、ㄊㄢ两音。由此我们可以推知江浙语里的ㄝ韵至少相当于普通话的ㄞ、ㄢ两韵。

这是"由同化异"的类推法,比上面所说的由异化同的类推法要困难得多;因为:(一)我们只知道江浙的ㄝ韵至少相当于普通话的ㄞ、ㄢ两韵,却不能断定其不出于普通话的ㄞ、ㄢ两韵之外,例如上海的"雷"字念ㄌㄝ,仍是ㄝ韵,然而在普通话里"雷"字念ㄌㄟ,既不是ㄞ韵,也不是ㄢ韵,而是ㄟ韵。(二)即使我们确实地知道了江浙的ㄝ韵相当于普通话的ㄞ、ㄟ、ㄢ三韵,也仍没法子知道某字属于普通话的某韵,例如我们已知"来"字念ㄌㄞ,"雷"字念ㄌㄟ,"兰"字念ㄌㄢ,但是,忽然遇着一个"蓝"字,我们仍旧不知道该念作何音。因为"蓝"字在江浙既与"来"同音,又与"雷"同音,又与"兰"同音(有些地方的音是例外的),那么,我们就没法子知道"蓝"字该念ㄌㄞ呢,该念ㄌㄟ呢,还是该念ㄌㄢ。像这一类的例子,真是不少。

假使您是对于汉语古代语音的系统知道得很清楚的,您自然很容易知道把古代同类的字念作同样的音,异类的字念作不同的音。只把它的发展的规律记好了,就可以类推。但是,普通人既没有功夫去研究汉语的古音,就只有硬记一个法子。所谓硬记,也不是每逢一个字都去查字典;例如您既查知了"来"字念ㄌㄞ,就可类推而知"莱、赉"等字也都念ㄌㄞ;既查知了"雷"字念ㄌㄟ,就可推知"蕾、镭"等字也念ㄌㄟ;既查知了"兰"字念ㄌㄢ,就可推知"澜、烂"等字也念ㄌㄢ(只是声调不同);既查知了"蓝"字念ㄌㄢ,就可推知"滥、览"等字也念ㄌㄢ,甚至可以类推而知"监"字念ㄐㄢ。总之,凡偏旁相同的字您就猜它们在普通话是同韵,大致不会弄错的。

关于江浙话与普通话字音系统同异的比较,等到第四章再有详细的讨论及说明,这里暂且不谈了。

第四节　吴语概说

本书是为吴语区域的人而写的；书名叫做"江浙人怎样学习普通话"，为的是使大家容易看得懂；其实严格地说起来，该叫做"吴语区域的人怎样学习普通话"，因为江苏、浙江的人并非完全属于吴语的区域。长江以北及镇江、南京的方言就不入吴语的系统，所以本书所谓江浙是不包括长江以北及镇江、南京的。

若就历史方面观察，吴语比普通话更合于古音系统，例如吴语有浊音，有入声，仄声分阴阳调类，齿音、牙音不混（即"精、经"不混之类），都比北京话更能保存古音的线索。固然，普通话也有比吴语更合古音的地方，例如"庚、根"不混，"星、心"不混，等等；但是，总算起来，我们仍该说吴语更近于古音。

在语言学上看来，我们不能说甲地的语言是对的，乙地的语言是错的，既不能说接近古音的好，也不能说离开古音较远的好。世界各民族的语言，一种民族语言里各种方言，都是传达思想的工具，无所谓对不对；因此，我们没有理由去排斥某一种语言或方言。但是，在全国空前团结统一的今天，就汉族来说，我们需要一种民族共同语；就全国来说，我们也需要民族间的共同语。根据历史的发展和语言的发展，我们的共同语就是以北方话为基础方言、以北京语音为标准音的普通话。大家明白了这一点，就省了许多误会了。

江浙各地的方音，在北方人听起来，差不多全是一样的。其实苏州话与上海话就相差颇远，无锡话又与苏州话相差颇远，更不必说杭州与温州了。那么，这一本小书是对什么地方的人说话呢？

我们须知，苏州、无锡、上海、杭州、温州各地的方音虽然有许多相异之点，但是，它们同属于吴语的区域，吴语的几个大特征都是它们所共有的。本书就着重在那几个大特征，所以凡是吴语区域的人都可看：除了上述各地之外，常州、昆山、常熟、宜兴、丹阳、江阴、溧阳、金坛、靖江、宝山、松江、嘉兴、绍兴、诸暨、余姚、宁波、金华、衢州一带都归吴语的范围。本书着眼在江浙各地的方音的相似点，当然不能讨论得十分精细。

　　不过，在吴语区域中，上海是最大的都市，而苏州话一向被认为是吴语的代表，再加著者本人对于苏州、上海一带的语音比较地熟悉些，所以有些地方也只能以苏沪为主。读者心知其意，自能触类旁通。本书的目的在乎研究普通话，不在乎研究吴语，因此书中只着重在指出江浙人应该怎样研究普通话；至于吴语的本身怎样，自有专书去研究它，用不着在这里赘述了。

第二章　初步的学习——三大戒

第一节　戒用浊音

一个江浙人初到北京，勉强说了几句北京话，大家一听，非但知道他不是北京人，并且知道他是江浙人。为什么呢？原来每一种的方言都有它的许多特征，在这些特征当中，有比较明显的，有比较不容易察觉的。如果连那最明显的几个特征都不能避免，学起普通话来，当然容易被人家猜着是什么地方人啦。被人猜着还不要紧，最要紧的是太不像普通话了，人家就听不懂，因此，语言也就失去了交际工具的作用了。由此看来，江浙人学习普通话的初步，就在乎避免吴语里几个最明显的特征。这就是这里所谓三大戒：第一，戒用浊音；第二，戒用低调；第三，戒用入声。

什么是浊音呢？当我们发一个辅音的时候，如果声带同时颤动，就叫做浊音。俄文里的浊音字母是 б、д、г、в、з、ж、л、м、н、р 等，英文里的浊音字母是 b、d、g、v、z、j、l、m、n、r 等。其中的 л、м、н、р（英文 l、m、n、r）是所谓次浊音，普通话里是有次浊音 л、м、н 的，所以不须避免。应该避免的是全浊音 б、д、г、в、з、ж 等。

北方人一般是没有 б、д、г、в、з、ж 等音的，所以他们在学习俄语的时候，除非经过特别的训练，否则他们对于这几个音，总是发得不正确。

至于江浙人呢，就普通的情形说来，в、з 两音发得颇好。б、д、г、

ж 等音虽然不十分正确，但是比北方人学的总算好多了（只嫌江浙人念浊音往往用低调不合俄语的习惯）。大致说起来，江浙人可以说是有 б、д、г、ж、в、з 等音的。

　　北方既没有浊音，普通话里自然也就没有浊音。江浙人因为自己有浊音，所以往往把它们带到普通话里去，这是令人觉得最刺耳的地方。如果不先把浊音除掉，普通话就永远不及格。然而江浙人犯这毛病的却最多，我们常常听见他们把"是"字念作ㄙ〞①，"房"字念作ㄈㄤ〞，其实在普通话里"是"字该念ㄕ，"房"该念ㄈㄤ。现在试举百余字为例：

例字	标准音	江浙人误读②
败	ㄅㄞ（音同"拜"）	ㄅ〞ㄚ或ㄅ〞ㄝ
倍	ㄅㄟ（音同"贝"）	ㄅ〞ㄟ或ㄅ〞ㄝ
暴	ㄅㄠ（音同"报"）	ㄅ〞ㄠ
办	ㄅㄢ（音同"半"）	ㄅ〞ㄢ或ㄅ〞ㄝ
弊	ㄅㄧ（音同"闭"）	ㄅ〞ㄧ
便辩	ㄅㄧㄢ（音同"变"）	ㄅ〞ㄧ或ㄅ〞ㄧㄝ
步部	ㄅㄨ（音同"布"）	ㄅ〞ㄨ
排	ㄆㄞ	ㄅ〞ㄞ或ㄅ〞ㄚ
培陪	ㄆㄟ	ㄅ〞ㄟ或ㄅ〞ㄝ
袍	ㄆㄠ	ㄅ〞ㄠ
盘	ㄆㄢ	ㄅ〞ㄢ
旁	ㄆㄤ	ㄅ〞ㄛㄤ
朋	ㄆㄥ	ㄅ〞ㄤ
皮	ㄆㄧ	ㄅ〞ㄧ
贫	ㄆㄧㄣ	ㄅ〞ㄧㄣ或ㄅ〞ㄧㄥ

---

① 注音字母后面加〞号表示浊音，下同。
② 这里指吴语的读书音，即所谓蓝青官话之音，不是指吴语的口语音。

例字	标准音	江浙人误读
平屏	ㄆㄥ	ㄅㄣ或ㄅㄥ
蒲	ㄆㄨ	ㄅㄨ
肥	ㄈㄟ	万ㄧ
凡烦	ㄈㄢ	万ㄝ或万ㄢ
焚坟	ㄈㄣ	万ㄣ或万ㄥ
房防	ㄈㄤ	万ㄛㄤ
冯逢	ㄈㄥ	万ㄨㄥ
扶	ㄈㄨ	万ㄨ
道稻	ㄉㄠ（音同"到"）	ㄍㄠ
豆	ㄉㄡ（音同"斗"）	ㄍㄡ或ㄍㄟ
蛋淡	ㄉㄢ（音同"旦"）	ㄍㄝ
荡	ㄉㄤ（音同"当"）	ㄍㄛㄤ
弟地	ㄉㄧ（音同"帝"）	ㄍㄧ
调	ㄉㄧㄠ（音同"吊"）	ㄍㄧㄠ
电,殿	ㄉㄧㄢ（音同"店"）	ㄍㄧㄝ或ㄍㄧ
定	ㄉㄧㄥ（音同"订"）	ㄍㄧㄣ或ㄍㄧㄥ
度,杜	ㄉㄨ（音同"妒"）	ㄍㄨㄡ或ㄍㄨ
惰	ㄉㄨㄛ（音同"剁"）	ㄨㄛㄍ或ㄍㄛ或ㄍㄨ
队兑	ㄉㄨㄟ（音同"对"）	ㄍㄝ或ㄍㄟ
段断	ㄉㄨㄢ	ㄍㄢ或ㄍㄝ
洞动	ㄉㄨㄥ（音同"冻"）	ㄍㄨㄥ
台	ㄊㄞ	ㄍㄝ
桃陶	ㄊㄠ	ㄍㄠ
头投	ㄊㄡ	ㄍㄡ或ㄍㄟ
谈坛	ㄊㄢ	ㄍㄝ
唐堂	ㄊㄤ	ㄍㄛㄤ
腾藤	ㄊㄥ	ㄍㄣ或ㄍㄥ

例字	标准音	江浙人误读
提啼	ㄊㄧ	ㄉㄧ
条	ㄊㄧㄠ	ㄉㄧㄠ
田甜	ㄊㄧㄢ	ㄉㄧ或ㄉㄝ
庭亭	ㄊㄧㄥ	ㄉㄧㄣ或ㄉㄧㄥ
驼陀	ㄊㄨㄛ	ㄉㄛ或ㄨㄛ
颓	ㄊㄨㄟ	ㄉㄝ或ㄉㄟ
团	ㄊㄨㄢ	ㄉㄢ或ㄉㄝ
同童	ㄊㄨㄥ	ㄉㄨㄥ
跪柜	ㄍㄨㄟ（音同"贵"）	ㄍㄨㄝ
共	ㄍㄨㄥ（音同"贡"）	ㄍㄨㄥ
忌	ㄐㄧ（音同"继"）	ㄐㄧ
轿	ㄐㄧㄠ（音同"叫"）	ㄐㄧㄠ
旧	ㄐㄧㄡ（音同"救"）	ㄐㄧㄡ
就	ㄐㄧㄡ	ㄙㄧㄡ
健	ㄐㄧㄢ（音同"见"）	ㄐㄧㄝ或ㄐㄧ
贱	ㄐㄧㄢ	ㄙㄧㄝ或ㄙㄧ
近	ㄐㄧㄣ	ㄐㄧㄣ或ㄐㄧㄥ
尽	ㄐㄧㄣ（音同"进"）	ㄙㄧㄣ或ㄙㄧㄥ
竟	ㄐㄧㄥ（音同"镜"）	ㄐㄧㄣ或ㄐㄧㄥ
净静	ㄐㄧㄥ	ㄙㄧㄣ或ㄙㄧㄥ
具	ㄐㄩ（音同"句"）	ㄐㄩ
期祈	ㄑㄧ	ㄐㄧ
桥	ㄑㄧㄠ	ㄐㄧㄠ
求	ㄑㄧㄡ	ㄐㄧㄡ
乾虔	ㄑㄧㄢ	ㄐㄧㄝ或ㄐㄧ
前钱	ㄑㄧㄢ	ㄙㄧㄝ或ㄙㄧ
琴勤	ㄑㄧㄣ	ㄐㄧㄣ或ㄐㄧㄥ

例字	标准音	江浙人误读
秦	ㄑㄧㄣ	ㄙˇㄧㄣ或ㄙˇㄧㄥ
强	ㄑㄧㄤ	ㄐㄧㄤ
情	ㄑㄧㄥ	ㄙˇㄧㄣ或ㄙˇㄧㄥ
渠衢	ㄑㄩ	ㄐㄩ
拳权	ㄑㄩㄢ	ㄐㄩ或ㄐㄩㄝ
泉全	ㄑㄩㄢ	ㄙˇㄧㄝ或ㄙˇㄧ
穷	ㄑㄩㄥ	ㄐㄩㄥ
赵	ㄓㄠ（音同"照"）	ㄙˇㄠ
栈站	ㄓㄢ（音同"占"）	ㄙˇㄝ
阵	ㄓㄣ（音同"振"）	ㄙˇㄣ或ㄙˇㄥ
丈	ㄓㄤ（音同"帐"）	ㄙˇㄤ
郑	ㄓㄥ（音同"正"）	ㄙˇㄣ或ㄙˇㄥ
助	ㄓㄨ（音同"注"）	ㄙˇㄨ
状	ㄓㄨㄤ（音同"壮"）	ㄙˇㄛㄤ
仲重	ㄓㄨㄥ（音同"众"）	ㄙˇㄨㄥ
池迟	ㄔ	ㄙˇ
茶	ㄔㄚ	ㄙˇㄛ或ㄙˇㄚ
柴	ㄔㄞ	ㄙˇㄚ
潮巢	ㄔㄠ	ㄙˇㄠ
酬愁	ㄔㄡ	ㄙˇㄡ
陈晨	ㄔㄣ	ㄙˇㄣ或ㄙˇㄥ
长场	ㄔㄤ	ㄙˇㄤ
城程	ㄔㄥ	ㄙˇㄣ或ㄙˇㄥ
厨除	ㄔㄨ	ㄙˇㄨ
船传	ㄔㄨㄢ	ㄙˇㄢ或ㄙˇㄝ
床	ㄔㄨㄤ	ㄙˇㄛㄤ
时	ㄕ	ㄙˇ

例字	标准音	江浙人误读
蛇	ㄕㄜ	ㄙㄛ 或 ㄙㄝ
绍邵	ㄕㄠ（音同"少年"的"少"）	ㄙㄠ
受寿	ㄕㄡ（音同"瘦"）	ㄙㄡ
善擅	ㄕㄢ（音同"扇"）	ㄙㄢ 或 ㄙㄝ
甚慎	ㄕㄣ	ㄙㄣ
尚上	ㄕㄤ	ㄙㄛㄤ 或 ㄙㄤ
盛	ㄕㄥ（音同"胜"）	ㄙㄣ 或 ㄙㄥ
树	ㄕㄨ（音同"庶"）	ㄙ
睡	ㄕㄨㄟ（音同"税"）	ㄙㄝ 或 ㄙㄟ
字自	ㄗ（音同"恣"）	ㄙ
在	ㄗㄞ（音同"再"）	ㄙㄝ
造	ㄗㄠ（音同"灶"）	ㄙㄠ
赠	ㄗㄥ（音同"甑"）	ㄙㄣ 或 ㄙㄥ
坐	ㄗㄨㄛ（音同"做"）	ㄙㄨ
罪	ㄗㄨㄟ（音同"最"）	ㄙㄝ 或 ㄙㄟ
才裁	ㄘㄞ	ㄙㄝ
曹	ㄘㄠ	ㄙㄠ
残	ㄘㄢ	ㄙㄝ
藏	ㄘㄤ	ㄙㄛㄤ
层曾	ㄘㄥ	ㄙㄣ 或 ㄙㄥ
存	ㄘㄨㄣ	ㄙㄣ 或 ㄙㄥ
从丛	ㄘㄨㄥ	ㄙㄨㄥ
遂	ㄙㄨㄟ（音同"岁"）	ㄙㄝ 或 ㄙㄟ
讼诵	ㄙㄨㄥ（音同"送"）	ㄙㄨㄥ

　　由这百余字可以类推至数千字，例如已知"才"字念ㄘㄞ，则知"财、材"两字也必念ㄘㄞ；又如已知"平"字不该念ㄆㄧㄥ，则知"评、坪、枰、苹、萍"等字也不该念ㄆㄧㄥ。

普通话里没有浊音，凡是古代的浊音字到了普通话里，都与清音相混了。看上表，我们知道普通话里"道、到"同音，"弟、帝"同音，"电、店"同音，等等。我们要避免浊音，有一个很有趣的法子，就是把"道理"说成"到理"、"兄弟"说成"兄帝"、"电话"说成"店化"。由此类推，我们该把"失败"说成"失拜"、"三倍"说成"三贝"、"暴动"说成"报冻"、"利弊"说成"利闭"、"便宜"说成"变宜"、"部分"说成"布粪"、"鸡蛋"说成"鸡旦"、"腔调"说成"腔吊"、"决定"说成"决订"、"姓杜"说成"姓妒"、"懒惰"说成"懒剁"、"动静"说成"冻镜"，江浙人自己听起来很不惯，其实正是顶好的普通话。

第二节　戒用低调

在汉语里，声调占很重要的位置。声调，很粗地说来，就是古人所谓平、上、去、入四声。不过，现代的吴语里，四声已演化为八声，我们把它们叫做阴平、阳平、阴上、阳上、阴去、阳去、阴入、阳入。江浙大部分的地方，阳上与阳去是相混的，因此实际上只有七声。

在语音学上说，声调就是音高的变化。大致看起来，吴语里的阴调类(阴平、阴上、阴去、阴入)总比阳调类高些，所以我们可以把阴调类叫做高调，阳调类叫做低调。

北京没有入声，上、去声不分阴阳，只有平声是分阴阳的。由此看来，普通话里只有阴平、阳平、上、去四声。普通话的阳平是先低后高的调；只有上声在句中时，才是个低调。由此看来，普通话里的低调，比吴语的低调少了许多。

大部分的吴语里，阳调类只有阳平、阳去、阳入。这三类的字在吴语里都念低调，在普通话里却都念先低后高，或先高急降。因此，江浙人应该注意：除少数的上声字在句中该念低调之外，其余没有一个字该念低调的。

　　吴语里的低调是与浊音有关系的;凡是浊音的字一定念得低些。如果您能避免了浊音,同时也就能避免低调了,例如:

　　袍　音如"抛";但"抛"音先后皆高,"袍"音先低后高;

　　盘　音如"潘";但"潘"音先后皆高,"盘"音先低后高;

　　肥　音如"非";但"非"音先后皆高,"肥"音先低后高;

　　烦　音如"番";但"番"音先后皆高,"烦"音先低后高;

　　台　音如"胎";但"胎"音先后皆高,"台"音先低后高;

　　谈　音如"滩";但"滩"音先后皆高,"谈"音先低后高;

　　棋　音如"欺";但"欺"音先后皆高,"棋"音先低后高;

　　钱　音如"牵";但"牵"音先后皆高,"钱"音先低后高;

　　迟　音如"痴";但"痴"音先后皆高,"迟"音先低后高;

　　长　音如"昌";但"昌"音先后皆高,"长"音先低后高;

　　时　音如"诗";但"诗"音先后皆高,"时"音先低后高;

　　神　音如"申";但"申"音先后皆高,"神"音先低后高;

　　才　音如"猜";但"猜"音先后皆高,"才"音先低后高;

　　曹　音如"操";但"操"音先后皆高,"曹"音先低后高;

　　恒　音如"亨";但"亨"音先后皆高,"恒"音先低后高;

　　胡　音如"呼";但"呼"音先后皆高,"胡"音先低后高;

　　华　音如"花";但"花"音先后皆高,"华"音先低后高;

　　回　音如"灰";但"灰"音先后皆高,"回"音先低后高;

　　还　音如"欢";但"欢"音先后皆高,"还"音先低后高;

　　魂　音如"婚";但"婚"音先后皆高,"魂"音先低后高;

　　黄　音如"荒";但"荒"音先后皆高,"黄"音先低后高;

　　红　音如"轰";但"轰"音先后皆高,"红"音先低后高;

　　移　音如"衣";但"衣"音先后皆高,"移"音先低后高;

　　牙　音如"鸦";但"鸦"音先后皆高,"牙"音先低后高;

　　摇　音如"妖";但"妖"音先后皆高,"摇"音先低后高;

　　油　音如"忧";但"忧"音先后皆高,"油"音先低后高;

　盐　音如"烟";但"烟"音先后皆高,"盐"音先低后高;

　银　音如"因";但"因"音先后皆高,"银"音先低后高;

　羊　音如"央";但"央"音先后皆高,"羊"音先低后高;

　赢　音如"英";但"英"音先后皆高,"赢"音先低后高;

　吴　音如"汙";但"汙"音先后皆高,"吴"音先低后高;

　异　音同"意";先高急降;

　又　音同"幼";先高急降;

　耀　音同"要";先高急降;

　是　音同"试";先高急降;

　社　音同"赦";先高急降;

　县　音同"线";先高急降;

　象　音同"向";先高急降;

　袖　音同"秀";先高急降。

　　由此类推,可知吴语里读低调的字,在普通话里必不读低调。反过来说,普通话里读低调的字,在吴语里却是较高调的。在普通话里,"好、懂、土、早"等上声字在一句的中间的时候,往往是低调;而这一类的字在吴语里属于阴上,是属于高调的①。总之,江浙人初学普通话的时候,先要避免一切的低调,然后渐渐把"好、懂、土、早"等低调字一个个都记在心里,说起话来,自然适当了。

第三节　戒用入声

　　入声是汉语的声调之一种。江浙的入声字发音时,其时间是很短的,收音的时候,喉里的两条声带突然互相接触得很紧,令我们觉得它突然停止。《康熙字典》上说"入声短促急收藏",这话是很能形容尽致的。

---

① 浙江人应特别注意上声字。据我观察,浙江人在学普通话的时候,往往把上声混入去声。

　　国音初公布时,本来也有入声的;后来改用北京话为国语,同时就把入声取消了。现在的普通话里是没有入声的。

　　由此看来,入声之有无,乃是吴语与普通话的大分别。如果江浙人学普通话而不能避免入声,一定学不好的。换句话说,他们应该避免那些"短促急收藏"的声音。

　　普通话里既没有入声,于是江浙人的入声字(也就是古代的入声字)都被北方人归入阴平、阳平、上、去各声了。什么字归入什么声,没有很清楚的系统,大约口语里的入声字多变阳平或上声,读书音中的入声字多变去声。既没有规则可寻,我们只好每一个字都硬记它归入什么声。但是,有一点是应该特别注意的,就是宁愿随便把它归入任何一声,归错了也比把它念成短促好些。

　　现在试举几十个入声字为例:

剥	音同"包"	阴平;
毕壁碧必	音同"闭"	去声;
百	音同"摆"	上声;
劈	音同"批"	阴平;
僻辟	音同"屁"	去声;
仆	音同"蒲"	阳平;
麦脉	音同"卖"	去声;
服伏福	音同"扶"	阳平;
复	音同"富"	去声;
滴	音同"低"	阴平;
塌	音同"他"	阴平;
踢剔	音同"梯"	阴平;
托託	音同"拖"	阴平;
诺	音同"懦"	去声;
力立栗历	音同"利"	去声;
六	音同"溜"	去声;

鹿录陆戮	音同"路"	去声；
律绿	音同"虑"	去声；
搁割	音同"哥"	阴平；
各	音同"个"	去声；
骨谷榖	音同"古"	上声①；
刮	音同"瓜"	阴平；
郭	音同"锅"	阴平；
瞌磕	音同"科"	阴平；
渴	音同"可"	上声；
克客刻	音同"课"	去声；
哭窟	音同"枯"	阴平；
喝	音同"呵"	阴平；
合核涸	音同"和"	阳平；
或获霍	音同"货"	去声；
曲屈	音同"区"	阴平；
吸悉膝	音同"希"	阴平；
匣洽侠	音同"霞"	阳平；
只织汁	音同"之"	阳平；
粥	音同"州"	阴平；
吃	音同"痴"	阴平；
尺	音同"耻"	上声；
插	音同"叉"	阴平；
失湿	音同"诗"	阴平；
十拾石食实	音同"时"	阳平；
式室释饰	音同"世"	去声；
述术束	音同"树"	去声；

---

① 但"骨头"的"骨"念阳平。

作凿	音同"做"	去声；
促猝	音同"醋"	去声；
速肃宿夙粟	音同"素"	去声；
一揖	音同"衣"	阴平；
益	音同"夷"	阳平(或去声)；
乙	音同"以"	上声；
邑亦逸	音同"意"	去声；
叶业页	音同"夜"	去声；
药钥	音同"要"	去声；
屋	音同"乌"	阴平；
物	音同"悟"	去声。

上面这一个表，在江浙人的眼里看来，是很不顺眼的。但是，学话的秘诀，就在乎不受故乡的说话习惯所拘束。越是看来不顺眼、念来不顺口的地方，越应该特别留心。

戒用入声、戒用浊音与戒用低调，共是三大戒。这是江浙人对于普通话的初步学习法，如果能够达到这个地步，就算有了三分的程度，可以及格了。

第三章　进一步的学习

第一节　声母的训练

注音字母初公布时,本有声母二十四个;后来改用北京音为标准,就减去了万、兀、广三个声母。现在江浙人学习普通话,首先该避免这三个声母。其中万、兀两母容易避免,只有广母很难避免。今且举数十字为例:

文闻	该读ㄨㄣ,	误读万ㄣ;
微	该读ㄨㄟ,	误读万ㄟ;
肥	该读ㄈㄟ,	误读万ㄟ;
万	该读ㄨㄢ,	误读万ㄝ;
武	该读ㄨ,	误读万ㄨ;
我	该读ㄨㄛ,	误读兀ㄛ;
五	该读ㄨ,	误读兀;
偶藕	该读ㄡ,	误读兀ㄡ;
傲	该读ㄠ,	误读兀ㄠ;
碍艾	该读ㄞ,	误读兀ㄞ;
尼泥	该读ㄋㄧ,	误读广ㄧ(平声);
你拟	该读ㄋㄧ,	误读广ㄧ(上声);
腻逆匿	该读ㄋㄧ,	误读广ㄧ(去声);
鸟	该读ㄋㄧㄠ,	误读广ㄧㄠ;

牛	该读 ㄋㄧㄡ，	误读 ㄬㄧㄡ（平声）；
纽扭钮	该读 ㄋㄧㄡ，	误读 ㄬㄧㄡ（上声）；
年粘拈	该读 ㄋㄧㄢ，	误读 ㄬㄧㄢ（平声）；
念	该读 ㄋㄧㄢ，	误读 ㄬㄧㄢ（去声）；
您	该读 ㄋㄧㄣ，	误读 ㄬㄧㄣ；
娘	该读 ㄋㄧㄤ，	误读 ㄬㄧㄤ；
宁甯凝	该读 ㄋㄧㄥ，	误读 ㄬㄧㄥ。

为什么ㄪ、ㄫ容易避免而ㄬ音很难避免呢？因为ㄨㄣ与ㄪㄣ、ㄨㄟ与ㄪㄧ、ㄨ与ㄪㄨ、ㄨㄛ与ㄫㄛ、ㄡ与ㄫㄡ、ㄞ与ㄫㄞ等，在江浙人听起来，都会觉得有分别，于是就容易纠正了。至于ㄋㄧ与ㄬㄧ、ㄋㄧㄡ与ㄬㄧㄡ、ㄋㄧㄢ与ㄬㄧㄢ、ㄋㄧㄣ与ㄬㄧㄣ、ㄋㄧㄤ与ㄬㄧㄤ、ㄋㄧㄥ与ㄬㄧㄥ，在大部分的江浙人听起来，就觉得完全没有分别了。譬如我们请一个北京人念一个"牛"字，再请说蓝青官话的一个江浙人念一个"牛"字，请一个江浙人来批评，就会连那批评的人都觉得双方的"牛"字是完全同音的。凡学话必先练耳，如果连耳朵也听不出分别来，舌头当然不会念出分别来了。

但是，我有一个法子，大家不妨试试看。当您学普通话的"尼、你、腻、鸟、牛、钮、年、念、娘、宁"等字的时候，应该把舌尖放在门牙的后面，要做到只有舌尖与门牙接触，舌面不许接近上腭。如果您能完全依照这办法，一定可以学会的。

有许多字，在普通话里是属于声母ㄒ的，江浙人念起来，往往把声母ㄒ失掉，因为在他们的方言里这些字本来就不是属于声母ㄒ的。现在把最容易误读的字列表如后：

系	该读 ㄒㄧ（高降调），	误读 ㄧ（低调）①；
瑕霞遐	该读 ㄒㄧㄚ（先低后高调），	误读 ㄧㄚ或ㄛ（低调）；
夏下厦	该读 ㄒㄧㄚ（高降调），	误读 ㄧㄚ或ㄛ（低调）；

———————————

① 前面还有声母，为了避免讲得太专门，所以略而不谈了。

鞋谐协	该读ㄒㄧㄝ（先低后高调），	误读ㄝ（低调）；
懈械	该读ㄒㄧㄝ（高降调），	误读ㄝ（低调）；
效校	该读ㄒㄧㄠ（高降调），	误读ㄠ（低调）；
弦咸闲贤衔	该读ㄒㄧㄢ（先低后高调），	误读ㄢ或ㄝ（低调）；
现陷县限	该读ㄒㄧㄢ（高降调），	误读ㄢ或ㄝ（低调）；
形行刑型邢	该读ㄒㄧㄥ（先低后高调），	误读ㄥ或ㄣ（低调）；
幸杏	该读ㄒㄧㄥ（高降调），	误读ㄥ或ㄣ（低调）；
玄旋悬	该读ㄒㄩㄢ（先低后高调），	误读ㄧ或ㄝ（低调）；
熊雄	该读ㄒㄩㄥ（先低后高调），	误读ㄩㄥ（低调）。

这一类的错误是很普遍的,常见有居住北京十多年的江浙人,他们仍旧把"行"念作ㄥ,把"雄"念作ㄩㄥ,把"系"念作ㄧ,把"贤"念作ㄝ。所以这里特别把它提出来,唤起大家的注意。

再说到ㄓ、ㄔ、ㄕ三个声母。在江浙人看来,这三个声母是北京话的最大的特征。江浙大部分的方言里没有它们,但是它们的发音方法并不十分难学,例如您说"知、痴、诗"三字,只须把舌尖向后卷,让舌尖与上腭轻轻接触,就完全像北京音了。但是,困难不在乎怎样发卷舌音,却在乎什么字该念卷舌音。在大部分的吴语里,"知、资"是同音的,"痴、雌"是同音的,"诗、思"也是同音的;在普通话里"知、痴、诗"是卷舌音,而"资、雌、思"却不是卷舌音。常见有些人矫枉过正,把"资本"念成ㄓㄣ,"雌雄"念成ㄔㄩㄥ,"思想"念成ㄕㄙㄧㄤ,倒反格外难听。在第四章第二节里我们将有一个表,把卷舌音与非卷舌音分别清楚。

末了我们讨论到ㄖ母。江浙人读ㄖ母时,往往以ㄙ˙替代,以致陷于错误,例如:

人	该读如ㄖㄣ，	误读为ㄙ˙ㄣ或ㄙ˙ㄥ；
柔	该读如ㄖㄡ，	误读为ㄙ˙ㄡ；
然	该读如ㄖㄢ，	误读为ㄙ˙ㄢ；
让	该读如ㄖㄤ，	误读为ㄙ˙ㄤ；

如　　　该读如ㄖㄨ，　　　误读为ㄙˇㄨ；

仍　　　该读如ㄖㄥ，　　　误读为ㄙˇㄣ或ㄙˇㄥ；

瑞　　　该读如ㄖㄨㄟ，　　误读为ㄙˇㄟ或ㄙˇㄝ。

　　有些江浙人并不把ㄖ母念成ㄙˇ音，却把它念成一种卷舌的ㄌ母。他们把舌尖向后卷，做成ㄓ、ㄔ、ㄕ的部位，但是舌的中幅抵触着上腭，只使舌的两边与上腭离开，让气从两边冲出来。听起来，颇像ㄌ母，因为ㄌ母发音时也是使舌的两边离开上腭；但又不完全像ㄌ母，因为ㄌ母是不卷舌的。这种念法，也是错误的，不过还比念成ㄙˇ音好些。

第二节　复合元音的训练

　　元音，就是ㄚ、ㄛ、ㄜ、ㄝ、ㄧ、ㄨ、ㄩ等；复合元音，就是两个元音并合而成一音。普通话里的复合元音是ㄞ、ㄟ、ㄠ、ㄡ四个韵母，ㄞ等于ㄚㄧ，ㄟ等于ㄜㄧ，ㄠ等于ㄚㄨ，ㄡ等于ㄛㄨ。

　　先说ㄞ。这一个音，江浙人往往学得不像，因为大部分的吴语是没有此音的。他们学普通话时往往以ㄝ音替代ㄞ音，以致

败拜　　　　　　该读ㄅㄞ，误读ㄅㄝ（"拜"或读ㄅㄚ）；

排　　　　　　　该读ㄆㄞ，误读ㄆㄝ（或ㄆㄚ）；

卖迈　　　　　　该读ㄇㄞ，误读ㄇㄝ（或ㄇㄚ）；

代待怠带戴　　　该读ㄉㄞ，误读ㄉㄝ（"带""戴"或读ㄉㄚ）；

太泰态　　　　　该读ㄊㄞ，误读ㄊㄝ（"太""泰"或读ㄊㄚ）；

乃奶　　　　　　该读ㄋㄞ，误读ㄋㄝ（"奶"或读ㄋㄚ）；

来　　　　　　　该读ㄌㄞ，误读ㄌㄝ；

改　　　　　　　该读ㄍㄞ，误读ㄍㄝ；

怪　　　　　　　该读ㄍㄨㄞ，误读ㄍㄨㄝ（或ㄍㄨㄚ）；

开　　　　　　　该读ㄎㄞ，误读ㄎㄝ；

快块桧　　　　　该读ㄎㄨㄞ，误读ㄎㄨㄝ（"快"或读ㄎㄨㄚ）；

海　　　　　　　该读ㄏㄞ，误读ㄏㄝ；

怀淮　　　　　　该读ㄏㄨㄞ，误读ㄏㄨㄝ（"淮"或读ㄨㄚ）；

斋　　　　　　　该读ㄓㄞ，误读ㄗㄝ（或ㄗㄚ）；

柴豺侪　　　　　该读ㄔㄞ，误读ㄘㄝ（或ㄘㄚ）；

晒　　　　　　　该读ㄕㄞ，误读ㄙㄝ（或ㄙㄛ）；

再在载　　　　　该读ㄗㄞ，误读ㄗㄝ；

菜蔡　　　　　　该读ㄘㄞ，误读ㄘㄝ；

赛　　　　　　　该读ㄙㄞ，误读ㄙㄝ；

爱　　　　　　　该读ㄞ，误读ㄝ；

外　　　　　　　该读ㄨㄞ，误读ㄨㄝ（或ㄨㄚ）。

　　上表的括号内的音是完全没有脱离土音的读法。例如一个江浙人初学普通话，会把"太太"叫做ㄊㄚㄊㄚ，后来进步了些，就会改口叫ㄊㄝㄊㄝ；但是，许多人只能进步至此为止，甚至终身只会叫ㄊㄝㄊㄝ，而不会叫ㄊㄞㄊㄞ。如果要医治这毛病，有一个最简单的法子，就是把ㄚㄧ两韵母连读，读得最快时，就会成为ㄞ音，例如"太太"可以拼为ㄊㄚㄧㄊㄚㄧ。如果您是上海、苏州、无锡一带的人，请您用您的土音念"太意太意"，念得最快时，可以成为普通话"太太"两字的音。由此类推，普通话的"开"，等于苏锡沪的"揩衣"；普通话的"怪"，等于苏锡沪的"怪意"。普通话的"块"，等于苏锡沪的"快意"，普通话的"代"，等于苏锡沪的"带意"。这样学去，虽不能得五分，已经有四分的程度了。

　　再说ㄟ。这一个音，等于无锡的"欧"字音。如果不管声调的话，我们可以说普通话的"梅"，等于无锡的"谋"，普通话的"雷"等于无锡的"楼"，普通话的"给"等于无锡的"狗"。无锡人学普通话，这一个音是很容易的。但是，就吴语区域全部的人看来，却有多数人很不容易学会。他们或以ㄝ代ㄟ，或以ㄞ代ㄟ（这是颇奇怪的现象），或以ㄧ代ㄟ，例如：

杯悲卑　　　　　该读ㄅㄟ，误读ㄅㄝ（"悲""卑"或读ㄅㄧ）；

备被避　　　　　该读ㄅㄟ，误读ㄅㄝ或ㄅㄞ（"被""避"或读ㄅㄧ）；

培赔陪裴　　　　该读ㄆㄟ，误读ㄆㄝ或ㄆㄞ；

配佩沛	该读ㄆㄟ,误读ㄆㄝ;
眉	该读ㄇㄟ,误读ㄇㄧ;
梅煤媒	该读ㄇㄟ,误读ㄇㄝ或ㄇㄞ;
妹媚	该读ㄇㄟ,误读ㄇㄝ或ㄇㄞ;
非飞妃	该读ㄈㄟ,误读ㄈㄧ(或ㄈㄝ);
肺废	该读ㄈㄟ,误读ㄈㄧ(或ㄈㄝ);
内	该读ㄋㄟ,误读ㄋㄝ或ㄋㄞ;
雷纍	该读ㄌㄟ,误读ㄌㄝ或ㄌㄞ;
类累泪	该读ㄌㄟ,误读ㄌㄝ或ㄌㄞ;
给	该读ㄍㄟ,误读ㄍㄝ(或ㄐㄧㄝ);
桂贵	该读ㄍㄨㄟ,误读ㄍㄨㄝ;
归规龟	该读ㄍㄨㄟ,误读ㄍㄨㄝ;
愧	该读ㄎㄨㄟ,误读ㄎㄨㄝ;
灰挥辉徽	该读ㄏㄨㄟ,误读ㄏㄨㄝ;
回	该读ㄏㄨㄟ,误读ㄏㄨㄝ,或ㄨㄝ,或ㄨㄞ;
会惠讳汇慧	该读ㄏㄨㄟ,误读ㄏㄨㄝ,或ㄨㄝ,或ㄨㄞ;
追锥椎	该读ㄓㄨㄟ,误读ㄗㄝ;
吹炊	该读ㄔㄨㄟ,误读ㄘㄝ;
垂鎚槌	该读ㄔㄨㄟ,误读ㄘㄝ或ㄘㄞ;
谁	该读ㄕㄟ,误读ㄙㄝ,或ㄕㄨㄟ;
水	该读ㄕㄨㄟ,误读ㄙㄝ;
威	该读ㄨㄟ,误读ㄨㄝ;
危巍为	该读ㄨㄟ,误读ㄨㄝ或ㄨㄞ;
违围维	该读ㄨㄟ,误读ㄨㄝ(或ㄨㄞ);
微	该读ㄨㄟ,误读ㄌㄧ(ㄨㄝ);
未味	该读ㄨㄟ,误读ㄌㄧ(或ㄨㄝ)。

　　末了说到ㄠ、ㄡ两韵母,就容易多了。有些上海人把普通话的ㄠ念成ㄛ,有些无锡人把普通话的ㄡ念成ㄟ,但是,这一类的现象

是很少见的。大概学普通话的人，对于"早好倒老、后陋就够"等音，都不觉得难学。现在我们就撇开不提了。

第三节 鼻音韵尾的增加

鼻音，就是俄文字母 м、н，英文字母 m、n 等音，又英文 thing 字里的 ng 也是鼻音。

在普通话里，ㄢ、ㄣ、ㄤ、ㄥ四个韵母都是包含着鼻音的成分的。如果把鼻音成分分开来写，就是：

ㄢ=ㄚㄋ	|ㄢ=|ㄚㄋ	ㄨㄢ=ㄨㄚㄋ	ㄩㄢ=ㄩㄚㄋ
ㄣ=ㄜㄋ	|ㄣ=|ㄋ	ㄨㄣ=ㄨㄋ	ㄩㄣ=ㄩㄋ
ㄤ=ㄚㄫ	|ㄤ=|ㄚㄫ	ㄨㄤ=ㄨㄚㄫ	
ㄥ=ㄜㄫ	|ㄥ=|ㄫ	ㄨㄥ=ㄨㄫ	ㄩㄥ=ㄩㄫ

由此看来，ㄢㄣ的韵尾是ㄋ，ㄤㄥ的韵尾是ㄫ。就是所谓鼻音韵尾。有些字，在普通话与吴语里都是有鼻音韵尾的，例如"灵"字，在普通话与吴语里都念ㄌ一ㄥ。但是，另有些字，在普通话里有鼻音韵尾，在吴语里却没有了，例如"连"字，在普通话里念ㄌ一ㄢ（ㄌ一ㄚㄋ），而上海话却念ㄌ一ㄝ、ㄌ一之间的一个音（像英文 slowly 里的 ly，不像 lee 音）。由此看来，上海人的"连"字是没有鼻音韵尾的，如果他们要学普通话，必须把鼻音韵尾加上去才行。可惜得很，他们往往不感觉到那韵尾与普通话的韵尾不同，以致让它不带鼻音。非但上海人如此，江浙大多数的人都如此。这是最普遍的毛病，如果改不了，一开口就被人家知道您是江浙人。其实，ㄣ、ㄤ、ㄥ的鼻音韵尾都不容易被江浙人丢掉；江浙只难在一个ㄢ。现在把大多数的江浙人误读的字，分为两类，举例如下：

（一）ㄢ误为ㄝ：

班	该读为ㄅㄢ，	误读为ㄅㄝ；
攀	该读为ㄆㄢ，	误读为ㄆㄝ；
蛮	该读为ㄇㄢ，	误读为ㄇㄝ；

番	该读为ㄈㄢ，	误读为ㄈㄝ；
单	该读为ㄉㄢ，	误读为ㄉㄝ；
摊	该读为ㄊㄢ，	误读为ㄊㄝ；
难	该读为ㄋㄢ，	误读为ㄋㄝ；
兰	该读为ㄌㄢ，	误读为ㄌㄝ；
喊	该读为ㄏㄢ，	误读为ㄏㄝ。

（二）ㄧㄢ误为ㄧ[①]或ㄧㄝ：

边编鞭	该读为ㄅㄧㄢ，	误读为ㄅㄧㄝ或ㄅㄧ；
偏篇翩	该读为ㄆㄧㄢ，	误读为ㄆㄧㄝ或ㄆㄧ；
棉眠	该读为ㄇㄧㄢ，	误读为ㄇㄧㄝ或ㄇㄧ；
颠癫	该读为ㄉㄧㄢ，	误读为ㄉㄧㄝ或ㄉㄧ；
天添	该读为ㄊㄧㄢ，	误读为ㄊㄧㄝ或ㄊㄧ；
年	该读为ㄋㄧㄢ，	误读为ㄏㄝ或ㄏㄧ；
连廉联怜	该读为ㄌㄧㄢ，	误读为ㄌㄧㄝ或ㄌㄧ；
间艰兼奸	该读为ㄐㄧㄢ，	误读为ㄐㄧㄝ或ㄐㄧ；
尖笺	该读为ㄐㄧㄢ，	误读为ㄗㄧㄝ或ㄗㄧ；
牵谦	该读为ㄑㄧㄢ，	误读为ㄑㄧㄝ或ㄑㄧ；
千签迁	该读为ㄑㄧㄢ，	误读为ㄘㄧㄝ或ㄘㄧ；
先仙	该读为ㄒㄧㄢ，	误读为ㄙㄧㄝ或ㄙㄧ；
烟淹焉	该读为ㄧㄢ，	误读为ㄧㄝ或ㄧ。

上面的两类字当中，第一类的错误比较地容易矫正，第二类很难矫正。从这个事实很不容易解释出一个理由来，但普通的情形确是如此。

第四节　鼻音韵尾的辨别

在普通话里，鼻音韵尾共有ㄋ与ㄤ两类；ㄢ、ㄣ是属于ㄋ类的，

---

① 这ㄧ的发音部位很像英文的短音 i，但其音可以延长。并不像一个短音。

ㄤ、ㄥ是属于ㄤ类的,绝对不能相混。在吴语里,ㄢ往往与ㄤ相混,ㄣ往往与ㄥ相混;尤以后一种情形为最普通,而且最难矫正。

上节说过,江浙人往往以ㄝ代ㄢ,但这只是初学普通话的人的错误。如果进步了些,就晓得避免以ㄝ代ㄢ;可惜他们又走入另一条错误的道路,以ㄤ代ㄢ,例如:

办半扮①	该读ㄅㄢ,	误读ㄅㄤ,	与"镑棒"相混②;
判盼	该读ㄆㄢ,	误读ㄆㄤ,	与"胖"相混;
馒蛮	该读ㄇㄢ,	误读ㄇㄤ,	与"忙盲"相混;
饭贩犯泛范	该读ㄈㄢ,	误读ㄈㄤ,	与"放"相混;
单丹	该读ㄉㄢ,	误读ㄉㄤ,	与"当"相混;
贪滩摊坍	该读ㄊㄢ,	误读ㄊㄤ,	与"汤"相混;
南难男	该读ㄋㄢ,	误读ㄋㄤ,	与"囊"相混;
兰蓝婪岚	该读ㄌㄢ,	误读ㄌㄤ,	与"郎狼"相混;
干肝甘	该读ㄍㄢ,	误读ㄍㄤ,	与"缸刚"相混;
官关冠鳏	该读ㄍㄨㄢ,	误读ㄍㄨㄤ,	与"光"相混;
看勘	该读ㄎㄢ,	误读ㄎㄤ,	与"抗"相混;
宽	该读ㄎㄨㄢ,	误读ㄎㄨㄤ,	与"匡筐"相混;
寒含函韩邯	该读ㄏㄢ,	误读ㄏㄤ,	与"杭航"相混;
欢	该读ㄏㄨㄢ,	误读ㄏㄨㄤ,	与"荒慌"相混;
占站栈暂战	该读ㄓㄢ,	误读ㄓㄤ,	与"帐幛"相混;
产	该读ㄔㄢ,	误读ㄔㄤ,	与"厂"相混;
然	该读ㄖㄢ,	误读ㄖㄤ,	与"瓤"相混;
参餐	该读ㄘㄢ,	误读ㄘㄤ,	与"仓"相混;
三	该读ㄙㄢ,	误读ㄙㄤ,	与"桑丧"相混;
玩丸完顽	该读ㄨㄢ,	误读ㄨㄤ,	与"王"相混。

---

① "办半"在吴语虽不同音,在普通话却同音。下仿此。
② "镑棒"在普通话里念ㄅㄤ,不念ㄅㄛㄤ。下仿此。

　　其实这种错误也可以设法矫正的。当您把ㄢ音念到快完的时候，连忙将舌尖抵住前腭，就不会变为ㄤ音的。此外还有一个法子，就是利用吴语里的"唔"字（普通话里的"你们"，苏州叫"唔笃"，昆山、宝山叫"唔得"，宁波叫"唔俫"），例如把"单"字念作"ㄉㄚ唔"、"贪"字念作"ㄊㄚ唔"、"甘"字念作"ㄍㄚ唔"、"官"字念作"ㄍㄨㄚ唔""刊"字念作"ㄎㄚ唔"、"宽"字念作"ㄎㄨㄚ唔"、"欢"字念作"ㄏㄨㄚ唔"、"战"字念作"ㄓㄚ唔"、"产"字念作"ㄔㄚ唔"、"然"字念作"ㄖㄚ唔"、"餐"字念作"ㄘㄚ唔"、"三"字念作"ㄙㄚ唔"。由此类推，就不会有ㄢ、ㄤ相混的毛病了。

　　至于ㄣ、ㄥ相混，情形又不很相同。ㄢ、ㄤ相混时，是江浙人嘴里没有ㄢ，凡该念ㄢ的都往往被他们念成ㄤ；ㄣ、ㄥ相混时，是江浙有些地方有ㄣ而无ㄥ，有些地方有ㄥ而无ㄣ，有些地方ㄣ、ㄥ都有，但他们自己的耳朵里听不出一个分别，用起来是随便乱用的。

　　所谓ㄣ、ㄥ相混，又可细分为两类：（一）ㄣ与ㄥ混，（二）ㄣ与ㄥ混。

　　（一）ㄣ与ㄥ相混：

　　"根、耕"混[①]，　"根"该读ㄍㄣ，"耕"该读ㄍㄥ（阴平）；
　　"真、征"混，　　"真"该读ㄓㄣ，"征"该读ㄓㄥ（阴平）；
　　"震、正"混，　　"震"该读ㄓㄣ，"正"该读ㄓㄥ（去声）；
　　"枕、整"混，　　"枕"该读ㄓㄣ，"整"该读ㄓㄥ（上声）；
　　"陈、程"混，　　"陈"该读ㄔㄣ，"程"该读ㄔㄥ（阳平）；
　　"深、升"混，　　"深"该读ㄕㄣ，"升"该读ㄕㄥ（阴平）；
　　"神、绳"混，　　"神"该读ㄕㄣ，"绳"该读ㄕㄥ（阳平）；
　　"慎、盛"混，　　"慎"该读ㄕㄣ，"盛"该读ㄕㄥ（去声）；
　　"仁、仍"混，　　"仁"该读ㄖㄣ，"仍"该读ㄖㄥ（阳平）；
　　"森、僧"混，　　"森"该读ㄙㄣ，"僧"该读ㄙㄥ（阴平）。

---

①　所谓"混"，指江浙的白话而言，江浙各地的方言里，"根、耕"是不混的。

（二）ㄣ与ㄥ相混：

"宾、兵"混，　　 "宾"该读ㄅㄧㄣ，"兵"该读ㄅㄧㄥ（阴平）；

"贫、平"混，　　 "贫"该读ㄆㄧㄣ，"平"该读ㄆㄧㄥ（阳平）；

"民、明"混，　　 "民"该读ㄇㄧㄣ，"明"该读ㄇㄧㄥ（阳平）；

"您、宁"混，　　 "您"该读ㄋㄧㄣ，"宁"该读ㄋㄧㄥ（阳平）；

"林、凌"混，　　 "林"该读ㄌㄧㄣ，"凌"该读ㄌㄧㄥ（阳平）；

"吝、令"混，　　 "吝"该读ㄌㄧㄣ，"令"该读ㄌㄧㄥ（去声）；

"今、经"混，　　 "今"该读ㄐㄧㄣ，"经"该读ㄐㄧㄥ（阴平）；

"禁、镜"混，　　 "禁"该读ㄐㄧㄣ，"镜"该读ㄐㄧㄥ（去声）；

"紧、警"混，　　 "紧"该读ㄐㄧㄣ，"警"该读ㄐㄧㄥ（上声）；

"侵、青"混，　　 "侵"该读ㄑㄧㄣ，"青"该读ㄑㄧㄥ（阴平）；

"钦、轻"混，　　 "钦"该读ㄑㄧㄣ，"轻"该读ㄑㄧㄥ（阴平）；

"秦、情"混，　　 "秦"该读ㄑㄧㄣ，"情"该读ㄑㄧㄥ（阳平）；

"琴、檠"混，　　 "琴"该读ㄑㄧㄣ，"檠"该读ㄑㄧㄥ（阳平）；

"寝、请"混，　　 "寝"该读ㄑㄧㄣ，"请"该读ㄑㄧㄥ（上声）；

"新、星"混，　　 "新"该读ㄒㄧㄣ，"星"该读ㄒㄧㄥ（阴平）；

"欣、兴"混，　　 "欣"该读ㄒㄧㄣ，"兴"该读ㄒㄧㄥ（阴平）；

"信、姓"混，　　 "信"该读ㄒㄧㄣ，"姓"该读ㄒㄧㄥ（去声）；

"音、英"混，　　 "音"该读ㄧㄣ，"英"该读ㄧㄥ（阴平）；

"银、迎"混，　　 "银"该读ㄧㄣ，"迎"该读ㄧㄥ（阳平）；

"淫、赢"混，　　 "淫"该读ㄧㄣ，"赢"该读ㄧㄥ（阳平）；

"引、影"混，　　 "引"该读ㄧㄣ，"影"该读ㄧㄥ（上声）；

"印、应"混，　　 "印"该读ㄧㄣ，"应"该读ㄧㄥ（去声）。

　　要医治ㄣ、ㄥ相混的毛病，仍该像医治ㄢ、ㄤ相混的方法。当您把ㄣ音念到快完的时候，连忙将舌尖抵住前腭，就不致变为ㄥ音。又可以利用吴语里的"唔"字，但同时要用江浙白话里的"五"字（是"五块洋钿"的"五"，不是"五福"的"五"），例如：

"真枕震" = ㄓㄜ 唔　　　"征整正" = ㄓㄜ 五①

"陈沈臣" = ㄔㄜ 唔　　　"程成丞" = ㄔㄜ 五

"申身深" = ㄕㄜ 唔　　　"升生声" = ㄕㄜ 五

"仁忍任" = ㄖㄜ 唔　　　"仍礽扔" = ㄖㄜ 五

"宾斌彬" = ㄅㄧ 唔　　　"冰饼病" = ㄅㄧ 五

"贫品牝" = ㄆㄧ 唔　　　"平凭屏" = ㄆㄧ 五

"民敏闽" = ㄇㄧ 唔　　　"明鸣命" = ㄇㄧ 五

"林邻吝" = ㄌㄧ 唔　　　"凌灵令" = ㄌㄧ 五

"今紧禁" = ㄐㄧ 唔　　　"经警镜" = ㄐㄧ 五

"亲秦侵" = ㄑㄧ 唔　　　"清情轻" = ㄑㄧ 五

"心新信" = ㄒㄧ 唔　　　"兴星姓" = ㄒㄧ 五

"音银印" = ㄧ 唔　　　　"英迎应" = ㄧ 五

　　这样练习纯熟，就不会把"程"先生叫做"陈"先生，也不会把
"林"先生叫做"凌"先生了。

　　学习至此，如果处处都能领略，已经是四分的程度了。若要更
求完善，请读下章。

---

① 　这里不管声调。下仿此。

第四章　更进一步的学习

第一节　由异而同

在第一章第三节里，我们谈过两种类推法：第一是由异而同，第二是由同而异。本章将再详细举例使读者完全知道某字该读某音。现在先说由异而同，换句话说就是两个字在吴语是不同音的，到普通话里却同音了。

（甲）声母的关系：

江，将（ㄐㄧㄤ）；	讲，奖（ㄐㄧㄤ）；	降，酱（ㄐㄧㄤ）；
强，墙（ㄑㄧㄤ）；	香，厢（ㄒㄧㄤ）；	享，想（ㄒㄧㄤ）；
向，相（ㄒㄧㄤ）；	项，象（ㄒㄧㄤ）；	经，精（ㄐㄧㄥ）；
景，井（ㄐㄧㄥ）；	敬，净（ㄐㄧㄥ）；	轻，清（ㄑㄧㄥ）；
顷，请（ㄑㄧㄥ）；	兴，星（ㄒㄧㄥ）；	仰，养（ㄧㄤ）；
迎，盈（ㄧㄥ）；	记，祭（ㄐㄧ）；	欺，妻（ㄑㄧ）；
气，砌（ㄑㄧ）；	极，疾（ㄐㄧ）；	希，西（ㄒㄧ）；
喜，洗（ㄒㄧ）；	戏，细（ㄒㄧ）；	疑，移（ㄧ）；
义，易（ㄧ）；	交，焦（ㄐㄧㄠ）；	教，醮（ㄐㄧㄠ）；
乔，樵（ㄑㄧㄠ）；	巧，悄（ㄑㄧㄠ）；	窍，俏（ㄑㄧㄠ）；
金，津（ㄐㄧㄣ）；	禁，进（ㄐㄧㄣ）；	坚，尖（ㄐㄧㄢ）；
拣，翦（ㄐㄧㄢ）；	见，箭（ㄐㄧㄢ）；	九，酒（ㄐㄧㄡ）；
救，就（ㄐㄧㄡ）；	尧，遥（ㄧㄠ）；	银，寅（ㄧㄣ）；

言,盐(丨ㄢ);　　眼,演(丨ㄢ);　　砚,艳(丨ㄢ);

乾,前(ㄑ丨ㄢ);　牵,千(ㄑ丨ㄢ);　健,贱(ㄐ丨ㄢ);

显,癣(ㄒ丨ㄢ);　献,线(ㄒ丨ㄢ);　休,修(ㄒ丨ㄡ);

硬,应(丨ㄥ);　　傲,奥(ㄠ);　　偶,呕(ㄡ);

艾,爱(ㄞ);　　岸,暗(ㄢ);　　吾,无(ㄨ);

五,武(ㄨ);　　悟,务(ㄨ);　　危,微(ㄨㄟ);

伟,尾(ㄨㄟ);　　畏,味(ㄨㄟ)　　碗,晚(ㄨㄢ);

腕,万(ㄨㄢ);　　月,越(ㄩㄝ);　　鱼,余(ㄩ);

语,羽(ㄩ);　　遇,喻(ㄩ);　　玉,郁(ㄩ);

元,员(ㄩㄢ);　　愿,怨(ㄩㄢ);　　句,聚(ㄐㄩ);

驱,趋(ㄑㄩ);　　去,趣(ㄑㄩ);　　权,全(ㄑㄩㄢ);

虚,须(ㄒㄩ);　　酗,叙(ㄒㄩ);　　戎,容(ㄖㄨㄥ)。

(乙)韵母的关系

孟,梦(ㄇㄥ);　　朋,蓬(ㄆㄥ);　　般,班(ㄅㄢ);

半,办(ㄅㄢ);　　潘,攀(ㄆㄢ);　　瞒,蛮(ㄇㄢ);

贪,滩(ㄊㄢ);　　谭,谈(ㄊㄢ);　　探,炭(ㄊㄢ);

南,难(ㄋㄢ);　　甘,尴(ㄍㄢ);　　罕,喊(ㄏㄢ);

桓,还(ㄏㄨㄢ);　换,患(ㄏㄨㄢ);　缠,馋(ㄔㄢ);

战,栈(ㄓㄢ);　　传,赚(ㄓㄨㄢ);　蚕,残(ㄘㄢ);

格,各(ㄍㄜ);　　客,刻(ㄎㄜ);　　莫,墨(ㄇㄛ)。

(丙)声调的关系:

巴,八(ㄅㄚ 阴平);波,钵(ㄅㄛ 阴平);

脖,伯(ㄅㄛ 阳平);补,卜(ㄅㄨ 上声);

稻,到(ㄉㄠ 去声);嫡,敌(ㄉ丨 阳平);

忒,特(ㄊㄜ 去声);翅,赤(ㄔ 去声);

术,束(ㄕㄨ 去声);则,泽(ㄗㄜ 阳平);

益,翼(丨 去声);　务,物(ㄨ 去声)。

第二节 由同而异

我们在第一章说过由同而异的类推法是最难的,在许多地方只好逐字硬记,没有捷径可循。本节就是把在吴语里为同音而在普通话里为异音的字,择其较常用者,都写下来,叫大家去硬记。

(甲)声母方面

(1)吴语读卩而普通话分为业、卩两音者①:

业〔阴平〕之芝支枝肢知蜘衹脂卮栀祗胝只汁织;〔阳平〕直值植殖埴执絷蛰摭跖姪职蹢;〔上声〕止址芷沚祉趾阯砥只咫枳轵旨恉指纸黹;〔去声〕志誌痣智至轾致缋峙痔時制挚贽鸷置寘滞寘彘雉稚帜治豸质踬忮窒桎蛭膣秩帙陟骘炙镝。

卩〔阴平〕资孜咨姿粢趑赀髭兹滋孳镃菑淄缁辎锱;〔上声〕子籽紫第秭梓訾滓;〔去声〕字眦蒇渍自恣。

业丫〔阴平〕查渣札;〔阳平〕炸札扎劄铡闸;〔上声〕眨;〔去声〕乍诈炸咋蚱榨咤栅。

卩丫〔阴平〕咂扎匝;〔阳平〕咱杂砸。

业さ〔阴平〕遮螫;〔阳平〕折辙哲蜇谪辄;〔上声〕者赭;〔去声〕蔗鹧这浙。

卩さ〔阳平〕则择泽责啧赜帻箦;〔去声〕仄昃侧。

业历〔阴平〕斋摘;〔阳平〕宅择翟;〔上声〕窄;〔去声〕债寨砦瘵。

卩历〔阴平〕灾哉栽;〔上声〕宰崽载;〔去声〕载在再。

业乁〔去声〕这②。

卩乁〔阳平〕贼。

业幺〔阴平〕招昭钊朝;〔阳平〕着;〔上声〕爪找沼;〔去声〕召照诏兆罩肇赵櫂旐。

---

① 此处所谓吴语读卩,只指江浙人的白话而言,下面ち、厶仿此。

② "这一"两字之合音。

ㄗㄠ〔阴平〕糟遭蹧;〔阳平〕凿;〔上声〕澡藻蚤早枣;〔去声〕造皂躁慥燥噪灶。

ㄓㄡ〔阴平〕州舟洲辀周週啁盩粥;〔阳平〕轴舳妯;〔上声〕肘帚;〔去声〕咒宙胄纣酎皱绉昼箍骤。

ㄗㄡ〔阴平〕邹驺诌陬诹掫;〔上声〕走;〔去声〕奏揍。

ㄓㄢ〔阴平〕占沾觇霑詹瞻旃毡遭鱣;〔上声〕展辗斩崭酽飐盏黇;〔去声〕占站绽栈暂战湛颤蘸。

ㄗㄢ〔阴平〕簪;〔阳平〕咱;〔上声〕攒趱;〔去声〕赞瓒錾。

ㄓㄣ〔阴平〕珍针箴贞侦桢祯真禛榛蓁臻溱斟砧甄;〔上声〕枕疹诊畛轸稹;〔去声〕振震赈娠鸩朕阵镇。

ㄗㄣ〔阴平〕簪①;〔上声〕怎;〔去声〕潛。

ㄓㄤ〔阴平〕章彰漳樟嫜璋麞张;〔上声〕长涨掌;〔去声〕丈仗杖帐账胀涨障幛嶂瘴。

ㄗㄤ〔阴平〕臧赃牂;〔去声〕葬藏奘。

ㄓㄥ〔阴平〕征怔钲争峥狰睁筝烝蒸症;〔上声〕整拯;〔去声〕正政症挣证郑。

ㄗㄥ〔阴平〕曾增憎缯赠;〔去声〕赠甑。

ㄓㄨ〔阴平〕朱株珠硃侏洙茱蛛铢诛邾猪诸潴;〔阳平〕竹竺烛躅筑;〔上声〕主拄麈煮渚贮嘱瞩;〔去声〕住注柱炷蛀註驻助翥著箸筋杼铸祝伫苎纻。

ㄗㄨ〔阴平〕租;〔阳平〕足卒捽族镞;〔上声〕祖阻组诅俎。

ㄓㄨㄚ〔阴平〕抓;〔上声〕爪。

ㄓㄨㄛ〔阴平〕桌捉涿;〔阳平〕酌灼着浊镯琢诼啄濯擢卓茁斫斫。

ㄗㄨㄛ〔阴平〕嘬;〔阳平〕昨;〔上声〕左佐;〔去声〕坐座做胙祚阼作作酢。

ㄓㄨㄟ〔阴平〕追锥椎騅;〔去声〕缀缒坠赘惴。

---

① 凡一字两见者,表示有两种读法。下仿此。

ㄗㄨㄟ〔上声〕嘴;〔去声〕最醉罪檇蕞。

ㄓㄨㄢ〔阴平〕专砖颛;〔上声〕转啭;〔去声〕传篆撰譔馔赚。

ㄗㄨㄢ〔阴平〕钻;〔上声〕纂缵;〔去声〕钻。

ㄓㄨㄣ〔阴平〕谆屯迍窀;〔上声〕準准隼。

ㄗㄨㄣ〔阴平〕尊樽遵;〔上声〕撙;〔去声〕俊。

ㄓㄨㄤ〔阴平〕庄装妆桩;〔去声〕壮状撞。

ㄓㄨㄥ〔阴平〕中忠盅衷终螽钟;〔上声〕种肿踵冢;〔去声〕仲中重种众。

ㄗㄨㄥ〔阴平〕宗棕踪鬃纵;〔上声〕总;〔去声〕粽纵从综。

(2)吴语读ㄘ而普通话分为ㄔ、ㄘ两音者:

ㄔ〔阴平〕痴蚩媸嗤摛螭魑鸱絺郗笞吃;〔阳平〕池驰迟墀匙踟持坻;〔上声〕耻侈褫豉齿尺;〔去声〕翅啻炽眙傺斥敕饬赤叱。

ㄘ〔阴平〕雌疵;〔阳平〕词祠辞慈磁茨瓷鹚;〔上声〕此泚;〔去声〕次刺厕。

ㄔㄚ〔阴平〕叉差插;〔阳平〕茶搽查察督铢;〔去声〕衩侘诧岔刹。

ㄘㄚ〔阴平〕擦。

ㄔㄜ〔阴平〕车;〔上声〕扯;〔去声〕彻澈撤辙掣坼。

ㄘㄜ〔去声〕侧测恻厕策册。

ㄔㄞ〔阴平〕钗差拆;〔阳平〕柴豺侪;〔去声〕虿瘥。

ㄘㄞ〔阴平〕猜;〔阳平〕才材财裁;〔上声〕采彩睬寀踩;〔去声〕菜蔡。

ㄔㄠ〔阴平〕抄钞超剿;〔阳平〕朝潮嘲巢晁;〔上声〕吵炒。

ㄘㄠ〔阴平〕操糙;〔阳平〕曹嘈漕槽螬;〔上声〕草。

ㄔㄡ〔阴平〕抽瘳;〔阳平〕酬愁绸稠惆裯俦畴筹踌仇雠;〔上声〕丑瞅;〔去声〕臭。

ㄘㄡ〔去声〕凑腠辏。

ㄔㄢ〔阴平〕搀;〔阳平〕蝉禅婵馋巉廛缠躔孱潺蟾;〔上声〕产铲划阐辗谄冁;〔去声〕忏羼。

ㄘㄢ〔阴平〕参骖餐;〔阳平〕残惭蚕;〔上声〕惨憯;〔去声〕粲灿。

ㄔㄣ〔阴平〕嗔琛郴;〔阳平〕沈忱辰晨宸陈臣尘谌橙;〔去声〕趁榇衬。

ㄘㄣ〔阴平〕参;〔阳平〕岑涔。

ㄔㄤ〔阴平〕昌娼猖阊;〔阳平〕常长苌场肠嫦尝徜裳偿;〔上声〕厂敞氅昶场;〔去声〕唱倡怅畅鬯。

ㄘㄤ〔阴平〕仓伧沧苍舱鸧;〔阳平〕藏。

ㄔㄥ〔阴平〕称偁瞠撑赪;〔阳平〕成诚城盛呈程裎酲丞承橙澄惩塍;〔上声〕逞骋;〔去声〕秤。

ㄘㄥ〔阳平〕曾层嶒郯;〔去声〕蹭。

ㄔㄨ〔阴平〕初出貙;〔阳平〕除滁蜍厨橱躇蹰锄刍雏;〔上声〕楚处础杵楮褚;〔去声〕处畜搐触怵黜矗。

ㄔㄨㄛ〔阴平〕戳;〔去声〕绰啜辍龊。

ㄘㄨㄛ〔阴平〕搓磋蹉;〔去声〕措厝错挫剉。

ㄔㄨㄞ〔阴平〕搋;〔上声〕揣;〔去声〕踹。

ㄔㄨㄟ〔阴平〕吹炊;〔阳平〕垂棰锤陲搥槌鎚;〔去声〕吹。

ㄘㄨㄟ〔阴平〕崔催摧缞榱;〔去声〕啐悴淬萃粹瘁翠脆毳。

ㄔㄨㄢ〔阴平〕川穿;〔阳平〕船传椽;〔上声〕舛喘;〔去声〕钏串。

ㄘㄨㄢ〔阴平〕汆;〔去声〕窜篡爨。

ㄔㄨㄣ〔阴平〕春椿;〔阳平〕唇淳醇鹑纯莼;〔上声〕蠢。

ㄘㄨㄣ〔阴平〕村皴;〔阳平〕存蹲;〔上声〕忖;〔去声〕寸。

ㄔㄨㄤ〔阴平〕窗疮;〔阳平〕床幢;〔上声〕闯;〔去声〕创怆。

ㄔㄨㄥ〔阴平〕充冲忡憧舂;〔阳平〕虫重崇种;〔上声〕宠;〔去声〕铳冲。

ㄘㄨㄥ〔阴平〕聪璁葱囱;〔阳平〕从丛琮淙。

　　(3)吴语读ㄙ而普通话分为ㄕ、ㄙ两音者:

ㄕ〔阴平〕尸诗师狮施蓍虱湿;〔阳平〕时埘鲥蒔十什拾石鼫食蚀实寔湜;〔上声〕史使矢始屎弛豕驶;〔去声〕是諟士仕示视世贳市柿

侍恃试弑筮噬誓逝事势嗜谥氏舐式拭轼室释适奭饰。

ㄙ〔阴平〕私思偲缌司斯嘶撕厮丝;〔上声〕死;〔去声〕四泗驷似姒巳祀耜涘肆赐寺儿。

ㄕㄚ〔阴平〕沙痧砂纱鲨裟杉杀;〔上声〕傻;〔去声〕箑霎煞歃。

ㄙㄚ〔阴平〕仨撒;〔上声〕洒靸;〔去声〕萨飒卅跋。

ㄕㄜ〔阴平〕奢赊;〔阳平〕蛇佘舌;〔上声〕舍;〔去声〕射麝社舍赦设摄涉歙。

ㄙㄜ〔去声〕色塞瑟啬穑涩。

ㄕㄞ〔阴平〕筛;〔上声〕骰色;〔去声〕晒。

ㄙㄞ〔阴平〕腮鳃塞;〔去声〕赛塞。

ㄕㄟ〔阳平〕谁。

ㄙㄟ〔阴平〕塞。

ㄕㄠ〔阴平〕烧梢捎艄筲蛸;〔阳平〕韶勺芍;〔上声〕少;〔去声〕绍邵劭哨少。

ㄙㄠ〔阴平〕骚搔缫艘臊;〔上声〕嫂扫;〔去声〕臊扫。

ㄕㄡ〔阴平〕收;〔阳平〕熟;〔上声〕守手首;〔去声〕受授绶狩兽瘦寿售。

ㄙㄡ〔阴平〕搜廋溲;〔上声〕叟擞薮嗾;〔去声〕嗽漱。

ㄕㄢ〔阴平〕山舢衫删珊姗跚扇煽羶芟潸苫;〔上声〕闪陕;〔去声〕扇骟汕疝讪善膳蟮缮鄯擅嬗掺赡。

ㄙㄢ〔阴平〕三毵;〔上声〕伞散;〔去声〕散。

ㄕㄣ〔阴平〕申伸呻绅深参身娠;〔阳平〕神;〔上声〕审婶沈沈哂矧;〔去声〕甚椹渗慎肾蜃。

ㄙㄣ〔阴平〕森。

ㄕㄤ〔阴平〕伤殇觞商;〔上声〕上赏晌;〔去声〕尚上。

ㄙㄤ〔阴平〕桑丧;〔上声〕嗓颡;〔去声〕丧。

ㄕㄥ〔阴平〕升生牲笙甥声胜;〔阳平〕绳渑;〔上声〕省眚;〔去声〕胜剩盛乘圣。

ㄙㄥ〔阴平〕僧。

ㄕㄨ〔阴平〕舒书疏蔬梳输殊姝樗挀殳枢摅;〔阳平〕孰塾赎;〔上声〕
　　暑署薯鼠数黍属蜀;〔去声〕树竖漱戍恕庶署曙数墅述术束倏。

ㄙㄨ〔阴平〕苏稣甦酥;〔阳平〕俗;〔去声〕素愫膆嗉诉愬溯塑肃骕速
　　涑觫觫蔌簌宿缩蓿夙粟谡窣。

ㄕㄨㄚ〔阴平〕刷;〔上声〕耍。

ㄕㄨㄛ〔阴平〕说;〔去声〕朔槊烁铄数硕。

ㄙㄨㄛ〔阴平〕唆梭蓑娑莎挲嗍缩;〔上声〕锁琐所索。

ㄕㄨㄞ〔阴平〕衰摔;〔上声〕甩;〔去声〕帅。

ㄕㄨㄟ〔上声〕水;〔去声〕税帨蜕睡。

ㄙㄨㄟ〔阴平〕虽尿荽眭;〔阳平〕随隋;〔上声〕髓;〔去声〕遂隧燧邃
　　岁碎谇穗繐祟。

ㄕㄨㄢ〔阴平〕拴栓闩;〔去声〕涮。

ㄙㄨㄢ〔阴平〕痠酸狻;〔去声〕算蒜。

ㄕㄨㄣ〔上声〕盾楯吮;〔去声〕顺舜瞬。

ㄙㄨㄣ〔阴平〕孙狲荪飧;〔上声〕损笋;〔去声〕巽噀逊。

ㄕㄨㄤ〔阴平〕双霜孀;〔上声〕爽。

ㄙㄨㄥ〔阴平〕松凇菘鬆嵩娀;〔上声〕悚竦怂耸;〔去声〕宋送讼
　　颂诵。

　　(4)吴语读ㄙˇ而普通话分为ㄓ、ㄔ、ㄕ、ㄗ、ㄘ、ㄙ、ㄖ七音者①:
时鲥埘莳(以上读ㄕ);词祠辞慈磁瓷(以上读ㄘ);治稚雉(以上读
ㄓ);字自(以上读ㄗ);似姒祀嗣巳饲俟涘(以上读ㄙ);池驰迟持
墀(以上读ㄔ)。

韶绍邵劭(以上读ㄕㄠ);曹嘈漕槽螬(以上读ㄘㄠ);兆召赵(以上读
ㄓㄠ);造(读ㄗㄠ);潮朝巢晁(以上读ㄔㄠ);饶娆荛(以上读
ㄖㄠ)。

---

① 吴语亦有分为ㄕˇ、ㄙˇ两音者,今就其混者而言。

善膳鳝缮(以上读ㄕㄢ);蚕(读ㄘㄢ);缠廛(以上读ㄔㄢ);然燃(以上读ㄖㄢ)。

阵鸩(以上读ㄓㄣ);陈沉忱辰晨尘橙(以上读ㄔㄣ);甚慎(以上读ㄕㄣ);岑(读ㄘㄣ);仁任人妊壬纴衽饪赁(以上读ㄖㄣ)。

尚上(以上读ㄕㄤ);丈仗杖(以上读ㄓㄤ);长场肠常嫦偿(以上读ㄔㄤ)。

绳盛(以上读ㄕㄥ);层曾(以上读ㄘㄥ);郑(读ㄓㄥ);赠(读ㄗㄥ);成城诚程呈酲丞乘承惩(以上读ㄔㄥ);仍礽(以上读ㄖㄥ)。

赎熟孰塾(以上读ㄕㄨ);俗(读ㄙㄨ);逐(读ㄓㄨ);族镞(以上读ㄗㄨ)。

睡(读ㄕㄨㄟ);随隋遂隧燧(以上读ㄙㄨㄟ);坠缒(以上读ㄓㄨㄟ);罪(读ㄗㄨㄟ);垂陲槌(以上读ㄔㄨㄟ)。

实石食蚀十拾什(以上读ㄕ);直值植殖姪(以上读ㄓ);日(读ㄖ)。

宅(读ㄓㄞ);若弱(以上读ㄖㄨㄛ);瑞锐睿(以上读ㄖㄨㄟ)。

受授绶寿售(以上读ㄕㄡ);柔揉蹂(以上读ㄖㄡ);纣宙胄(以上读ㄓㄡ);愁酬绸畴筹仇踌雠(以上读ㄔㄡ)。

树(读ㄕㄨ);除厨橱蹰锄储(以上读ㄔㄨ);助(读ㄓㄨ);如儒孺乳(以上读ㄖㄨ)。

床(读ㄔㄨㄤ);状(读ㄓㄨㄤ)。

从丛(以上读ㄘㄨㄥ);讼颂诵(以上读ㄙㄨㄥ);仲重(以上读ㄓㄨㄥ);虫重崇(以上读ㄔㄨㄥ)。

　　(5)吴语读广而普通话分为ㄋ、ㄧ、ㄖ、ㄩ四音者:

泥尼呢怩妮倪霓輗猊麑拟旎腻睨(以上读ㄋㄧ);宜疑仪蚁义议毅艺呓谊羿劓(以上读ㄧ)。

孽蘖陧聂蹑镊臬涅啮(以上读ㄋㄧㄝ);业邺(以上读ㄧㄝ)。

鸟茑袅(以上读ㄋㄧㄠ)。

尧峣(以上读ㄧㄠ);饶荛娆扰遶绕(以上读ㄖㄠ)。

牛扭纽钮狃(以上读ㄋㄧㄡ)。

年黏拈辇念廿（以上读 ㄋㄧㄢ）；研妍严言阎（以上读 ㄧㄢ）[①]。

您（读 ㄋㄧㄣ）；银闿吟（以上读 ㄧㄣ）；人认（以上读 ㄖㄣ）。

娘（读 ㄋㄧㄤ）；让壤攘饟（以上读 ㄖㄤ）。

宁狞凝佞泞（以上读 ㄋㄧㄥ）；迎（读 ㄧㄥ）。

女（读 ㄋㄩ）；愚隅娱虞语圄麌御驭遇（以上读 ㄩ）。

元沅鼋原源嫄愿（以上读 ㄩㄢ）。

（6）吴语读**万**而普通话分为ㄈ、ㄨ两音者：

扶芙蚨符苻孚俘桴郛莩蜉凫付附坿驸祔鲋妇负阜父（以上读ㄈㄨ）；
无芜毋巫诬武舞鹉庑侮务雾婺骛戊（以上读ㄨ）。

佛怫（以上读ㄈㄨ）；勿物（以上读ㄨ）。

肥吠（以上读ㄈㄟ）；微薇未味（以上读ㄨㄟ）。

凡帆烦蕃藩繁繁樊矾饭犯范範（以上读ㄈㄢ）；万（读ㄨㄢ）。

坟焚汾梦粉蚡份忿愤偾奋（以上读ㄈㄣ）；文纹雯闻紊抆汶问（以上
读ㄨㄣ）。

房防妨鲂（以上读ㄈㄤ）；亡忘望网（以上读ㄨㄤ）。

（7）吴语读**ㄨ**而普通话分为ㄏ、ㄨ两音者：

胡湖葫糊馉猢瑚醐狐弧壶乎户扈沪怙岵护互（以上读ㄏㄨ）；梧吾吴
（以上读ㄨ）。

华画话（以上读ㄏㄨㄚ）。

怀槐淮坏（以上读ㄏㄨㄞ）；外（读ㄨㄞ）。

回洄徊茴蛔汇会荟绘烩慧彗槥喙惠蕙汇（以上读ㄏㄨㄟ）；为危伪胃
谓蝟渭卫魏位（以上读ㄨㄟ）。

还寰圜鬟（以上读ㄏㄨㄢ）。

皇惶徨凰遑黄煌蝗篁隍磺璜簧潢（以上读ㄏㄨㄤ）；王往枉旺（以上
读ㄨㄤ）。

（8）吴语读**ㄏ**（浊音）而普通话分为ㄒ、ㄧ两音者：

系(读ㄒㄧ);夷移簃姨咦胰洟痍怡饴诒贻颐彝遗异肄(以上读ㄧ)。

霞瑕遐夏下(以上读ㄒㄧㄚ)①。

效校敩(以上读ㄒㄧㄠ);曜耀摇遥窑谣徭猺瑶姚洮(以上读ㄧㄠ)。

贤现限县(以上读ㄒㄧㄢ);延筵蜒炎盐艳(以上读ㄧㄢ)。

形邢刑铏型硎行幸倖悻婞(以上读ㄒㄧㄥ);盈楹赢嬴瀛(以上读
ㄧㄥ)。

玄悬炫泫眩(以上读ㄒㄩㄢ);员圆袁猿园援辕缘(以上读ㄩㄢ)。

熊雄(以上读ㄒㄩㄥ);庸傭塘廱慵鳙永咏泳用佣(以上读ㄩㄥ)。

(乙)韵母方面

(1)吴语读ㄨ②而普通话分为ㄨ、ㄛ、ㄨㄛ三音者:

ㄅㄨ〔阴平〕晡逋;〔上声〕补哺;〔去声〕布怖。

ㄅㄛ〔阴平〕波菠;〔上声〕跛;〔去声〕播簸。

ㄆㄨ〔阳平〕葡匍蒲蒱酺菩。ㄅㄨ〔去声〕步部蔀埠簿。

ㄆㄛ〔阳平〕婆皤鄱。

ㄆㄨ〔阴平〕铺痡;〔上声〕圃浦溥埔普谱;〔去声〕铺。

ㄆㄛ〔阴平〕坡;〔上声〕颇叵;〔去声〕破。

ㄇㄨ〔阳平〕模;〔上声〕母姆拇;〔去声〕暮墓慕募。

ㄇㄛ〔阳平〕磨摩魔蘑摹模谟嫫;〔去声〕磨。

ㄉㄨ〔阴平〕都嘟;〔上声〕赌堵睹;〔去声〕妒蠹。

ㄉㄨㄛ〔阴平〕多;〔上声〕朵躲;〔上声〕剁。

ㄊㄨ〔阳平〕途涂荼酴屠瘏徒图。ㄉㄨ〔去声〕度渡镀杜肚。

ㄊㄨㄛ〔阳平〕驼鸵沱陀跎酡紽驮鼍。ㄉㄨㄛ〔去声〕惰堕舵。

ㄊㄨ〔上声〕土吐;〔去声〕兔堍。

ㄊㄨㄛ〔阴平〕拖佗;〔上声〕妥椭;〔去声〕唾。

ㄋㄨ〔阳平〕奴孥帑驽;〔上声〕努弩;〔去声〕怒。

---

① 吴语"夏下"两字只读书音念ㄧㄚ(浊音)。
② 只指大部分的吴语而言。苏州等处虽不尽读ㄨ但其相混的情形是一样的。

ㄋㄨㄛ〔阳平〕傩挪;〔去声〕懦糯。

ㄌㄨ〔阳平〕卢庐炉泸芦轳胪颅鲈鸬;〔上声〕鲁橹虏掳卤澛;〔去声〕路露鹭潞璐赂辂。

ㄌㄨㄛ〔阳平〕罗骡螺啰锣萝箩逻;〔上声〕裸倮赢。

ㄍㄨ〔阴平〕姑沽蛄酤鸪辜菇孤觚菰箍;〔上声〕古罟诂牯嘏蛊鼓瞽臌股穀贾蛊;〔去声〕故固痼锢雇顾。

ㄍㄜ〔阴平〕哥歌戈;〔上声〕哿舸;〔去声〕个①。

ㄍㄨㄛ〔阴平〕锅;〔上声〕果裹蜾;〔去声〕过。

ㄎㄨ〔阴平〕枯刳;〔上声〕苦楛;〔去声〕袴库。

ㄎㄜ〔阴平〕科蝌苛柯珂疴轲窠棵颗;〔上声〕可坷;〔去声〕课。

ㄏㄨ〔阴平〕呼;〔上声〕虎琥浒。

ㄏㄜ〔阴平〕呵诃。

ㄏㄨㄛ〔上声〕火伙夥;〔去声〕货。

ㄏㄨ〔阳平〕胡湖葫糊猢瑚醐狐弧壶乎;〔去声〕户沪扈瓠怙岵祜护互。

ㄏㄜ〔阳平〕何河荷禾和龢;〔去声〕贺和。

ㄏㄨㄛ〔去声〕祸。

ㄗㄨ〔阴平〕租;〔上声〕祖阻组诅俎。

ㄗㄨㄛ〔上声〕左佐;〔去声〕做。

ㄔㄨ〔阳平〕锄刍雏。ㄓㄨ〔去声〕助。ㄔㄨ〔阳平〕徂殂。

ㄗㄨㄛ〔去声〕坐座胙祚阼。

ㄘㄨ〔阴平〕粗;〔去声〕醋。ㄔㄨ〔阴平〕初。

ㄘㄨㄛ〔去声〕措厝错挫剉锉。

ㄙㄨ〔阴平〕甦稣苏酥;〔去声〕素诉溯塑。

ㄕㄨ〔去声〕数。

ㄙㄨㄛ〔阴平〕唆梭;〔上声〕锁琐所。

---

① 　编者注:今读ㄍㄜ。下ㄎㄛ,今读ㄎㄜ;ㄏㄛ,今读ㄏㄜ。

（2）吴语读ㄝ而普通话分为ㄞ、ㄟ、ㄢ、ㄨㄢ、ㄨㄟ五音者：

ㄅㄟ〔阴平〕杯;〔去声〕贝狈辈背褙。

ㄅㄢ〔阴平〕班斑颁扳;〔上声〕板版坂阪;〔去声〕扮。

ㄆㄟ〔阳平〕培陪赔裴。ㄅㄟ〔去声〕焙倍蓓鞴备惫。

ㄅㄢ〔去声〕办瓣。ㄆㄢ〔去声〕叛。

ㄆㄟ〔阴平〕醅;〔去声〕配佩珮沛霈旆。

ㄆㄢ〔去声〕盼。

ㄇㄞ〔去声〕迈劢。

ㄇㄟ〔阳平〕梅媒煤霉枚楳;〔上声〕美每;〔去声〕妹沫昧寐魅袂。

ㄇㄢ〔阳平〕蛮;〔去声〕慢漫幔曼蔓缦谩。

ㄈㄢ〔阴平〕番翻幡繙;〔阳平〕烦繁凡帆矾蕃藩墦燔膰璠蹯樊攀;
　〔上声〕反返;〔去声〕贩梵泛犯氾范範。

ㄉㄞ〔阴平〕呆;〔上声〕戴。

ㄉㄢ〔阴平〕丹聃单郸箪殚担儋耽眈眈酖;〔上声〕胆疸亶;〔去声〕担
　旦诞。

ㄉㄨㄟ〔阴平〕堆;〔去声〕对怼碓。

ㄊㄞ〔阳平〕臺抬台苔骀炱邰。ㄉㄞ〔去声〕代袋岱贷玳黛待怠迨
　殆绐。

ㄊㄢ〔阳平〕谈痰郯倓弹坛檀。ㄉㄢ〔去声〕但淡啖惮澹蛋。

ㄊㄨㄟ〔阳平〕颓隤魋。

ㄊㄞ〔阴平〕胎;〔去声〕态。

ㄊㄢ〔阴平〕摊滩瘫坍;〔上声〕坦袒毯菼;〔去声〕叹炭。

ㄊㄨㄟ〔阴平〕推;〔上声〕腿;〔去声〕退。

ㄋㄞ〔上声〕乃迺;〔去声〕耐奈柰鼐。

ㄋㄟ〔去声〕内。

ㄋㄢ〔阴平〕难;〔上声〕赧;〔去声〕难。

ㄌㄞ〔阳平〕来徕莱;〔去声〕赉睐赖濑籁。

ㄌㄟ〔阳平〕雷擂缧儡累缧蔂羸;〔上声〕累蕾儡垒磊耒诔;〔去声〕类

颣泪酹。

ㄌㄢ〔阳平〕蓝篮褴婪兰阑拦栏澜斓谰岚;〔上声〕览揽榄懒;〔去声〕滥烂。

ㄍㄞ〔阴平〕该陔垓赅荄;〔上声〕改;〔去声〕盖溉概丐。

ㄍㄢ〔阴平〕尴。

ㄍㄨㄞ〔上声〕拐枴;〔去声〕夬。

ㄍㄨㄟ〔阴平〕归龟皈闺珪圭;〔上声〕诡鬼①宄轨匦晷癸簋;〔去声〕贵桂。

ㄍㄨㄢ〔阴平〕关鳏;〔去声〕惯贯。

ㄎㄨㄟ〔阳平〕葵逵馗;〔去声〕溃馈愦聩篑。ㄍㄨㄟ〔去声〕跪②柜。

ㄎㄞ〔阴平〕开;〔上声〕凯恺剀铠;〔去声〕慨忾。

ㄎㄢ〔上声〕侃槛。

ㄎㄨㄞ〔去声〕侩狯桧哙脍浍郐剑筷块。

ㄎㄨㄟ〔阴平〕窥亏阕盔悝岿;〔上声〕傀跬;〔去声〕愧馈。

ㄗㄞ〔阴平〕灾哉栽;〔上声〕宰崽;〔去声〕再载。

ㄗㄢ〔阴平〕簪;〔去声〕赞瓒。

ㄓㄨㄟ〔阴平〕追锥椎骓。ㄗㄨㄟ〔去声〕醉最蕞。

ㄗㄨㄢ〔阴平〕钻;〔上声〕缵;〔去声〕钻。

ㄘㄞ〔阳平〕才材财裁纔。ㄔㄞ〔阳平〕豺侪。ㄕㄟ〔阳平〕谁。

ㄘㄢ〔阳平〕残惭。ㄔㄢ〔阳平〕谗馋孱潺。ㄓㄢ〔去声〕栈站绽蘸。

ㄔㄨㄟ〔阳平〕垂箠陲锤槌。ㄙㄨㄟ〔阳平〕随隋。ㄗㄨㄟ〔去声〕罪。
　　ㄕㄨㄟ〔去声〕睡。

ㄓㄨㄢ〔去声〕撰譔馔赚。

ㄘㄞ〔阴平〕猜;〔上声〕采彩睬寀;〔去声〕菜蔡。

ㄘㄢ〔去声〕粲璨灿。

---

① 吴语白话"鬼贵"等字念ㄐㄩ;读书音则念ㄍㄨㄟ。
② 吴语白话"跪"字有念ㄐㄩ的浊音者。

ㄘㄨㄟ〔阴平〕崔催摧;〔去声〕粹悴萃瘁翠脆淬。

ㄙㄢ〔阴平〕三;〔上声〕伞散;〔去声〕散。

ㄙㄨㄟ〔阴平〕绥虽;〔上声〕髓;〔去声〕岁碎谇祟穗。

ㄞ〔阴平〕哀;〔去声〕爱。

　　(3)吴语读ㄥ(或ㄣ)而普通话分为ㄥ、ㄣ、ㄨㄣ三音者:

ㄓㄣ〔阴平〕珍针真箴贞侦桢祯榛獉臻溱斟砧甄;〔上声〕枕疹畛诊
　　轸;〔去声〕振震赈镇。ㄗㄣ〔阴平〕簪;〔上声〕怎;〔去声〕譖。

ㄓㄨㄣ〔阴平〕谆肫;〔上声〕準准隼。

ㄓㄥ〔阴平〕征怔钲争烝;〔上声〕整拯;〔去声〕正政症证郑。ㄗㄥ
　　〔阴平〕曾增憎;〔去声〕赠甑。

ㄔㄣ〔阳平〕沉忱辰晨宸陈臣尘谌。ㄘㄣ〔阳平〕岑涔。ㄓㄣ〔去声〕阵
　　朕鸩。ㄗㄣ〔阳平〕神;〔去声〕慎甚椹。

ㄔㄨㄣ〔阳平〕唇淳醇鹑纯。ㄗㄨㄣ〔去声〕顺。

ㄔㄥ〔阳平〕成城诚呈程裎酲丞承乘澄惩塍。ㄘㄥ〔阳平〕层曾。
　　ㄓㄥ〔去声〕郑。ㄗㄥ〔去声〕赠。ㄗㄥ〔阳平〕绳;〔去声〕盛剩。

ㄔㄣ〔阴平〕嗔琛;〔去声〕趁衬榇谶称。

ㄔㄨㄣ〔阴平〕春椿;〔上声〕蠢。

ㄔㄥ〔阴平〕称撑柽;〔上声〕逞骋;〔去声〕秤。

ㄕㄣ〔阴平〕申伸呻绅深参身娠;〔上声〕审婶渖沈哂。ㄙㄣ〔阴
　　平〕森。

ㄕㄨㄣ〔去声〕舜瞬。ㄙㄨㄣ〔阴平〕孙狲荪飧;〔上声〕笋损;〔去声〕
　　逊巽噀。

ㄕㄥ〔阴平〕升生笙甥声;〔上声〕省眚;〔去声〕胜圣。ㄙㄥ〔阴
　　平〕僧。

ㄅㄣ〔阴平〕奔贲;〔上声〕本畚;〔去声〕笨。

ㄆㄣ〔阳平〕盆;〔去声〕喷。

ㄇㄣ〔阳平〕门们。

ㄈㄣ〔阴平〕分吩纷芬雰氛;〔阳平〕汾棼坟焚;〔上声〕粉;〔去声〕愤

忿份偾奋粪。

ㄉㄥ〔阴平〕登灯簦蹬;〔上声〕等戥;〔去声〕凳邓瞪磴。

ㄊㄥ〔阳平〕疼滕藤腾誊螣䲢。

ㄋㄣ〔去声〕嫩。

ㄋㄥ〔阳平〕能。

ㄌㄨㄣ〔阳平〕伦沦轮纶抡仑囵;〔去声〕论。

ㄌㄥ〔阳平〕楞;〔上声〕冷;〔去声〕愣。

ㄍㄣ〔阴平〕根跟;〔去声〕艮。

ㄍㄥ〔阴平〕庚耕更赓鹒羹;〔上声〕梗埂哽绠鲠鲠耿;〔去声〕更亘①。

ㄎㄣ〔上声〕恳垦啃肯;〔去声〕掯。

ㄎㄥ〔阴平〕坑硁牼铿。

ㄏㄣ〔阳平〕痕;〔上声〕很;〔去声〕恨。

ㄏㄥ〔阴平〕亨哼;〔阳平〕恒桁珩衡蘅。

　　(4)吴语读ㄥ(或ㄣ)而普通话分ㄥ、ㄣ两音者:

ㄅㄣ〔阴平〕宾滨濒槟缤彬斌邠豳;〔去声〕傧殡膑摈鬓。

ㄅㄥ〔阴平〕冰兵;〔上声〕丙炳昺邴饼秉禀;〔去声〕并柄。

ㄆㄣ〔阳平〕贫频蘋颦嫔;〔去声〕牝。

ㄆㄥ〔阳平〕平评屏萍枰坪苹瓶帡凭。ㄅㄥ〔去声〕并病。

ㄆㄣ〔阴平〕姘拼;〔上声〕品;〔去声〕聘。

ㄆㄥ〔阴平〕娉乒俜;〔去声〕聘。

ㄇㄣ〔阳平〕民岷珉缗旻;〔上声〕敏鳘泯抿闽悯愍黾黾。

ㄇㄥ〔阳平〕名铭明暝冥瞑溟螟鸣;〔上声〕茗酩〔去声〕命。

ㄉㄥ〔阴平〕丁钉仃叮疔;〔上声〕顶酊鼎;〔去声〕订钉定锭碇椗。

ㄊㄥ〔阴平〕听厅;〔阳平〕廷庭蜓霆亭停婷;〔上声〕挺梃艇颋町;
　　〔去声〕听。

ㄋㄣ〔阳平〕您。

————————

① 在吴语的读书音里,这些字都念ㄍㄣ;但口语里多数念ㄍㄤ。

ㄖㄥ〔阳平〕宁咛拧狞凝柠；〔去声〕佞宁泞。

ㄌㄣ〔阳平〕林琳淋麻霖燐邻遴麟磨鳞辚嶙临；〔上声〕廪凛懔；〔去声〕吝蔺躏。

ㄌㄥ〔阳平〕伶零龄铃苓聆舲羚鸰蛉泠玲瓴翎凌陵淩绫菱灵棂；〔上声〕领岭；〔去声〕令另。

ㄐㄣ〔阴平〕今金衿禁襟；①津裰寖；〔上声〕紧儘；〔去声〕禁噤进浸。

ㄐㄥ〔阴平〕经京惊精箐；〔上声〕警境景憬颈井阱；〔去声〕敬镜竟劲径。

ㄑㄣ〔阳平〕琴勤芩懃禽噙擒檎芹秦螓。ㄐㄣ〔去声〕尽。

ㄑㄥ〔阳平〕擎檠鲸勍情晴。ㄐㄥ〔去声〕竞；静净。

ㄑㄣ〔阴平〕钦嵚衾；侵駸；〔上声〕寝；〔去声〕沁。

ㄑㄥ〔阴平〕轻卿倾；清青鲭蜻圊；〔上声〕顷顸请；〔去声〕庆磬磐。

ㄒㄣ〔阴平〕欣昕诉歆馨心辛莘锌新薪芯；〔去声〕衅信。

ㄒㄥ〔阴平〕兴馨骍星惺腥猩；〔阳平〕形行刑铏型硎陉；〔上声〕醒；〔去声〕兴；幸倖悻婞行；姓性。

ㄣ〔阴平〕因姻茵氤絪音愔暗湮裡殷阴；〔阳平〕寅夤淫霪银垠狺阍吟嚚。〔上声〕引蚓隐瘾尹；〔去声〕印廕荫胤慭窨。

ㄥ〔阴平〕英瑛应鹰膺嘤撄樱缨璎罂婴鹦莺茔荧荥萦蝇；迎；〔上声〕影郢颖颍；〔去声〕映；应；媵。

　　（5）吴语读ㄨㄚ而普通话分为ㄨㄞ、ㄚ两音者：

ㄨㄞ〔去声〕外。

ㄧㄚ〔阳平〕牙芽枒衙蚜。

　　（6）吴语读ㄧㄚ而普通话读ㄧㄚ、ㄧㄝ两音者：

ㄐㄧㄚ〔阴平〕家加佳枷痂；〔上声〕假；〔去声〕嫁②。

ㄐㄧㄝ〔阴平〕皆街；〔上声〕解；〔去声〕戒界介。

---

① 　凡用；号分开者，表示在吴语里不同音。下仿此。
② 　吴语"家加假嫁解街戒界"等字口语念ㄍㄚ，这里的ㄐㄧㄚ指读书音而言。

ㄒㄧㄚ〔阳平〕瑕霞遐；〔去声〕夏下暇①。

ㄧㄝ〔阳平〕爷；〔上声〕也野冶；〔去声〕夜。

　　（7）吴语读ㄡ而普通话分为ㄡ、ㄧㄡ两音者：

ㄌㄡ〔阳平〕楼娄喽髅蝼偻蒌；〔上声〕搂嵝篓；〔去声〕漏镂陋。

ㄌㄧㄡ〔阳平〕刘流琉旒硫留浏榴瘤骝；〔上声〕柳绺罶；〔去声〕溜熘。

ㄇㄡ〔阳平〕谋牟侔眸；〔上声〕某。

ㄇㄧㄡ〔去声〕谬。

ㄗㄡ〔上声〕走。ㄓㄡ〔去声〕宙胄纣。

ㄐㄡ〔上声〕酒；〔去声〕就。

ㄔㄡ〔阴平〕抽瘳；〔阳平〕酬愁筹畴。

ㄑㄧㄡ〔阴平〕秋鞧鳅；〔阳平〕囚泅酋蝤。

ㄕㄡ〔阴平〕收；〔上声〕守手首；〔去声〕瘦兽受授寿售。

ㄒㄧㄡ〔阴平〕修羞馐脩；〔去声〕秀绣锈袖岫。

　　（8）吴语读ㄧ而普通话分为ㄧ、ㄩ两音者：

ㄑㄧ〔去声〕气器弃；〔上声〕起启。

ㄑㄩ〔去声〕去；趣；〔上声〕取。（江浙大多数人念"去"为ㄑㄧ，念"趣取"为ㄑㄧ。）

ㄒㄧ〔阴平〕西。

ㄒㄩ〔阴平〕须鬚胥；〔去声〕壻。（江浙人有读为ㄙㄧ者。）

ㄑㄧ〔阳平〕齐脐。

ㄒㄩ〔阳平〕徐；〔去声〕序叙绪。（江浙人有读为ㄙㄧ者。）

ㄌㄧ〔阳平〕离梨黎；〔上声〕李里礼；〔去声〕利厉丽。

ㄌㄩ〔阳平〕驴；〔上声〕吕旅屡履；〔去声〕虑。

　　（9）吴语读ㄧㄝ而普通话分为ㄧㄢ、ㄩㄢ两音者：

ㄑㄧㄢ〔阳平〕钱潜前。

ㄑㄩㄢ〔阳平〕泉全荃痊诠筌铨辁牷。

---

① "夏下"在吴语口语里念ㄏㄛ的浊音，这里的ㄒㄧㄚ指读书音而言。

ㄒㄧㄢ〔阴平〕先仙；〔上声〕鲜癣藓燹；〔去声〕线霰。

ㄒㄩㄢ〔阴平〕宣喧萱暄；〔上声〕选。

（10）吴语读ㄣ（或ㄧㄣ）而普通话分为ㄣ、ㄩㄣ两音者：

ㄑㄧㄣ〔阳平〕秦。ㄐㄧㄣ〔去声〕尽。

ㄒㄩㄣ〔阳平〕寻循旬洵询恂荀郇峋巡浔鲟；〔去声〕徇殉。

（11）吴语读ㄉ乙促音（即入声）而普通话分为ㄉㄨ、ㄉㄩ、ㄉㄧㄡ、ㄉㄨㄛ四音者：

陆鹿禄麓漉辘碌录逯簏醁戮勠僇甪（以上念ㄉㄨ去声）；绿（念ㄉㄩ去声）；六（念ㄉㄧㄡ）；洛雒络落骆珞荦（以上念ㄉㄨㄛ去声）。

（12）吴语读乙促音而普通话分为ㄨ、ㄛ、ㄨㄛ、ㄩㄝ四音者①：

屋（念ㄨ阴平）；沃（念ㄨㄛ去声）；恶（善恶的恶，念ㄛ去声②）垩（音同恶）。

独读犊牍黩渎椟毒髑髇（以上念ㄉㄨ阳平）；铎（念ㄉㄨㄛ阳平）；度（猜度的度，念ㄉㄨㄛ去声）。

縠谷鹄（以上念ㄍㄨ上声）；梏（念ㄍㄨ去声）；搁（念ㄍㄜ阴平）；阁（念ㄍㄜ阳平）；各（念ㄍㄜ去声）；郭（念ㄍㄨㄛ阴平）；角（文言念ㄐㄩㄝ，白话念ㄐㄧㄠ）。

斛縠觳（以上念ㄏㄨ阳平）；涸（念ㄏㄜ阳平）；学（念ㄒㄩㄝ或ㄒㄧㄠ阳平）。

哭（念ㄎㄨ阴平）；扩（念ㄎㄨㄛ去声）。

秃（念ㄊㄨ阴平）；托託（以上念ㄊㄨㄛ阴平）；橐（念ㄊㄨㄛ上声）；拓柝箨萚（以上念ㄊㄨㄛ去声）。

仆璞濮（以上念ㄆㄨ阳平）；瀑曝（以上念ㄆㄨ去声）；薄雹（以上念ㄅㄛ或ㄆㄠ阳平）。

木沐霂目苜牧睦穆（以上念ㄇㄨ去声）；莫寞漠瘼暮（以上念ㄇㄛ去声）。

叔菽（以上念ㄕㄨ阴平）；束（念ㄕㄨ去声）；朔槊数（以上念ㄕㄨㄛ去

---

① 此外在普通话的口语里，有些字还念ㄠ、ㄡ音。

② 编者注：今读ㄜ。下"鄂愕"等同。

声）。肃骕速涑觫悚蔌欶宿缩蓿夙粟（以上念ㄙㄨ去声）；索（念
ㄙㄨㄛ上声）。

塾孰赎（以上念ㄕㄨ阳平）；熟（白话念ㄕㄡ阳平，文言念ㄕㄨ阳平）；族
（念ㄗㄨ阳平）；昨（念ㄗㄨㄛ阳平）；逐舳（以上念ㄓㄨ阳平）。

竹烛竺筑躅蠋（以上念ㄓㄨ阳平）；嘱瞩（以上念ㄓㄨ上声）；祝（念ㄓㄨ
去声）；粥（念ㄓㄡ阴平）；桌捉涿（以上念ㄓㄨㄛ阴平）；卓啄诼椓（以
上念ㄓㄨㄛ阳平）；作作酢（以上念ㄗㄨㄛ去声）。

触（念ㄔㄨ去声）；绰（念ㄔㄨㄛ去声）；促蹴簇蹙踧（以上念ㄘㄨ去
声）；厝错（以上念ㄘㄨㄛ去声）。

岳（念ㄩㄝ去声）；鄂愕萼腭鳄鹗噩（以上念ㄜ去声）。

（13）吴语读ㄈ促音而普通话分为ㄨ、ㄩ、ㄩㄝ三音者：
浴欲育毓堉（以上念ㄩ去声）；学（念ㄒㄩㄝ或ㄒㄧㄠ阳平）。菊（念
ㄐㄩ阳平）；觉（念ㄐㄩㄝ阳平）。

玉狱（以上念ㄩ去声）；辱褥溽蓐缛（以上念ㄖㄨ）；肉（念ㄖㄡ）。

（14）吴语读ㄛ促音而普通话分为ㄨ、ㄛ、ㄜ三音者①：
物勿（以上念ㄨ去声）；佛（念ㄈㄜ）。

勃渤（念ㄅㄛ阳平）。

末抹沫墨默殁（以上念ㄇㄛ去声）；没（白话念ㄇㄟ阳平，文言念ㄇㄛ
去声）。

（丙）声调方面

上文说过，大部分吴语的声调共有七种，即阴平、阴上、阴去、
阴入、阳平、阳去（阳上并入）、阳入，单字念起来，每调各有特征，不
能相混；但若整句说出来，就容易混淆了。除了阴调类与阳调类绝
不相混，又入声与其他各声亦绝不相混外，阴平与阴上、阴去很容
易混淆，而阳平与阳去更是分不清。所以江浙人学普通话时，对于
声调应该特别注意。声调不是笔墨所能形容尽致的，最好是买一

---

① ㄓ、ㄔ、ㄕ不带韵母时，亦认为ㄛ类。

套注音字母留声片，跟着哼调子。现在姑且把阳调类的字举些例子如下：

先低后高调（阳平）	先高急降调（去声）	低调（上声）
埋霾	卖	买
麻蔴痳蟆	骂	马码蚂玛
梅枚霉媒	妹袂媚	美每
毛髦矛	帽贸貌茂	卯
谋侔		牡亩
馒蛮	曼慢漫	
门们	闷	
苗描瞄	妙庙	秒眇缈
棉绵眠	面	免缅
明名铭冥鸣	命	酩茗皿
来莱	赖籁癞赉	
雷累	类泪	耒垒
劳牢		老
楼蒌髅	漏陋镂	篓搂喽
兰蓝婪岚	滥烂	览懒
狼郎廊蜋	浪	朗
离漓梨狸骊	利荔厉戾吏詈	李里礼蠡
辽寥僚聊	廖料燎	了瞭
流留瘤刘	溜熘六	柳
连帘怜联匼	练恋殓	脸
林邻临	吝蔺	廪凛
良梁凉粮粱量①	谅量②亮辆	两

① 动词。
② 名词。

先低后高调（阳平）	先高急降调（去声）	低调（上声）
伶零凌灵	令另	领岭
卢炉庐芦	路露辂赂	鲁虏卤
鸾銮	乱	卵
隆龙聋笼	弄	陇
驴闾桐	虑滤	吕旅屡履
猱	闹	脑恼瑙
尼倪泥呢	腻睨	你拟
年黏拈	念廿	辇捻
奴孥驽	怒	努弩
人仁壬妊纫	认刃任饪	忍荏稔
夷移姨怡	异易曳	以已矣
宜疑仪	义议诣刈艺	蚁
遥姚谣摇	曜耀鹞	
油尤犹邮游	右宥又诱	有酉友牖
延炎盐	艳	演衍
羊阳杨洋	样恙漾	养痒
余于臾予俞	誉预豫裕喻	羽禹雨宇与
元原源	愿	
袁垣援缘	院掾	远
庸傭	用佣	永泳咏

第三节　声调的变化

一个字单念时，声调是有一定的。但是，当它在一句话里，与其他各字连着念的时候，它的声调是可以起变化的。普通话的声调，除了轻声之外①，只有上声会起变化。轻声待下节讨论，本节先

---

① 严格地说，轻声和其他各声是不同性质的。

讨论上声的字在句子里所生的变化。

就普通的情形说，凡是两个上声字相连的时候，第一个上声字须改念阳平。在普通话的四个声调当中，只有上声是一个低调。一个上声字单念时，念到快完的时候，声调渐渐升高些；当它在句尾的时候，也是这个情形。但是，如果它在句首或句中，就失掉它的后半段的声调，成为纯粹的一个低调。两个上声字相连，就等于两个低调相连，听起来颇不舒服，所以北京人自然而然地把第一个字改成一个先低后高的声调（即阳平）。今试举十数个例子如下：

永远	读如"颙远"；	买米	读如"埋米"；
饮酒	读如"寅酒"；	美女	读如"梅女"；
讨好	读如"桃好"；	满口	读如"瞒口"；
反悔	读如"蕃悔"；	猛虎	读如"萌虎"；
勉强	读如"眠强"；	母女	读如"模女"；
马脚	读如"麻脚"；	赏雪	读如"裳雪"①；
采取	读如"财取"；	巧语	读如"乔语"；
哄我	读如"红我"；	草稿	读如"曹稿"；
五嫂	读如"无嫂"；	往往	读如"王往"；
惨死	读如"残死"；	委宛	读如"违宛"；
雨点	读如"鱼点"；	丑诋	读如"愁诋"；
吵嘴	读如"潮嘴"；	厂长	读如"常长"；
野史	读如"爷史"；	你想	读如"泥想"；
水浒	读如"谁浒"；	罕有	读如"寒有"；
顶好②	读如"庭好"；	老虎	读如"劳虎"；
很暖	读如"痕暖"；	海水	读如"孩水"；

① "裳"字暂当做阳平字看待，"雪"字读上声。
② "顶好"亦写作"挺好"，念如"庭好"。

| 旅馆 | 读如"驴馆"; | | 领款 | 读如"零款"; |
| 审理 | 读如"神理"; | | | |

出产品	"产"上声变阳平;
躲起来	"躲"上声变阳平;
吐苦水	"苦"上声变阳平;
唱斩子	"斩"上声变阳平;
岂有此理	"岂、此"上声变阳平;
岂敢打扰	"岂、打"上声变阳平;
等你许久	"等、许"上声变阳平;
把鬼赶走	"把、赶"上声变阳平;
彼此两免	"彼、两"上声变阳平;
请我整理	"请、整"上声变阳平;
好好①保养	"好、保"上声变阳平;
你我跑马,彼此比武	"你、跑、彼、比"皆上声变阳平。

第四节　轻　声

轻声,很粗浅地说起来,是轻轻地带过去的一种声调。说话说到不重要的地方,就轻轻地带过去了。大致说起来,有三种字是该念轻声的:

(一)两个字合成的名词,第二个字念轻声,算是一种词尾,例如:

帘子、刀子、栗子、凳子、橘子、桌子、瞎子、儿子、椅子、晚上、地下。

(二)两个字合成的名词、动词或形容词,第二个字虽似与第一个字同样重要,但两字意思相同,或相差不多,或视同一字,只有第一个字重念就够了,例如:

---

① 第二个"好"字仍念上声,不变。

萝卜①、蛤蟆、喇嘛、葡萄、朋友、明白、先生、暖和、钥匙、衣裳、
商量、后悔、出去、回来、晌午、打扮、棉花、脑袋、愿意、丈夫。

（三）助词也该念轻声，例如：

坐着、睡着、是的、当然啦、谁愿意呢？

他来了、吃了饭再来、好罢、香着呢！

实际上，轻声字不止这三种。又第二种的字也不一定念轻声，
例如"现在、事实、发生"等词里都没有轻声。初学普通话的人只能
随时注意，不能呆板。至于第一种与第三种，就几乎没有例外了。
所谓轻声，究竟应该怎样念呢？这要看上字属于什么声调而定：

（一）上字属阴平（先后皆高调），下字就念像去声（不高不低
调），但比去声更轻，更短，例如：

刀子，念像"刀字"；　　杯子，念像"杯字"；

哥哥，念像"哥个"；　　先生，念像"先胜"；

商量，念像"商亮"；　　衣裳，念像"衣尚"。

（二）上字属阳平（先低后高），下字也念像去声（不高不低
调），但比去声更轻，更短，例如：

骡子，念像"骡字"；　　帘子，念像"帘字"；

萝卜，念像"萝簸"；　　朋友，念像"朋右"。

（三）上字属上声（低调），下字就念像阴平（先后皆高调），但
比阴平更轻，更短，例如：

椅子，念像"椅资"；　　晚上，念像"晚伤"；

嫂嫂，念像"嫂骚"；　　姐姐，念像"姐接"；

打扮，念像"打班"。

（四）上字属去声（先高渐降调），下字就念像上声（低调），但
比上声更轻，更短，例如：

---

① "萝卜"本是不可分析的一个名词，视同一字。下面"蛤蟆、喇嘛、先生"诸词仿此。

钥匙,念像"钥史"①;　　愿意,念像"愿以";

弟弟,念像"弟抵";　　妹妹,念像"妹美";

丈夫,念像"丈府"。

轻声的字,有时候影响到韵母。同是一个字,念轻声时,与不念轻声时的韵母往往是不相同的。现在举出几个最普通的原则。

(一)助词"了、呢、的"三字的韵母变ㄜ音:

吃了饭再来,　　　　　　该念"吃ㄌㄜ饭再来";

他动了身了,　　　　　　该念"他动ㄌㄜ身ㄌㄜ";

他逃不了了,　　　　　　该念"他逃不ㄌㄠ②ㄌㄜ";

出了什么事情了呢?　　　该念"出ㄌㄜ什么事情ㄌㄜㄋㄜ"?

他还没来呢,　　　　　　该念"他孩梅来ㄋㄜ";

是的,　　　　　　　　　该念"是ㄌㄜ";

他的眼睛总在我的身上,　该念"他ㄌㄜ眼睛总在我ㄌㄜ身上"。

(二)ㄞ变ㄟ:

明白　不念明ㄅㄞ,而念明ㄅㄟ,音如"明贝";

回来　不念回ㄌㄞ,而念回ㄌㄟ,音如"回类";

脑袋　不念脑ㄌㄞ,而念脑ㄌㄟ;

太太　不念太ㄊㄞ,而念太ㄊㄟ。

(三)ㄧㄚ变ㄧㄝ:

李家　不念李ㄐㄧㄚ,而念李ㄐㄧㄝ,音如"李街";

黑下　不念黑ㄒㄧㄚ,而念黑ㄒㄧㄝ,音如"黑谢"。

(四)ㄨㄚ变ㄨㄛ:

棉花　不念棉ㄏㄨㄚ,而念棉ㄏㄨㄛ,音如"棉货";

笑话(动词)　不念笑ㄏㄨㄚ,而念笑ㄏㄨㄛ,音如"笑火";

西瓜　不念西ㄍㄨㄚ,而念西ㄍㄨㄛ,音如"西过"。

---

① 但"史"字只像句首或句中的"史",不像句尾的"史"。下仿此。

② 第一个"了"字是动词,不是助词,故念ㄌㄠ,不念ㄌㄜ。

第五节　走向完善之路

学话是口耳的工夫,单靠理论是不够的。但是,理论可以帮助我们学得快些,有事半功倍的乐趣。上面所说的话,如果都能了解,上面所提出的错误,如果都能避免,已经是在四分与五分之间了。若要更进一步,达到五分,就该注意下面的几点:

(一)注意声调的系统。汉语里的声调系统是很复杂很细致的。有许多小学生一学就懂,也有许多大学生很难学懂的。但是,无论您学中国什么地方的方言,如果声调不对,那怕您的声母与韵母念得最正确,人们总觉得难听得很。反过来说,如果您的声调念对了,声母与韵母就差些,也能令人听了舒服。

要知道某字属于某声,有一个很容易的办法。先从每一个声调里找出一个代表字来:

阴平的代表字——通①;

阴上的代表字——统;

阴去的代表字——痛;

阴入的代表字——秃②;

阳平的代表字——同;

阳上的代表字——动;

阳去的代表字——洞;

阳入的代表字——毒。

有了这八个代表字,就好像有了八种标准。此后每遇一个字,就把它的声调与上面八个字相比较。譬如人家问您:"江浙人怎样学习普通话"十个字各属何声,您先把"江"字与"通"字念起来比较,觉得它的音高与"通"字的音高很相像,于是您断定"江、通"两

---

① 请用吴音念下去。

② "秃"字在吴语里音同"託",无发的意思。

字为同声调；"通"字既是阴平，"江"也该是阴平了。再把"浙"字与"通"字念起来比较，觉得它们的音高很不像，于是您断定它们为不同声调；又顺次拿"浙"字与"统"字比较，觉得也不像；又顺次拿它与"痛"字比较，也不像。再顺次拿它与"秃"字比较，觉得"浙、秃"两字的音高很相像，就可断定"浙"字也像"秃"一样属于阴入了。由此类推，可知"人"字与"同"字声调相同，属阳平；"学、习"两字都与"毒"字声调相同，属阳入，"怎、普"两字都与"统"字声调相同，属阴上；"样、话"两字与"洞"字声调相同，属阳去。知道了吴语里声调的系统，可以由此推知普通话里声调的系统：

吴语的阴平相当于普通话的阴平；

吴语的阴上相当于普通话的上声；

吴语的阴去相当于普通话的去声；

吴语的阴入相当于普通话的阴平、阳平、上声或去声；

吴语的阳平相当于普通话的阳平；

吴语的阳上相当于普通话的去声，但以ㄇ、ㄌ、ㄋ、ㄖ、丨、ㄨ、ㄥ起首之字，则相当于普通话的上声；

吴语的阳去相当于普通话的去声；

吴语的阳入相当于普通话的去声或阳平。

声调的系统既能分别，某调该怎样念法，也不是难学的。除了吴语的入声字颇难推知其在普通话属于何声之外，其他的系统皆可类推而知；现在我们再在普通话的每一声调里找出一个代表字来：

阴平的代表字——通；

阳平的代表字——同；

上声的代表字——统；

去声的代表字——痛。

只须请一个会说北京话的人教会了这四个字的声调，其余的字都不成问题了。依上面的类推法，我们知道"动、洞"两字在普通话里是与"痛"字同声调的,只剩有"秃、毒"两字,须查《新华字典》才知道"秃"字念阴平,"毒"字念阳平。总之,我们既知某字在普通话里属于某声之后,再按某声的念法念下去,决不会错的。

(二)注意类推的原则。除了声调可以类推之外,声母与韵母也可以类推;参看第一章第三节与第四章第一、第二节,自然懂得类推的道理。固然,有些类推法应用之后,能有两种以上的答案;但是,也有些类推的原则是不容有两个答案的。现在虽不能详细叙述,但是我们可以选择最重要而又最易推求的几个原则说一说:

1. ㄗ、ㄘ、ㄙ在丨、ㄩ之前时,一律变ㄐ、ㄑ、ㄒ;

2. 凡吴语读ㄅㄥ、ㄆㄥ、ㄇㄥ、ㄈㄥ或ㄅㄣ、ㄆㄣ、ㄇㄣ、ㄈㄣ者,普通话只读ㄅㄣ、ㄆㄣ、ㄇㄣ、ㄈㄣ,不读ㄅㄥ、ㄆㄥ、ㄇㄥ、ㄈㄥ;

3. 凡字以ㄉ、ㄊ、ㄌ起首者,在普通话里只有ㄉㄥ、ㄊㄥ、ㄌㄥ,没有ㄉㄣ、ㄊㄣ、ㄌㄣ;

4. 凡字以ㄉ、ㄊ起首者,在普通话里只有ㄉㄥ、ㄊㄥ,没有ㄉㄣ、ㄊㄣ;

5. 吴语的ㄟ韵,在普通话的ㄓ、ㄔ、ㄕ、ㄖ、ㄗ、ㄘ、ㄙ之后时,变ㄨㄟ韵[①];

6. 吴语念入ㄜ韵者[②](例如"半暖酸看南蚕敢庵安"诸字),普通话都念作以ㄢ收的韵;

7. 普通话里没有ㄅㄨㄥ、ㄆㄨㄥ、ㄇㄨㄥ、ㄈㄨㄥ;凡吴语里念ㄅㄨㄥ、ㄆㄨㄥ、ㄇㄨㄥ、ㄈㄨㄥ者,在普通话里都变为ㄅㄥ、ㄆㄥ、ㄇㄥ、ㄈㄥ。

除此之外,还有其他的原则,读者参照上章,可以增加许多条,此处不复述了。

(三)注意声音的微别。有一部分的字,在普通话里的音,与在吴语里的音相差很远;另有一部分的字,则相差甚微;至于普通话

---

① "谁"字在普通话口语里念ㄕㄟ,是唯一的例外。

② 这里所谓ㄜ,与普通话的ㄜ音稍异。又此原则只能适用于一部分的江浙人。

与吴语完全同音的字,可以说是没有。初学普通话的时候,当然只能矫正相差很远的部分,而忽略了相差甚微的部分。等到有了相当的程度,若要更求尽善,就连那相差甚微的部分也不该忽略了,例如ㄨㄥ韵的字像"通同统痛东董冻农龙拢弄公拱贡空孔控轰红哄中种忡虫宠铳戎容宗总粽聪从松悚宋雍庸永用"等,似乎在普通话与吴语里都是一样的声音,其实不然。大部分的吴语里,这些字都念得开口些,例如"松"字,在吴语里是ㄙㄥ,ㄣㄥ,在普通话里却是ㄙㄨㄥ。反过来说,吴语的"当冈"等字,却比普通话的"当冈"等字更闭口些。又如苏州的"香响向良两谅相想"等字,也似乎与普通话里所念的完全同音,其实普通话里念这些字时,是元音念完了才加上一段鼻音,苏州人是在念这些字的元音时,同时带着鼻音,等到元音完了,鼻音也就完了。这一类细微的分别,一时说不了许多。而且越说得详细时,话越近于专门,所以只好不谈。学普通话的人,对于这种情形,只有细心体会而已。

　　(四)注意字音在句中的变化。普通话的声调,在句中的变化较多,字音在句中的变化较少,至少在耳朵听起来是如此。除了因轻声而起的字音变化之外,只有"儿"字所影响的字音是很明显的,例如"扇儿、一会儿"等,"儿"字前面的"扇"字本读为ㄕㄢ,改读为ㄕㄚ;"会"字本读为ㄏㄨㄟ,改读ㄏㄨㄛ。今略举数例如下:

　　1. ㄢ变为ㄚ:

扇儿	不念ㄕㄢㄦ	而念ㄕㄚㄦ;
伴儿	不念ㄅㄢㄦ	而念ㄅㄚㄦ;
一半儿	不念ㄅㄢㄦ	而念ㄅㄚㄦ;
慢慢儿	不念ㄇㄢㄇㄢㄦ	而念ㄇㄢㄇㄚㄦ。

　　2. ㄨㄢ变为ㄨㄚ:

玩儿	不念ㄨㄢㄦ	而念ㄨㄚㄦ;
管儿	不念ㄍㄨㄢㄦ	而念ㄍㄨㄚㄦ;
拐弯儿	不念ㄍㄨㄞㄨㄢㄦ	而念ㄍㄨㄞㄨㄚㄦ。

3. ㄢ变为ㄝ：

书签儿	不念ㄕㄨㄑㄢㄦ	而念ㄕㄨㄑㄝㄦ；
心眼儿	不念ㄒㄧㄣㄧㄢㄦ	而念ㄒㄧㄣㄧㄝㄦ；
一点儿	不念ㄧㄉㄧㄢㄦ	而念ㄧㄉㄧㄝㄦ。

4. ㄩㄢ变为ㄩㄚ：

| 圈儿 | 不念ㄑㄩㄢㄦ | 而念ㄑㄩㄚㄦ； |
| 花园儿 | 不念ㄏㄨㄚㄩㄢㄦ | 而念ㄏㄨㄚㄩㄚㄦ。 |

5. ㄣ变为ㄜ：

| 门儿 | 不念ㄇㄣㄦ | 而念ㄇㄜㄦ； |
| 人儿 | 不念ㄖㄣㄦ | 而念ㄖㄜㄦ。 |

6. ㄧㄣ变为ㄝ：

| 今儿 | 不念ㄐㄧㄣㄦ | 而念ㄐㄝㄦ； |
| 琴儿 | 不念ㄑㄧㄣㄦ | 而念ㄑㄝㄦ。 |

7. ㄡ变为ㄛ：

时候儿	不念ㄕㄏㄡㄦ	而念ㄕㄏㄛㄦ；
头儿	不念ㄊㄡㄦ	而念ㄊㄛㄦ；
狗儿	不念ㄍㄡㄦ	而念ㄍㄛㄦ。

8. ㄠ变为ㄚ：

| 正好儿 | 不念ㄓㄥㄏㄠㄦ | 而念ㄓㄥㄏㄚㄦ； |
| 好好儿 | 不念ㄏㄠㄏㄠㄦ | 而念ㄏㄠㄏㄚㄦ。 |

　　北京人嘴里的"儿"字很多；越是地道的北京人，说话越喜欢带"儿"字。最常用的名词当中，大部分是带"儿"字的。但是，我们学普通话的人，却不一定要学北京这种说法。譬如您把"琴儿"说成"琴"、"人儿"说成"人"，人家不能因此就说您的普通话不好。如果您把"琴儿"念成ㄑㄧㄣㄦ、"人儿"念成ㄖㄣㄦ，这是所谓"画虎不成反类狗"，倒惹别人笑话了。

广东人怎样
学习普通话

目　录

序　例

　　1935 年，我写过一部帮助江浙人学习国语的书。那时候我有个心愿，"打算将来再写广东人学习国语法、四川人学习国语法、湖南人学习国语法、客家人学习国语法、福建人学习国语法等"。

　　这个心愿一直拖到 1951 年。自从广东省和广州市解放以后，不但到广东来的解放军大多数是北方人，而且机关干部也多数是北方人，大家都感觉到普通话的提倡成为必要。我受了朋友们的鼓励，于是再写了一部《广东人学习国语法》，就是现在这一部《广东人怎样学习普通话》的前身。

　　1951 年的《广东人学习国语法》，比之 1935 年所计划的广东人学习国语法，范围大得多了。当时我所指的广东人，是粤语区域的人；客家人、潮州人和海南人是不包括在内的。现在我所指的广东人，却把客家人、潮州人和海南人包括在内了。因此，原定要写的客家人学习国语法已经包括在这部书里面；潮州话、海南话虽然属于闽语的系统，但潮州人和海南人都是广东人，也不必另写一部潮州人学习国语法和一部海南人学习国语法了。这么一来，《广东人学习国语法》的篇幅也就比较大了。

　　《广东人学习国语法》于 1951 年 11 月由华南人民出版社出版。现在文化教育出版社想把它重印出来，作为语文教师参考用书和一般广东读者学习普通话的读物，华南人民出版社也同意转让给文化教育出版社出版。现在把书名改为《广东人怎样学习普通话》，著者署名也由王了一改为王力，因为要和其他两部参考书——《汉语讲话》《江浙人怎样学习普通话》——的署名取得一致。

此次重印,原书的基本内容没有什么改变。除了大多数原用"国语"的地方改称"普通话"之外,主要的变更是由拉丁字母标音法改为注音字母标音法。这一种变更是由于目前注音字母还是一种比较通行的标音符号,而且中学汉语一科的语音部分和小学语文课本也采用了注音字母。

注音字母标示粤音、客家音等遭遇着一些困难。现在采用了一种加符号的办法,情况大概是这样:

ㄐˊ、ㄑˊ、ㄒˊ表示不卷舌的ㄓ、ㄔ、ㄕ,即国际音标的[ʧ][ʧʻ][ʃ],也就是广州话的"知、痴、诗"。

ㄞˇ、ㄠˇ、ㄢˇ、ㄤˇ表示[ɐi][ɐu][ɐn][ɐŋ],即广州话"鸡、沟、根、庚"的元音(母音)。

此外还采用了一种新的拼法,如:

ㄛㄧ、ㄛㄣ、ㄛㄤ表示[oi][on][oŋ],即广州话和客家话"该、干、刚"的元音。

但是我并没有完全取消了拉丁字母,例如对于入声和收-m的韵,我仍保留着拉丁字母的标音。

写这样的一部书,必须深入浅出。但是,深入不易,浅出更难。我在书中没有用国际音标来标音,就是希望能够浅出。但是,照顾了浅出一方面,就往往不能兼顾深入一方面。单就浅出一点来说,也还做得不够。不过,我自信我已经尽了最大的努力。

依苏联先进教学经验,在语言教学中,比较教学法是优良的教学法,不但教外国语言应该拿本国语言来比较,就是教普通话也应该拿学生们自己的方言来比较,然后事半功倍。教师们利用这部书的时候,如果自己不是广东人,或虽是广东人而不是会说学校所在地的方言的人(例如客家人在广州教书),就应该设法熟悉当地的方言,以便提高教学效果。反过来说,如果自己是当地的人(广州人、客家人、潮州人、海南人),而又还没有学好普通话,正可以藉此提高自己的业务水平。因为身为新中国的一位汉语教师,如果自己不会说普通话,要完成教学任务是困难的。

　　我不是北京人,也不是广州人、客家人、潮州人或海南人。书中讲到北京话、广州话、客家话、潮州话和海南话的地方都可能有错误;希望读者随时指教,让我在再版的时候更正。先此道谢!

王　力

1955 年 10 月 29 日北京大学汉语教研室

绪　论

一　什么是普通话

普通话就是以北方话为基础方言、以北京语音为标准音的汉民族的共同语。全国的语言交通是靠这一种共同的语言来达到目的；在国际上说，这是代表中国话的一种语言。

为什么把北京语音认为标准音，而不把广州话、客家话、潮州话、海南话或其他方言的语音认为标准音呢？是不是因为它是中国首都的话呢？我们的答复是"是的"，同时又是"不是"。北京是中国几百年来的首都，自 1421 年至今，共五百二十余年；除了国民党迁都南京的二十二年外，还有五百年。中国人一向以北京音为正音，因此传播得很远。本来华北这一个系统的语言(后来叫做官话)的区域很广，连云南、四川、贵州都包括在内，影响本来是大的，北京话本来就为这些地区的人所了解，因此，一个人学会了北京话，就可以走遍中国绝大部分的地方，而没有语言的隔阂。北京话成为全国最占优势的语言，这是有它的客观条件的。国民党虽然迁都南京，却不曾把南京话定为国语，可见普通话和首都没有必然的关系。咱们选择一种最占优势的语言来做普通话的基础，是由于政治、文化、经济形成了普通话的条件。假如硬说某一方言好，纯然主观地建议定它为标准，那是徒劳无功的。

普通话是咱们的民族共同语。所谓普通是普遍、共通的意思，不是平常或普普通通的意思。过去有人对普通话这个名词有过误解，以为是由各地的方言七拼八凑造成的。现在经过了全国文字改革会议和现代汉语规范问题学术会议，咱们对普通话有了明确的认识。现在咱们所要大力推广的是以北方话为基础方言、以北京语音为标准音的普通话。

根据上面这个定义，不但由各地方言七拼八凑的不是普通话，连山东话、山西话、河北话、河南话等等，也都不是普通话。普通话不是虚无缥缈的东西，而是具体存在的东西。在语音上应该以北京语音为标准；在词汇和语法上，以北方话为基础，这也就是说，基本上还是采用北京话的成分多，因为它是北方话的典型的代表。

只有学习一种具体存在的语言，学来的话才是有生命的。否则，人家听起来是四不像的蓝青官话，听的人不舒服，说的人的语言内容也不明确，不生动。常常听见有人学北京话学得不好，人家批评他，他就说："我说的是普通话，不是北京话啊！"普通话诚然不就是北京话，然而普通话也决不是一种说得四不像的话。讳疾忌医的态度是不好的。

前边说，普通话不就是北京话，意思是说，普通话决不是不折不扣的北京土话。咱们应该避免地方色彩太重的东西，以求思想传达的便利，例如"殴打"的"打"，北京人可以说"打"，也可以说"揍"（当然用途上微有不同），当咱们学习普通话的时候，学会说一个"打"字就够了；至于"揍"字，虽然也可以学会了听懂它，却不必故意去说它。因为把"揍"字说出来，除北京人外能懂的人很少，这就削弱语言的交际效用了。由此看来，说"扔"不如说"丢"（或"抛"），说"甭"不如说"不用"。读音太"土"的也不必呆板地应用，例如"落价"，念成ㄌㄠˋㄐㄧㄚˋ固然很有味，但念成ㄌㄨㄛˋㄐㄧㄚˋ也未尝不可。至于北京的卷舌韵，如说"梨"成为"梨儿"，说"一点"成为"一点儿"等等，也都不必呆板地去学习。有些北京人出门久了，也往往避免这些太"土"的地方。

二　　学普通话难不难

学普通话是很难的。因为说话是一种从小养成的潜在习惯，说惯了自己的方言，就不容易改变过来。有时候，自己以为学普通话学得很好了，但是你瞒不过两种人：第一种是北方人，尤其是北京人，他们觉得你说得很好懂，有时还从宽夸奖你两句，但是他们总觉得你的普通话不够味儿；第二种就是你的同乡中懂普通话的人，他们处处发觉你露出了乡音的"马脚"。总之，十几岁以上的人，要完全学会一种跟家乡话不同的话是很不容易的。要说难，可真难了。

但是，以上所说，只是严格的说法。如果我们把尺度放宽些，只要大家完全听得懂，而且还相当顺耳，就算学会了普通话，这样却不难。因此，我们学普通话的人，第一要知难，第二要不怕难。知难然后能随时发现自己的缺点，不怕难然后能学得好。

三　　思想上的准备

从前有一个客家人对我说："我们客家人用不着学国语，因为客家话和国语差不多是一样的。"这种人的普通话是没有多大希望的了，因为他听不出普通话和客家话有什么不同来。

学话第一先要训练耳朵，要把两种不同的声音听出一个分别来。要达到听清楚这个目的，首先要在思想上有一种准备，这就是要明白：普通话里有许多音是你自己的母语里所没有的。无论你是广州人、客家人、潮州人或海南人，你的母语里都不能具备普通话里一切的音素。关于这个，你用不着惭愧，因为北京人如果要学广州话、客家话、潮州话或海南话，他们也遭遇同样的困难。假定全世界人类所可能具有的音素是一千种（事实上无从决定确数，也不应该企图决定它），每一方言所能具备的只不过寥寥数十种，可见学起别的方言来一定需要现学某一些音素才行。学方言如此，学普通话也如此(普通话的底子也是一种方言)。

所谓学某一些音素,并不是把音和字重新配合一番。这是一般人学话的毛病。普通一个广州人学普通话,脑子里一味打等号,因=烟(意思是:普通话的"因"字等于广州的"烟"字)、新=先、高=交、该=街、喜=屎、疢=照……等等,这是非常危险的事。例如把普通话的"高"念像广州的"交",别人听起来就觉得很刺耳。要是把"报告"的"报"字念得像广州的"爆"字,"告"字念得像广州的"教"字,听起来也很不顺耳。你若问北方人"我的'报告'二字念得怎样不妥",他也说不出一个所以然来,只觉得普通话不是这个味儿!你若问我:"普通话里'报告'二字既不像广州话里的'爆教'二字的声音,那么到底像广州话里什么字的声音呢?"我说:"广州话里,无论哪一个字都不很像普通话里'报告'二字的声音。"因此,广州人学普通话的时候,如果要学得像,必须仔细体会北方人的"报告"和广州人的"爆教"的大同小异之处。别轻视这一个小异,如果每一个字都小异,你的普通话就很不好了。

又如在某一些广州人的心目中,日=仪、如=鱼、人=寅,这又更差一等了。总之,先要听出普通话和广州话的不同来,尤其是辨别出广州人一辈子不曾发出过的声音来。这是第一步。广州人如此,客家人、潮州人和海南人也莫不如此。

学话的第二步是要训练舌头。有时候,咱们分明知道这一个声音是自己方言里所没有的了,但是说出来还是不准确,这是所谓口不从心,实际上也就是舌不从心。关于舌头的运用,不是纸上谈兵所能解决的,必须经过口授。下文我也将描写一下每一种难发的声音的舌头部位,以供参考。但也仅仅以供参考而已,读者最好能找一位精通普通话的人口授一二小时。

学话的第三步是要训练眼睛。有时候嘴的开展度的大小也影响声音的不同,例如上文所举普通话的"报告"和广州话的"爆教",前者发音时,嘴的开展度较小,后者发音时,嘴的开展度较大。如果注意到北方人说这两个字的时候,嘴张开得不怎么阔,也就知道怎样去模仿它。但是,眼睛的训练还是次要的,主要的是舌头的训练。即如"报"与"爆"(普通话里"报、爆"同音,这里指普通话的"报"和广州的"爆")、"告"与"教",除嘴的大小不同外,舌头的高低前后也是不同的。

请记住:无论是广东白话区域的人、客家人、潮州人和海南人,当你们初学普通话的时候,至少有一半的声音是你们有生以来第一次听见的。必须在思想上做准备,去学习这些陌生的声音,克服舌不从心的困难,然后普通话才学得好。

四　什么人学普通话最难

俗话说:"天不怕,地不怕,只怕广东人说官话。"这句话只有一半是真理。这真理表现在:有些广东人说官话的确可怕,因为北方人听不懂——甚至于完全不懂。但是,如果说只有广东人最笨,学话的能力最差,这就不合于真理了。我们也常听说"天不怕,地不怕,只怕苏州人说官话",或"……宁波人说官话"等等。这并不能证明苏州人或宁波人和广东人一样笨,也不能证明这些地方的人比别地方的人学话能力差。实际上,一个人学习另一种方言总是不容易学得好的。北方人学广东话(例如北京人学广州话),也一样地不容易学得好,我们也可以说"天不怕,地不怕,只怕北京人学广州话"等等。因此,"什么地方人学普通话最难"这一句话,在原则上是不能成为一个问题的。

但是,咱们也可以说:和北京话同一系统的方言区域的人学起普通话来是比较容易的,例如一个山东人或河南人学普通话,自然比一个广东人或江浙人容易得多。但是问题又来了:平常一个山东人或河南人就不高兴学普通话,因为他们以为他们的故乡话(太土的词汇稍为改变)已经可以使人了解了。其实这是不对的。一个广东人学普通话学得好的时候,是比一个山东人或河南人的"普通话"更正确,因为一个肯学习、一个不肯学习的缘故。两种方言,越相近越易混。越相近,人们就越不知道还有学习的必要。试拿广州人和客家人来比较:我们大约可以承认,客家话比较接近北京话些;但是,客家人说的普通话,一般说来,不见得比广州人说的普通话好。相反地,有些客家人因为有了"客家音就是标准音"的幻觉,他们的普通话反会比一般广州人的普通话更难听。

最容易懂的"普通话"是不是最好的普通话呢? 这是一个不能成为问题的问题,因为咱们要看说话的人是谁,又要看听话的人是谁。一般说起来,广州人听广州人说普通话,比较听山东人说普通话更容易懂,然而丝毫不能作为证明,说广州人的普通话比山东人的普通话更好些。假如换一个北京人来听,他很可能觉得山东人的普通话比广东人的普通话容易懂了。由此看来,容易懂不能作为好的证明。因此能说一种容易懂的"普通话"不就算是学好了普通话。

有一种人,学话会占一些便宜,这就是那些所谓"二言人"。二言人就是从小就会说两种话的人。二言人的产生有两种原因:第一,是自己的故乡本来就存在着两种方言,自己从小就需要学会了两种方言然后才够社交的用途;第二,是自己的父母迁居某一地方,因此,在家里说的是一种话,到了社会上说的又是另一种话。二言人学话之所以比较容易,是因为他们具备了两种方言的音素。假定一种方言有二十四个音素,两种方言就可能是共有三十多个音素(有些音素是相同的);会的音素多些,学起别的方言自然容易些。但是,这个道理只能适用于从小就会说两种话的人(会说三四种自然更好);如果是成年以后才学会了的,就不算了。

世界上有没有语言天才? 这话很难说。一般说起来,女子学话比男子容易些;青年人比中年人容易些;有方法的人比没有方法的人容易些。但是,有了方法也必须灵活地应用它,尤其是需要多多练习,使习惯成为自然。如果心里硬记着一些方法论,不能与实际联系,那又犯了教条主义了。

五　语言三大要素中哪一个要素最难

语言的三大要素是:语音,词汇,语法。例如你说ㄖㄣ,这是语音;你把这ㄖㄣ音去代表一种会说话的动物(人),这是词汇(词汇中的一个成分);假如你说"工人",意义和"人工"不同,而这种意义上的不同是由字的次序决定的,这是语法(语法中的一种方式)。哪一个要素最难学呢? 这很难说。假定你学的是外国语,应该说是语法最难;但是,汉人学汉语,情形就不同了。各地的方言,语音和词汇的差别颇大,语法上的差别却是很微的(见下文)。因此,语法方面应该是比较容易的。至于语音和词汇的难易,就要分为两个角度来看问题了。就学习的正确性来说,词汇比语音容易,因为只消记住了一两个字,就得到了某一个概念的正确代表物了,例如你知道广州的"马蹄"(果品)等于北京的"荸荠",就不会用错了。一般人写白话文比较说普通话容易得多,就可以说明这个道理。但是,就学习的条理上说,语音却又比词汇容易,因为语音可以类推,词汇不可以类推。咱们知道了普通话里"天"字念ㄊㄧㄢ,"连"字念ㄌㄧㄢ之后,很容易猜得着"眠"字是念ㄇㄧㄢ;但是咱们知道了"马蹄"叫"荸荠"、"薯仔"叫"土豆"或"山药蛋"之后,并没有办法猜得着"柑"在北京话里该叫什么。由此看来,语音和词汇是各有它们的难处的。

但是,严格地说,语音是比词汇更难。为什么呢? 假定一个人在某一地方住上二十年,差不多那一个地方的全部词汇都给他掌握住了,然而语音说出来还可能不像得很,例如有一位教授,他在广州住了十几年,广州话全能听懂,可见他全部词汇已经熟悉了,但是他至今还不会说广州话,甚至于开不得口。这是一个极端的例子。另有一位教授,在北京住了二十几年,他的普通话在词汇上可以给四分,但是他在语音上至今仍不满三分,恐怕他这一辈子永远不会及格了。为什么呢？因为词汇的不同是容易觉察的；语音的不同是不容易觉察的。所以我在上一节里特别强调觉察语音上的分别。

语音之中，又分为音素和声调两个要素（指汉语来说）。例如"田"和"天"的音素都是ㄊㄢ，但是声调不同。二者之中，又是哪一种容易些呢？依常理说，该是声调比较容易，因为普通话里声调只有四个，而且中国人学话时，对于声调特别敏感。不过，太相近的声调却又容易相混，例如广州人于普通话的上声、客家人于普通话的阴平声，都是很难学得好的。再说，普通话里没有入声，凡入声字都派入了其他的声调，这也使广东人学普通话时感受极大的困难。总之，学普通话的人如果觉察到音素上的大差别（如"六"字念成"溜"），他就首先改变了音素（这是一两个月就做得到的）；除此之外，将是先学会了声调了。

六　为什么同一方言区域的人容易犯同样的毛病

同一方言区域的人，他们的语言习惯是一样的，某甲所缺少的音素，某乙也同样地不能具备。因此，当普通话里某一音素为某一方言所缺乏的时候，这一方言区域的人大多数也就都不能发出这一个声音；等到他们经过了相当的训练，然后才有一部分人学会了。但是，要每一个人都学会了，还是很不容易的，因为有些人的习惯特别难改变些。

假定张三、李四、王五都是广州人，张三念不好普通话的"资、雌、思"，李四也很可能念不好；只有王五念得好，于是咱们说王五有学话的天才。一般说来，广州人初学普通话的时候，十个人当中会有七八个是念不好"资、雌、思"的。经过了相当长期的学习，也许有半数念得好了；但另外的一半恐怕还是很难。因此，非下苦功夫是学不好的。

又假定赵二、钱三、孙四都是客家人，他们对于普通话的"资、雌、思"，毫无困难地就会说了（根本用不着学）；但是他们不约而同地都念不好普通话的"租、粗、苏"。为什么呢？因为普通话里"租、粗、苏"该念ㄗㄨ、ㄘㄨ、ㄙㄨ，而客家人从来没有具备过这些音。

我们从来没有听见客家人不会说普通话的"资、雌、思"，而常常听见广州人不会说，这就证明了同一方言区域的人存在着同一的缺点。不但如此，同一方言区域的人，连错误的方向也是相同的，例如广州人不会念"资、雌、思"的时候，一定把它们念得像普通话的"基、欺、希"，没有别的错法。又如客家人和广州人初学普通话的时候都可能念不出普通话的"租、粗、苏"，因为客家话和广州话里都没有这种声音。但是客家人如果念错，一定是把它们和"资、雌、思"相混了。广州人如果念错，决不可能是和"资、雌、思"相混的。在广州话本身，"租、粗、苏"却是和"遭、操、骚"相混的。所以我们说，同一方言区域的人容易犯同样的毛病。

最有趣的是，他们同一方言区域的人，虽犯同一毛病，却并不"同病相怜"。为什么呢？因为他们有了毛病并不自觉。相反地，广东人容易觉得广东人的普通话好。假定有两个人在同一会议席上讲话，一个是上海人，一个是广州人，他们所用的语言都是"普通话"，依专家判断这两个人的普通话程度相差不远；又假定听众一半是江浙人，另一半是广东人。那么，江浙人一定觉得那一个上海人的普通话比较好，而广东人却觉得那一个广州人的普通话比较好。这并不是偏心祖护同乡，而是因为同乡所忽略了的声音也就是自己所忽略了的声音，所以觉察不出来；相反地，我们觉得非同乡的人的普通话听起来非常刺耳，甚至我们能模仿那种怪声音以为笑乐。孟子说："明足以察秋毫之末，而不见舆薪。"世界上确有此事。江浙人说普通话，小小的错误也被咱们广东人觉察出来了；广东人说普通话哪怕是很大的错误，咱们广东自己的乡里（指同一方言区域的人）却往往觉察不出来，因为咱们自己也往往犯这些错误啊！

七　广东方言分区概况

既然同一方言区域的人容易犯同样的毛病,咱们讨论学习普通话的方法,有时候就需要分区处理。因此,我们要问:广东有多少方言区?

广东省内的汉语,大致可以分为三个大系统:

(甲)白话系——主要的地方是广州、番禺、南海、顺德、新会、台山、中山、开平、恩平、三水、高要、德庆、郁南、罗定、东莞、增城、宝安;

(乙)客家系——主要的地方是梅县、大埔、蕉岭、平远、兴宁、丰顺、五华、龙川、惠阳、河源;

(丙)海崖系——主要的地方是潮安、汕头、澄海、潮阳、揭阳、普宁、饶平、南澳、惠来、陆丰以及海南岛。

粤北和南路是白话系和客家系杂居之地,我们没有仔细调查过。大致说来,粤北是客家话占优势,南路是白话占优势。东莞、增城等县也有客家系,中山县境内也有海崖系。因此,在未经详细调查以前,一个广东方言区域图是画不出来的。

白话系,就是我在《中国音韵学》里所谓粤音系;海崖系,就是我在《中国音韵学》里所说的闽音系的一个支派。因为这里谈的是广东人,所以不再称为闽音系或闽语系了。

在下文讨论普通话学习法的时候,我们将先作一个总论(第一章至第三章),然后进行分论(第一章至第四章)。在分论中我们将分别讨论广州人怎样学习普通话(第一章)、客家人怎样学习普通话(第二章)、潮州人(第三章)和海南人怎样学习普通话(第四章)。海南人之所以和潮州人分开,是因为前者学普通话时所犯的毛病和后者的区别颇大的缘故。

上篇 总 论

第一章 语 音

一 声韵调概说

这里叙述普通话是采用注音字母,而次序则依照发音部位的顺序:

注音符号	普通话读法	广州读法	客家读法	潮州读法
ㄅ	杯	波	波	波
ㄆ	披	破	坡	坡
ㄇ	梅	摩	摩	摩
ㄈ	飞	科	和	一
ㄉ	得	多	多	多
ㄊ	特	拖	拖	拖
ㄋ	内	挪	挪	挪
ㄌ	勒	罗	罗	罗
ㄗ	资	一	资	资
ㄘ	雌	一	雌	雌
ㄙ	思	一	思	思

注音符号	普通话读法	广州读法	客家读法	潮州读法
ㄓ	知	—	—	—
ㄔ	痴	—	—	—
ㄕ	诗	—	—	—
ㄖ	日	—	—	—
ㄦ	儿	—	—	—
ㄐ	基	知*	脂*	脂*
ㄑ	欺	痴*	蚩*	蚩*
ㄒ	希	诗*	诗*	诗*
ㄍ	歌	歌	歌	歌
ㄎ	科	驱	苛	苛
ㄏ	喝	何*	何*	何*
ㄚ	阿	鸦	鸦	鸦
ㄧㄚ	鸦	也	爷	爷
ㄨㄚ	蛙	蛙	蛙	蛙
ㄝ	爷	爷	—	—
ㄩㄝ	月	—	—	—
ㄧ	衣	衣	衣	衣
ㄛ	哦	屙	屙	屙
ㄨㄛ	窝	窝	窝	窝(呼窝切)
ㄜ	鹅	—	—	—
ㄨ	乌	乌	乌	(呼)
ㄩ	鱼	鱼	—	—

注音符号	普通话读法	广州读法	客家读法	潮州读法
ㄞ	哀	唉	矮	哀
ㄨㄞ	歪	歪	歪	歪
ㄟ	（给）	（基）	—	—
ㄨㄟ(在ㄍㄎㄏ后)	威	—	—	—
ㄨㄟ(其他)	（催）	煨	惟*	威
ㄠ	奥	坳	（交）	欧
ㄧㄠ	要	忧*	腰	要*
ㄡ	欧	奥	欧*	乌
ㄧㄡ	忧	要	忧*	忧*
ㄢ	安	晏	（闲）	—
ㄧㄢ	烟	—	烟	—
ㄨㄢ	湾	湾	湾	—
ㄩㄢ	冤	—	—	—
ㄣ	恩	—	恩	—
ㄧㄣ	因	烟	因	—
ㄨㄣ(在ㄍㄎㄏ后)	（村）	碗	温	—
ㄨㄣ(其他)	温	—	—	—
ㄩㄣ	云	冤	—	—
ㄤ	肮	罌	行	安
ㄧㄤ	央	—	（轻）	央
ㄨㄤ	汪	横	横	湾
ㄥ	亨	—	—	恩*
ㄧㄥ	英	英	—	因

注音符号	普通话读法	广州读法	客家读法	潮州读法
ㄨㄥ	（红）	瓮	翁	温
ㄨㄥ	翁	—	—	—
ㄩㄥ	庸	庸	庸	庸

说明一：凡加括号的字，表示要除去声母（字首的辅音）读出，例如"催"，按注音字母标音是ㄘㄨㄟ，实读ㄘㄨㄟ，除去声母后，读为ㄨㄟ。

说明二：广州、客家、潮州的注音只是大概的。例字旁边加星号者，表示和普通话原音有相当的距离。

说明三：无例字者以横线为号，表示该地无此音。该地的人对于此音应该更加小心学习。

普通话的声调共有四个：阴平声，阳平声，上声，去声。举例如下：

阴平	阳平	上声	去声
衣	移	椅	意
迁	鱼	语	御
因	银	引	印
英	盈	影	应
威	围	委	畏
烟	延	偃	燕
汪	王	往	旺
都	毒	赌	杜
飞	肥	匪	费
捞	劳	老	涝
蔫	年	捻	念

依照这一个方法去调四声，反复朗诵，熟能生巧，以后凡遇和某字同调的字，就知道它是属于什么声，例如遇着一个"河"字，觉得它的调子和"移鱼银盈"一类的字调相同，就知道它也是阳平声了。

下文凡是需要注明声调的时候,我们将用一种调符:阴平无号;阳平用 ′ 为号,如 ㄖㄣ(人);上声用 ˇ 为号,如 ㄇㄟ(美);去声用 ˋ 为号,如 ㄌㄧㄝ(列)。

二 声母的讨论(一)

所谓声母,就是字头的辅音。在普通话里,ㄅ、ㄆ、ㄇ、ㄈ、ㄉ、ㄊ、ㄋ、ㄌ、ㄍ、ㄎ、ㄏ、ㄓ、ㄔ、ㄕ、ㄖ、ㄐ、ㄑ、ㄒ、ㄗ、ㄘ、ㄙ 都是声母;ㄦ 不是声母,因为它的前面隐藏着一个元音;但为便利起见,姑且也把它归入声母一类了。

现在把这二十二个声母分别讨论。

ㄅ

ㄅ是上下两唇的爆裂音。发音时,先将双唇紧闭,然后突然放开,使人听见有爆裂的声音。广东各地的人发这一个音并没有困难。

但是,客家人应该特别注意:有许多去声字,客家人读入ㄆ母的,普通话却读入ㄅ母,例如:

方便　读如"方变",勿读如"方骗";
罢手　读如"霸手",勿读如"怕手";
失败　读如"失拜",勿读如"失派";
残暴　读如"残报",勿读如"残炮";
伴侣　读如"半侣",勿读如"判侣";
作弊　读如"作臂",勿读如"作屁";
部队　读如"布队",勿读如"铺队";
鼻子　读如"ㄅㄟ子",勿读如"皮子"或"屁子"。

有些入声字(普通话不读入声)也是这种情形,例如:

提拔　读如"提ㄅㄚ",勿读如"提爬";
分别　读如"分ㄅㄧㄝ",勿读如"分ㄆㄧㄝ"。

参看客家人怎样学习普通话(四)"开步"和"开铺"。

ㄆ

ㄆ的发音部位和ㄅ完全相同,所不同者只有一点,就是:ㄆ的后面要吐一口气,因此这一类的音被称为吐气音。

广东白话区域的人、客家人和潮州人发这个音毫无困难。但是海南人却有困难了。有时候他们念不出ㄆ音来,却念成了ㄈ音(这个ㄈ却像一个吐气的ㄈ)。尤其是在ㄨ音之前,更难念得正确。因此,海南人注意:

铺张　勿读如"夫张";　　　碰　读ㄆㄥ,勿读ㄈㄨㄥ;

葡萄　勿读如"扶萄";　　　陪　读ㄆㄟ,勿读ㄈㄟ;

普及　勿读如"府及";　　　配　读ㄆㄟ,勿读ㄈㄟ;

铺子　勿读如"富子";　　　潘　读ㄆㄢ,勿读ㄈㄨㄣ或ㄈㄢ;

朋　读ㄆㄥ,勿读ㄈㄨㄥ;　　盘　读ㄆㄢ,勿读ㄈㄨㄣ或ㄈㄢ;

捧　读ㄆㄥ,勿读ㄈㄨㄥ;　　判　读ㄆㄢ,勿读ㄈㄨㄢ或ㄈㄢ。

参看海南人怎样学习普通话(三)"不配"和"不废"。

ㄇ

ㄇ的发音部位和ㄅ、ㄆ完全相同,但当ㄇ发音时,气息除由口腔出来之外,同时还由鼻腔出来。因此,ㄇ是鼻音之一种。

广东各地的人发这一个音是没有困难的。只有潮州人应该稍为注意,勿与ㄅ̈混(ㄅ̈=英文的 b),例如"母"字,普通话念ㄇㄨ,潮州话念ㄅ̈ㄨ,粗心的人也许有混淆的可能。

ㄈ

把上齿咬着下唇,让气息从唇齿中间挤出来,就成为ㄈ音。广东白话区域的人和客家人发这一个音都没有困难。

潮州人要发这个音就有很大的困难了,因为潮州话里根本没有ㄈ音。这一点和海南人恰恰相反:海南人有ㄈ无ㄆ,潮州人有ㄆ无ㄈ。但是潮州人并不是拿ㄆ去替代普通话的ㄈ,而是拿ㄏ去替代它(这个ㄏ和普通话的ㄏ不完全相同,参看下文)。

因此,请潮州人注意:

发动　勿读如"花动";　　　飞机　勿读如"辉机";

处罚　勿读如"处华";　　　土匪　勿读如"土毁";

推翻　勿读如"推欢"；		扶植　勿读如"壶植"；
反对　勿读如"缓对"；		刮风　勿读如"刮烘"；
分别　勿读如"婚别"；		相逢　勿读如"相红"。
房子　勿读如"皇子"；		

参看潮州人怎样学习普通话(三)"方糖"和"荒唐"。

三　声母的讨论(二)

ㄉ

把舌尖抵着牙龈，突然开放，让气息冲出去，就成为ㄉ音。广东各地的人发这一个音并没有任何困难。

但是，客家人应该特别注意，有许多去声字，客家人读入ㄊ母的，普通话却读入ㄉ母，例如：

代表　　读如"带表"，勿读如"太表"或ㄊㄞ˘表；

道理　　读如"到理"，勿读如"套理"；

豌豆　　读如"豌斗"，勿读如"豌透"；

子弹　　读如"子旦"，勿读如"子炭"；

扫荡　　读如"扫当"(去声)，勿读如"扫趟"；

姓邓　　读如"姓凳"，勿读如"姓ㄊㄥˋ"；

兄弟　　读如"兄帝"，勿读如"兄替"；

腔调　　读如"腔钓"，勿读如"腔跳"；

电灯　　读如"店灯"，勿读如"ㄊㄧㄢˋ灯"；

决定　　读如"决订"，勿读如"决听"(去声)；

程度　　读如"程度"，勿读如"程兔"；

懒惰　　读如"懒惰"，勿读如"懒唾"。

许多入声字(普通话变入他声)也是这种情形，例如：

达到　　读如"ㄉㄚˊ到"，勿读如"ㄊㄚˋ到"；

敌人　　读如"ㄉㄧˊ人"，勿读如"ㄊㄧˋ人"或"踢人"；

间谍　　读如"间跌"，勿读如"间ㄊㄧㄝˊ"；

孤独　　读如"孤ㄉㄨ",勿读如"孤突";

毒药　　读如"ㄉㄨ药",勿读如"突药";

夺取　　读如"ㄉㄨㄛ取",勿读如"ㄊㄨㄛ取"。

参看客家人怎样学习普通话(四)"开步"和"开铺"。

台山一带的人注意:普通话念ㄉ的字,在台山话里变了没有声母,如"刀"念成ㄠ、"底"念成ㄞ等。台山人学普通话时,应该加上ㄉ母,改为ㄉㄠ、ㄉㄧ等。

ㄊ

ㄊ的发音部位和ㄉ完全相同,但ㄊ是吐气的音。广州、客家和潮州人对此音都没有困难。

海南人读此音的时候,容易变成ㄏ音。台山人也会把普通话的ㄊ念成了ㄏ,但是,原因并不相同。海南人因为没有吐气音(ㄈ吐气不在此例),所以根本很难发出这个音;台山人是有ㄊ音的,不过将此音移作别用(替代普通话的ㄘ)罢了。总之,原因虽不相同,海南人和台山人都应该注意:

他　　读ㄊㄚ,勿读ㄏㄚ;　　　　提题　读ㄊㄧ,勿读ㄏㄧ;

台　　读ㄊㄞ,勿读ㄏㄞ;　　　　田填　读ㄊㄧㄢ,勿读ㄏㄧㄢ;

桃陶　读ㄊㄠ,勿读ㄏㄠ;　　　　驼陀　读ㄊㄨㄛ,勿读ㄏㄨㄛ或ㄏㄛ;

坛谈　读ㄊㄢ,勿读ㄏㄢ;　　　　退　　读ㄊㄨㄟ,勿读ㄏㄨㄟ。

糖堂　读ㄊㄤ,勿读ㄏㄤ;

参看海南人怎样学习普通话(四)"桃子"和"毫子"。

广州人注意:"特"字和"突"字,广州话念ㄉ母(依古音系统是对的),但普通话里念ㄊ母。因此,"特"念ㄊㄜ,不念ㄉㄜ;"突"念ㄊㄨ,不念ㄉㄨ。

ㄋ

ㄋ的发音部位和ㄉ、ㄊ完全相同,但ㄋ是一个鼻音(发音方法与ㄇ同)。这一个音容易和ㄌ相混。安徽、湖南、四川都有这种相混的情形,广州人有时候也免不了这个毛病。

广州人应该特别注意的有下列的一些字：

奶	读ㄋㄞ,勿读ㄌㄞ；	年拈	读ㄋㄧㄢ,勿读ㄌㄧㄢ；
脑	读ㄋㄠ,勿读ㄌㄠ；	娘	读ㄋㄧㄤ,勿读ㄌㄧㄤ；
难南	读ㄋㄢ,勿读ㄌㄢ；	农浓	读ㄋㄨㄥ,勿读ㄌㄨㄥ；
能	读ㄋㄥ,勿读ㄌㄥ；	女	读ㄋㄩ,勿读ㄌㄩ。

参看广州人怎样学习普通话(十一)"无奈"和"无赖"。

有一个"弄"字,它在普通话里有读书音和口语音的分别。读书音读ㄌㄨㄥ,属ㄌ母(这是合于古音系统的)；口语里念ㄋㄨㄥ或ㄋㄥ,属ㄋ母。

潮州似乎也有些地方是ㄋ和ㄌ相混的,因为没有详细调查,不能谈。

客家话里,ㄋ和ㄌ的界限很严,决不相混。可惜当ㄋ在ㄧ的前面的时候,变了另一种音。这一种音不复像ㄋ那样舌尖抵着牙龈,而是用舌面顶着上腭,接触的地方颇广。吴语(江浙话)也有这种情形,ㄋ在ㄧ和ㄩ之前一律变成这个音。1918 年公布的注音字母里面有一个广母,就是代表这个音的。当时广母和ㄋ母同时存在,一并学习,那是非常不合理的。因为大体说来,会念ㄋㄧ的人不会念广,会念广的人却又不会念ㄋㄧ。客家人是属于后一类的,因此学起普通话来,对于下列的一些字,应该勉力学习：

你	读ㄋㄧ,勿读广ㄧ；	您	读ㄋㄧㄣ,勿读广ㄧㄣ；
聂孽	读ㄋㄧㄝ,勿读广ㄧㄝ；	娘	读ㄋㄧㄤ,勿读广ㄧㄤ；
鸟袅	读ㄋㄧㄠ,勿读广ㄧㄠ；	宁	读ㄋㄧㄥ,勿读广ㄧㄥ；
牛	读ㄋㄧㄡ,勿读广ㄧㄡ；	女	读ㄋㄩ,勿读广ㄩ；
年拈	读ㄋㄧㄢ,勿读广ㄧㄢ；	虐	读ㄋㄩㄝ,勿读广ㄩㄝ。

不过,这种分别是很细微的；念错了也不至于和别的字相混,所以并不严重。同时客家人学起来确又很难。如果不像,也就算了。但是,有些好强的人,知道自己的普通话还有这一点小疵,还是愿意努力克服困难,争取完善的。

ㄌ

ㄌ是所谓边音。为什么叫做边音呢？因为发音的时候，舌头塞住了上腭的中部(是口腔左右的中间，不是前后的中间)，却没有塞住了左右两边，气息便从左右两边挤出来了。它之所以容易和ㄋ相混，就是因为二者的发音部位差不多完全相同，假使把左右两边也塞住了，同时让鼻腔出气，就变成ㄋ了。

客家人学ㄌ没有困难，潮州人多数也没有困难。广州人似乎只有把该念ㄋ的字念ㄌ，却没有把该念ㄌ的字念ㄋ。因此，便都没有问题了。

四　声母的讨论(三)

ㄗ

ㄗ是一个构造颇为特别的声母，可说是ㄉ和ㄙ合成的。这并不是说先发ㄉ音，后发ㄙ音，那样就变成两个音。它只是前半为ㄉ，后半为ㄙ(详细音理这里不谈)。

客家人和潮州人发这个音没有困难，广州人就难了。尤其困难的是"资兹缁子紫梓自字"等字，有些广州人学了几十年还是学不好(ㄗ和ㄓ、ㄐ往往相混)。

办法是把舌尖放低，抵着门牙的后面，不要让舌面碰着上腭。要常常训练"资"和"基"在普通话中的分别，即ㄗ和ㄐ的分别。

西江一带的人学ㄗ音较为容易。他们虽也往往发不出"资子字"等字的声音，但"再赞宗祖"(ㄗㄞ、ㄗㄢ、ㄗㄨㄥ、ㄗㄨ)之类却是发得出来的。

台山一带的人注意，不可让普通话的ㄗ音变成ㄉ音：

最醉　　读ㄗㄨㄟ，勿读ㄉㄨㄟ，与"对"混(指与普通话的
　　　　　"对"混，下同)；

早枣　　读ㄗㄠ，勿读ㄉㄠ，与"倒"混；

灾哉　　读ㄗㄞ，勿读ㄉㄞ，与"呆"混；

走　　　读ㄗㄡ，勿读ㄉㄡ，与"斗"混；

左　　　　读ㄗㄨㄛ,勿读ㄉㄨㄛ,与"躲"混;

祖组　　　读ㄗㄨ,勿读ㄉㄨ,与"赌"混。

客家人应该特别注意:有一部分去入声字,普通话读为ㄗ音的,客家话读为ㄘ音。客家人学普通话时,必须矫正这一点,例如:

复杂　　　读如"复砸",勿读如"复ㄘㄚˊ";

亲自　　　读如"亲恣",勿读如"亲次";

造谣　　　读如"灶谣",勿读如"ㄘㄠ谣";

西藏　　　读如"西葬",勿读如"西ㄘㄤ";

讲座　　　读如"讲做",勿读如"讲错";

罪犯　　　读如"最犯",勿读如"脆犯";

选择　　　读如"选则",勿读如"选ㄘㄜ";

捉贼　　　读如"捉ㄗㄟ",勿读如"捉ㄘㄟ"。

参看客家人怎样学习普通话(四)"开步"和"开铺"。

ㄘ

ㄘ可说是ㄊ和ㄙ的合音。前一半是ㄊ,后一半是ㄙ。发音法与ㄗ略同。客家人和潮州人发这一个音并不困难;广州人就困难了。尤其是"雌此次"等字更难;其困难的程度和"资子字"等字相同(ㄘ和ㄔ、ㄑ往往相混)。西江一带的人学ㄘ音较为容易。

台山一带的人注意,不可让普通话的ㄘ音变成ㄊ音:

才财裁　　读ㄘㄞ,勿读ㄊㄞ,与"台"混(指与普通话的"台"
　　　　　混,下同);

曹槽　　　读ㄘㄠ,勿读ㄊㄠ,与"桃"混;

残惭蚕　　读ㄘㄢ,勿读ㄊㄢ,与"坛"混;

仓苍　　　读ㄘㄤ,勿读ㄊㄤ,与"汤"混;

醋　　　　读ㄘㄨ,勿读ㄊㄨ,与"兔"混;

村　　　　读ㄘㄨㄣ,勿读ㄊㄨㄣ,与"吞"混;

催　　　　读ㄘㄨㄟ,勿读ㄊㄨㄟ,与"推"混;

聪　　　　读ㄘㄨㄥ,勿读ㄊㄨㄥ,与"通"混。

　　这个ㄘ母是海南人最难学会的一个音。一切吐气音(ㄆ、ㄊ、ㄘ等)对于海南人都是困难的,但其中最难的要算这个ㄘ母了。学习的时候,可先学会了ㄗ母,然后由ㄗ变ㄘ。大致说来,ㄆ=ㄅ+ㄏ,ㄊ=ㄉ+ㄏ,ㄘ=ㄗ+ㄏ。先发一个ㄗ音,再吐一口气,慢慢地练习,渐渐会得到一个ㄘ音。

　　海南人既然不会发ㄘ音,于是以ㄙ代ㄘ(实际上这ㄙ也不是真ㄙ),而ㄘ和ㄙ就相混了。应该注意下列这些例子:

请坐	勿读如"醒坐";
七情	勿读如"西行";
起草	勿读如"稀少"。

参看海南人怎样学习普通话(一)"臭肉"和"瘦肉"。

ㄙ

　　发ㄙ音的时候,舌尖正对门牙。广东白话区域的人和海南人学它不像,是因为不用舌的尖端,或虽用舌尖而不是正对门牙。若是舌头的部位移高些,和上腭稍有接触,就变了一种特别的音。这种特别的音听起来颇像英文的 sh(实际上和 sh 也有差别)。广州人就靠着这种似是而非的 sh 去应付普通话的ㄙ、ㄕ、ㄒ三个音,于是在说普通话的时候,"私、师、希"三个字变为同音。海南人也是这样。只有客家人和潮州人的ㄙ音是正确的。

　　台山人学ㄙ音也要注意,因为容易接近英文的 th(台山话其实是ㄉ的清擦音)。

　　广州人和海南人请注意(训练ㄗ、ㄘ、ㄙ三母):

做灶	勿读如"ㄓㄨㄜˋ照";	层次	勿读如"程翅";
樽俎	勿读如"谆主";	私自	勿读如"诗志";
再走	勿读如"债肘";	四嫂	勿读如"是少";
才子	勿读如"柴纸";	诉讼	勿读如"庶ㄗㄨㄥˋ"。
在此	勿读如"债耻";		

参看广州人怎样学习普通话(一)"做事"和"做戏"。

五　声母的讨论(四)

业

业、彳、尸、日和儿都是所谓卷舌音。有人把业、彳、尸、日称为卷舌声母,把儿称为卷舌韵母。

卷舌音是广东省所极少有的,所以必须细心学习。卷舌音发音的时候,舌尖向后弯到硬腭的最后部分,因此得到"卷舌"的称呼。其实舌不一定要卷,只是舌尖尽量向高处就行了。依多数民族的习惯,舌尖总是对着门牙或牙龈而发音的;舌尖向后确是少见(只有梵文里有这种音)。因此,非但广东,连江浙和西南官话也极少有。这是北方话的特色。

这里先谈业母。业和尸的发音部位虽不同,发音方法却是一样的。因此,咱们把尸的部位向高移,而且向后移,自然就变成了业音。

潮州人学普通话的业不像,就变了尸。因此,"找糖"变了"澡塘"(业幺和尸幺混),"走油肘子"变了"走油走子"(业又和尸又混)了。

广东白话区域的人(所谓广府人)和海南人学普通话的业不像,就变了丩。严格地说,这不是丩,因为它的发音部位近似英文的 j,如 jeep(实际却又和英文的 j 不同)。因此,"老丈"变了"老将"(业尤和丩尤混),"买针"变了"买金"(业ㄣ和丩ㄧㄣ混),"咒人"变了"救人"(业又和丩ㄧ又混)了。

客家人情况多同潮州人。但也有些客家人介于潮州人和广府人之间,他们是尸和丩并用的:于"招张中朱追专"一类字读近丩(如广府人),于"罩庄知龇"一类的字读为尸(如潮州人)。实际上这些字在普通话里都应该读业音的。

假使读业读得不正确的话,到底像潮州人那样读入尸好些呢?还是像广州人读近丩好些呢?就本质上说,以尸代业是比以丩代业好些,因为尸和业都是用舌尖的,而丩是用舌面的。广州人还不一定用舌面,而是用舌叶,姑且用丩'来表示它。但是,像下面的一些例字,广州人、客家人、潮州人和海南人虽都念得不正确,却也都不十分难听:

例字	普通话	广州人	客家人	潮州人	海南人
诈	ㄓㄚ	ㄐˊㄚ	ㄗㄚ	ㄗㄚ	ㄐˊㄚ
追	ㄓㄨㄟ	ㄐˊㄨㄟ	ㄐˊㄨㄟ	ㄗㄨㄟ*	ㄐˊㄨㄟ
准	ㄓㄨㄣ	ㄐˊㄨㄣ	ㄐˊㄨㄣ	ㄗㄨㄣ	ㄐˊㄨㄣ
终	ㄓㄨㄥ	ㄐˊㄨㄥ	ㄐˊㄨㄥ	ㄗㄨㄥ	ㄐˊㄨㄥ
诸	ㄓㄨ	ㄐˊㄨ	ㄐˊㄨ	ㄗㄨ	ㄨ
爪	ㄓㄠ	ㄐˊㄠ	ㄗㄠ	ㄗㄠ	ㄐˊㄠ

*“追”字潮州话念ㄉㄨㄟ，这里的ㄗㄨㄟ是指潮州人学普通话而言。其余由此类推。

至于像下面的一些例字，客家人和潮州人就远胜广州人和海南人了：

例字	普通话	广州人	客家人	潮州人	海南人
知之	ㄓ	ㄐˊㄧ	ㄗ	ㄗ	ㄐˊㄧ
职直	ㄓˊ	ㄐˊㄧˊ	ㄗˊ	ㄗˊ	ㄐˊㄧˊ
纸止	ㄓˇ	ㄐˊㄧˇ	ㄗˇ	ㄗˇ	ㄐˊㄧˇ
志智	ㄓˋ	ㄐˋ	ㄗˋ	ㄗˋ	ㄐˊㄧˋ

这里可以看出，难听的原因不仅仅在于声母的不正确，同时也在于韵母的不同。

还有下列的一些例字，广州人学普通话时共有两种读法。甲种读法虽不正确，但已经近似了；乙种读法却很难听，因为韵母已变，声母也更接近于ㄐ了（所以我索性标作ㄐ）：

例字	普通话	甲种读法	乙种读法
周州舟,肘帚,宙昼	ㄓㄡ	ㄐˊㄡ	ㄐㄡ
招昭,召照赵	ㄓㄠ	ㄐˊㄠ	ㄐㄠ
占詹,展,占战	ㄓㄢ	ㄐˊㄢ	ㄐㄢ
珍真针,枕,震阵	ㄓㄣ	ㄐˊㄣ	ㄐㄣ
章张,掌,丈帐障	ㄓㄤ	ㄐˊㄤ	ㄐㄤ
征蒸,整,正证郑	ㄓㄥ	ㄐˊㄥ	ㄐㄥ

参看广州人怎样学习普通话(一)"做事"与"做戏";"珍真征蒸"等例同时可适用于客家人,参看客家人怎样学习普通话(十五)"真人"和"今人",(十六)"大声"和"大星"。

有少数字,依旧字典应该读ㄓ,但现在普通话读入ㄗ音了,例如:

泽择责窄仄昃　　读ㄗㄜ,不读ㄓㄜ(但"窄"也可以念ㄓㄞ);

侧　　　　　　读ㄗㄜ或ㄘㄜ,不读ㄓㄜ;

阻　　　　　　读ㄗㄨ,不读ㄓㄨ。

客家人应该特别注意:有一部分去入声字,普通话读为ㄓ的,客家人学普通话的时候,往往读入ㄔ音(其实是ㄍ'或ㄎ)。这是必须矫正的,例如:

重要　　读如"众要",　　勿读如"ㄔㄨㄥ要";

状况　　读如"壮况",　　勿读如"创况";

传记　　读如"转记",　　勿读如"串记";

坠马　　读如"赘马",　　勿读如"ㄔㄨㄟ马";

柱子　　读如"注子",　　勿读如"处子";

七丈　　读如"七账",　　勿读如"七唱";

阵容　　读如"震容",　　勿读如"趁容";

预兆　　读如"预照",　　勿读如"预ㄔㄠ";

闸北　　读如"札北",　　勿读如"察北";

清浊　　读如"清酌",　　勿读如"清ㄔㄨㄛ"。

参看客家人怎样学习普通话(四)"开步"和"开铺"。

ㄔ

ㄔ是ㄓ的吐气音。因此如果ㄓ音学不好,ㄔ音也一定学不好;但是,咱们不能反过来说,如果ㄓ音学好了,ㄔ音一定学得好,因为吐气音对于海南人是特别难学的。

潮州人学普通话的ㄔ不像,就变了ㄘ,因此"吃鸡"变了"雌鸡"(ㄔ和ㄘ混),"潮州"变了"曹州"(山东地名)(ㄔㄠ和ㄘㄠ混)。

广府人学普通话的ㄔ不像就变了ㄑ。因此"吃鸡"变了"欺鸡"（ㄔ和ㄑ混），"潮州"变了"谯周"（三国人名）（ㄔㄠ和ㄑㄠ混）。

广府人学普通话的ㄔ虽像ㄑ，实际上也不是ㄑ（因为是用舌面）。它又颇像英文的 ch，英文的 ch 是不卷舌的。

客家人介于潮州人和广府人之间，他们是ㄘ和ㄑ并用的。于"超昌处吹穿"一类字读近ㄑ（如广府人）；于"抄创窗初"一类字读为ㄘ（如潮州人）。实际上这些字在普通话里都该念ㄔ音的。

假使读ㄔ音读得不正确的话，应该是像潮州人读入ㄘ好些。但是，在ㄚ、ㄛ、ㄨ的前面的ㄔ，广府人也都念得不太坏，因为他们念得更近英文的 ch 了。现在以ㄑʼ表示英文的 ch，举出下面一些例字，以显示这几个地方的人学普通话的差异：

例字	普通话	广州人	客家人	潮州人
茶	ㄔㄚ	ㄑʼㄚ	ㄘㄚ	ㄘㄚ
吹	ㄔㄨㄟ	ㄑʼㄨㄟ	ㄑʼㄨㄟ	ㄘㄨㄟ
春	ㄔㄨㄣ	ㄑʼㄨㄣ	ㄑʼㄨㄣ	ㄘㄨㄣ
充	ㄔㄨㄥ	ㄑʼㄨㄥ	ㄑʼㄨㄥ	ㄘㄨㄥ
处	ㄔㄨ	ㄑʼㄨ	ㄑʼㄨ	ㄘㄨ
炒	ㄔㄠ	ㄑʼㄠ	ㄘㄠ	ㄘㄠ

至于像下面的一些例字，客家人和潮州人就远胜广州人了：

例字	普通话	广州人	客家人	潮州人
吃痴鸱答	ㄔ	ㄑʼㄧ	ㄘ	ㄘ
迟池持匙	ㄔ	ㄑʼㄧ	ㄘ	ㄘ
耻侈齿尺	ㄔ	ㄑʼㄧ	ㄘ	ㄘ
翅啻炽斥	ㄔ	ㄑʼㄧ	ㄘ	ㄘ

还有下列的一些例字，广州人学普通话时共有两种读法。甲种读法虽不正确，却已经近似了；乙种读法却很难听，因为韵母已变，声母也接近于ㄑ了（所以我常常索性标作ㄑ）：

例字	普通话	甲种读法	乙种读法
抽愁酬仇,丑,臭	ㄔㄡ	ㄑˊㄡ	ㄑㄧㄡ
超朝潮巢,吵炒	ㄔㄠ	ㄑˊㄠ	ㄑㄧㄠ
蝉缠,谄	ㄔㄢ	ㄑˊㄢ	ㄑㄧㄢ
沈晨陈臣,趁衬	ㄔㄣ	ㄑˊㄣ	ㄑㄧㄣ
昌长常偿,场,唱	ㄔㄤ	ㄑˊㄤ	ㄑㄧㄤ
称,成程惩逞,秤	ㄔㄥ	ㄑˊㄥ	ㄑㄧㄥ

参看广州人怎样学习普通话(一),又参看客家人怎样学习普通话。

上文说过,海南人学吐气音总是困难的,ㄔ也不能例外。学ㄔ的困难,和学ㄊ的困难相等。海南人学ㄔ不像,都弄到和ㄕ相混了。有些字,广州人读入ㄕ母,普通话读入ㄔ母,例如"成"字,广州人学普通话时往往说成ㄕㄥ,而不知道是ㄔㄥ,这一种分别,在海南人大多数是弄不清楚的。因此,海南人应该注意下列这些例子:

抄书　　勿读如"烧书";　　买柴　　勿读如"买ㄕㄞ";

厨子　　勿读如"叔子";　　工厂　　勿读如"工赏"。

坐船　　勿读如"坐ㄕㄨㄢ";

参看海南人怎样学习普通话(一)"臭肉"和"瘦肉"。

有少数字,依旧字典应该读ㄔ,但现在普通话读入ㄘ了,例如:

测侧策册　　读ㄘㄜ,不读ㄔㄜ;

岑　　　　读ㄘㄣ,不读ㄔㄣ。

ㄕ

ㄕ是ㄙ的变相,正像ㄓ是ㄗ的变相、ㄔ是ㄘ的变相一样。ㄕ可以认为卷舌的ㄙ。初学它的时候,可以先发ㄙ音,然后把舌尖渐渐移到硬腭的顶部,就可以正确地发出ㄕ音了。

潮州人学普通话的ㄕ不像,就变了ㄙ,因此"大士"变了"大寺"(ㄕ和ㄙ混),"多少"变了"多嫂"(ㄕㄠ和ㄙㄠ混),"老生"变了"老僧"(ㄕㄥ和ㄙㄥ混)。

　　广府人学普通话的ㄕ不像就变了ㄒ。因此"失望"变了"希望"（ㄕ和ㄒ混），"太少"变了"太小"（ㄕㄠ和ㄒㄠ混）。

　　广府人学普通话的ㄕ虽像ㄒ，实际上也不是ㄒ（因为不是用舌面）。它又颇像英文的 sh，英文的 sh 是不卷舌的。

　　客家人情况多同潮州人，但也有些客家人介于潮州人和广府人之间，他们是ㄙ和ㄒ并用的。于"烧伤书谁"一类字读近似ㄒ（如广府人）；于"稍沙双疏"一类字读为ㄙ。实际上这些字在普通话里都该读ㄕ的。

　　假使读ㄕ读得不正确的话，应该是像潮州人读入ㄙ好些。但是在ㄚ、ㄛ、ㄨ前面的ㄕ，广府人也都念得不太坏，因为他们念得更近英文的 sh 了。现在以ㄒ'表示英文的 sh，举出下列的一些例，以显示这几个地方的人学普通话的差异：

例字	普通话	广州人	客家人	潮州人
沙	ㄕㄚ	ㄒ'ㄚ	ㄙㄚ	ㄙㄚ
谁	ㄕㄨㄟ,ㄕㄟ	ㄒ'ㄨㄟ	ㄒ'ㄨㄟ	ㄙㄨㄟ
舜	ㄕㄨㄣ	ㄒ'ㄨㄣ	ㄒ'ㄨㄣ	ㄙㄨㄣ
书	ㄕㄨ	ㄒ'ㄨ	ㄒ'ㄨ	ㄙㄨ
稍	ㄕㄠ	ㄒ'ㄠ	ㄙㄠ	ㄙㄠ
烧	ㄕㄠ	ㄒ'ㄠ	ㄒ'ㄠ	ㄙㄠ

　　至于像下面的一些例字，广州人和海南人就远不及客家人和潮州人了：

例字	普通话	广州人	客家人	潮州人	海南人
诗施师失湿虱	ㄕ	ㄒ'ㄧ	ㄙ	ㄙ	ㄒ'ㄧ
时十拾石食实	ㄕˊ	ㄒ'ㄧˊ	ㄙˊ	ㄙˊ	ㄒ'ㄧˊ
史矢豕使屎	ㄕˇ	ㄒ'ㄧˇ	ㄙˇ	ㄙˇ	ㄒ'ㄧˇ
市试事逝侍士	ㄕˋ	ㄒ'ㄧˋ	ㄙˋ	ㄙˋ	ㄒ'ㄧˋ

　　还有下列的一些例字，广州人学普通话时共有两种读法。甲种读法虽不正确，却已经近似了；乙种读法却很难听，因为韵母已

变,声母也更接近于ㄒ了(所以我索性标作ㄒ):

例字	普通话	甲种读法	乙种读法
收,守手首,兽寿售	ㄕㄡ	ㄒ'ㄡ	ㄒㄧㄡ
烧稍,韶,少,绍邵	ㄕㄠ	ㄒ'ㄠ	ㄒㄧㄠ
闪,扇善膳蟮	ㄕㄢ	ㄒ'ㄢ	ㄒㄧㄢ
身深申,神,审,慎甚	ㄕㄣ	ㄒ'ㄣ	ㄒㄧㄣ
伤殇商,赏,尚上	ㄕㄤ	ㄒ'ㄤ	ㄒㄧㄤ
声生升,绳,省,胜	ㄕㄥ	ㄒ'ㄥ	ㄒㄧㄥ

参看广州人怎样学习普通话(一)"做事"和"做戏"。

有少数字,依旧字典应该读ㄕ,但现在普通话读入ㄙ,或读ㄕ、ㄙ两音了,例如:

所	读ㄙㄨㄛ,不读ㄕㄨㄛ;
疏蔬	读ㄕㄨ,又读ㄙㄨ;
色瑟	读ㄙㄜ,不读ㄕㄜ(但口语里"色"字有ㄕㄞ音);
缩	读ㄙㄨㄛ或ㄙㄨ,不读ㄕㄨ;
俟	读ㄙ,不读ㄕ;
洒	读ㄙㄚ,不读ㄕㄚ;
森	读ㄙㄣ,不读ㄕㄣ。

ㄖ

ㄖ很像英文的 r。它的发音部位和ㄓ、ㄔ、ㄕ相同,都是卷舌音。这个音,无论广府人、客家人、潮州人或海南人,都觉得非常难学。假定学得不好,可能是学成这个样子:

例字	普通话	广州人	客家人	潮州人
日	ㄖ	ㄧ	ㄍㄨ	dzik
热	ㄖㄜ	ㄧㄝ	ㄍㄝㄊ	dziek
饶,扰,绕	ㄖㄠ	ㄧㄠ	ㄍㄠ	dziao
柔	ㄖㄡ	ㄧㄡ	ㄧㄡ	dziu
然髯,冉染	ㄖㄢ	ㄧㄢ	ㄧㄢ	dzian

例字	普通话	广州人	客家人	潮州人
人仁,忍,任认	ㄖㄣ	ㄣ,ㄝ	ㄣㄟㄣ	dzin
壤,让	ㄖㄤ	ㄧㄤ	gniong	dziang
扔,仍	ㄖㄥ	ㄧㄥ,ㄝㄥ	gning,ing	dzing
如儒,乳汝	ㄖㄨ	ㄩ	i,ju	dzu
若弱	ㄖㄨㄛ	ㄝ	gnok,jo	dzo
锐睿芮	ㄖㄨㄟ	ㄧㄨㄟ	jui	dzui
软阮	ㄖㄨㄢ	ㄧㄨㄢ	gnon	dzuan
闰润	ㄖㄨㄣ	ㄧㄨㄣ	gnun,jun	dzun
戎绒	ㄖㄨㄥ	ㄧㄨㄥ	gnung	dzung
容荣融茸熔	ㄖㄨㄥ	ㄧㄨㄥ	jung	jung

　　广州人应该注意:"日"勿与"逸"混、"如"勿与"余"混、"人"勿与"寅"混,等等。参看广州人怎样学习普通话(十二)"自然"和"自言"。客家人应该注意:"攘"勿与"娘"混、"壤"勿与"仰"混、"戎"勿与"浓"混、"扰"勿与"鸟"混,等等。潮州人大致没有什么可混,但有时也像广州人那样混法。

ㄦ

　　很粗地描写起来,ㄦ等于卷舌的ㄜ加卷舌的 r。

　　这也是广东人非常难学的一个音。普通只会说成ㄜ,后面的 r 被省略了。

　　这个音所代表的字非常之少,常用的字不满十个:

阳平声	上声	去声
儿而	耳饵尔迩	二贰

　　儿念阳平声和上声的时候,口腔较小,舌较高,像潮州话的"与"字;念去声的时候,口腔较大,舌较低。

　　广州话里"儿而"和"夷移仪疑"混,"耳尔"和"以矣议"混,"二"和"异义"混;客家话里"儿而"和"仪疑"混,"耳尔"和"拟你"混,"二"和"义谊"混。这种相混的情形是应该避免的。

"儿"字作为词尾的用途的时候,就不再念成ㄜ加r,而是简单地剩下一个r,它和前面的字合成一个音,例如:

  鸡儿 花儿 草儿 主儿 铃儿 那儿 这儿

ㄢ和ㄞ的后面带着词尾"儿"字的时候,它们的本身就只剩一个ㄚ,例如:

  孩儿   不念ㄏㄞ儿,而念ㄏㄚ儿;

  扇儿   不念ㄕㄢ儿,而念ㄕㄚ儿。

ㄣ和ㄟ的后面带着词尾"儿"字的时候,它们的本身也只剩一个ㄜ,例如:

  棍儿   不念ㄍㄨㄣ儿,而念ㄍㄨㄜ儿;

  一会儿 不念ㄏㄨㄟ儿,而念ㄏㄨㄜ儿("会"字变了上声)。

参看下文论语法的一章。

六　声母的讨论(五)

ㄐ

发ㄐ音的时候,舌面翘起,距离上腭甚近,使我们听见有嘶沙的声音。ㄐ和ㄗ一样地是个复杂音,可以说是ㄉ和ㄒ的合音。它的前一半是ㄉ(舌面的ㄉ),后一半是ㄒ。广东人发这种音(ㄐ、ㄑ、ㄒ)都不很正确,因为他们念像英文的j、ch、sh。若要念得正确,必须把舌尖放低,再把舌面提高。

上文说过,广州人容易把ㄐ和ㄗ相混,又和ㄓ相混。这种三位一体的作风是要不得的。客家的相混情形不甚相同,但是三者的界限也分不清楚。潮州人把ㄐ念成ㄐㄧ,也和广州人差不多。

普通话的ㄐ,在北方话拉丁化分为gi-和zi-两种,例如:

例字	普通话	北拉
基肌鸡,极急,几,寄既	ㄐ	gi(ㄐ)
赍迹积,即脊疾挤,济祭际	ㄐ	zi(ㄗ)
加家嘉,夹袷,假甲,嫁架驾	ㄐㄚ	gia(ㄐㄚ)

例字	普通话	北拉
皆阶街,结洁,解,界戒届	ㄐㄝ	gie(ㄐㄝ)
嗟接,节捷,姐,借藉	ㄐㄝ	zie(ㄗㄝ)
娇交胶教,狡缴,较叫	ㄐㄠ	giao(ㄐㄠ)
焦椒,嚼,剿,醮	ㄐㄠ	ziao(ㄗㄠ)
纠鸠,久九,旧救舅	ㄐㄡ	giu(ㄐㄡ)
揫,酒,就	ㄐㄡ	ziu(ㄗㄡ)
坚奸肩间兼,减检,建鉴见	ㄐㄢ	gian(ㄐㄢ)
尖笺歼煎,剪,贱钱箭	ㄐㄢ	zian(ㄗㄢ)
斤金今巾,谨紧锦,近禁	ㄐㄣ	gin(ㄐㄣ)
津,尽,尽进晋浸	ㄐㄣ	zin(ㄗㄣ)
江姜疆,讲,降	ㄐㄤ	giang(ㄐㄤ)
将浆,奖蒋,酱匠	ㄐㄤ	ziang(ㄗㄤ)
经竞京惊,景警,敬境径	ㄐㄥ	ging(ㄐㄥ)
旌精晶,井阱,净靖静	ㄐㄥ	zing(ㄗㄥ)
居俱拘车,局菊桔,巨句具	ㄐㄩ	gy(ㄐㄩ)
疽苴,龃,聚	ㄐㄩ	zy(ㄗㄩ)
决厥掘觉	ㄐㄩㄝ	gye(ㄐㄩㄝ)
爵爝绝	ㄐㄩㄝ	zye(ㄗㄩㄝ)
捐,卷倦眷绢	ㄐㄩㄢ	gyan(ㄐㄩㄢ)
镌朘	ㄐㄩㄣ	zyan(ㄗㄩㄢ)
君均军,窘,郡菌	ㄐㄩㄣ	gyn(ㄐㄩㄣ)
峻竣俊骏濬	ㄐㄩㄣ	zyn(ㄗㄩㄣ)
坰扃迥炯	ㄐㄩㄥ	gyng(ㄐㄩㄥ)

北拉的区别是合于古音的系统的。广州话也充分地证明了这一种分别:广府人和潮州人都把第一类的字念成硬音的ㄍ(如广州"记"念ㄍㄟ,潮州"记"念ㄍㄧ),第二类字念成舌叶的ㄐ',其音在ㄐ与ㄗ之间(如广州"济"念ㄐ'ㄞ,潮州"济"念ㄐㄧ);客家人把第一类

的念成ㄍ和ㄎ（如"记"念ㄍㄧ，"忌"念ㄎㄧ），第二类字念成ㄗ和ㄘ（如"津"念ㄗㄣ，"尽"念ㄘㄣ）。北京唱旧剧的人喜欢讲究尖团字，团字就是第一类，尖字就是第二类。这可以证明在一般北京人的口里尖团的分别是丧失了。北京人写起北拉来，在这一点上感到很大的困难。

客家人应该特别注意：普通话念ㄐ的去入声字，有一部分被客家人读入ㄎ音去了（模仿标准音则误作ㄑ）。这是必须矫正的，例如：

禁忌　　读如"禁记"，勿读如"禁气"；

轿子　　读如"叫子"，勿读如"窍子"；

舅父　　读如"救父"，勿读如"ㄑㄡ父"；

贫贱　　读如"贫箭"，勿读如"贫欠"；

尽力　　读如"进力"，勿读如"ㄑㄣ力"；

木匠　　读如"木酱"，勿读如"木呛"；

竞争　　读如"敬争"，勿读如"庆争"；

工具　　读如"工据"，勿读如"工去"；

疲倦　　读如"疲卷"，勿读如"疲劝"；

象郡　　读如"象ㄐㄩㄣ"，勿读如"象ㄑㄩㄣ"；

普及　　读如"普吉"，勿读如"普期"；

木屐　　读如"木激"，勿读如"木七"。

参看客家人怎样学习普通话（四）"开步"和"开铺"。

ㄑ

ㄑ的发音部位和ㄐ完全相同，它是ㄐ的吐气音。咱们可以说：它的前一半是ㄊ（舌面的ㄊ），后一半是ㄒ。

广州人容易把ㄑ和ㄘ相混，又和彳相混。客家人的相混情形不同（不混得那样厉害），但是三者的界限也分不清楚。潮州人把ㄑ念成ㄑㄧ，也和广州人差不多。

普通话的ㄑ，在北方话拉丁化分为 ki- 和 ci- 两种，例如：

例字	普通话	北拉
欺,其奇祈,起岂启,气弃	ㄑㄧ	ki(ㄑㄧ)
妻七戚,齐,砌缉茸	ㄑㄧ	ci(ㄘㄧ)
茄伽,惬箧	ㄑㄧㄝ	kie(ㄑㄧㄝ)
切,且,窃妾	ㄑㄧㄝ	cie(ㄘㄧㄝ)
敲,乔侨,巧,窍	ㄑㄧㄠ	kiao(ㄑㄧㄠ)
锹,瞧樵憔,雀(口语),俏诮	ㄑㄧㄠ	ciao(ㄘㄧㄠ)
丘蚯,求裘	ㄑㄧㄡ	kiu(ㄑㄧㄡ)
秋,囚泅酋	ㄑㄧㄡ	ciu(ㄘㄧㄡ)
牵谦,钤乾虔,遣,欠歉	ㄑㄧㄢ	kian(ㄑㄧㄢ)
迁千签籤,前钱潜,浅,情	ㄑㄧㄢ	cian(ㄘㄧㄢ)
钦衾,琴勤芹禽	ㄑㄧㄣ	kin(ㄑㄧㄣ)
亲侵,秦,寝,沁	ㄑㄧㄣ	cin(ㄘㄧㄣ)
羌腔,强,镪	ㄑㄧㄤ	kiang(ㄑㄧㄤ)
枪锵,墙戕,抢,呛	ㄑㄧㄤ	ciang(ㄘㄧㄤ)
轻卿倾,擎黥,顷,馨庆	ㄑㄧㄥ	king(ㄑㄧㄥ)
清青,情晴,请	ㄑㄧㄥ	cing(ㄘㄧㄥ)
区躯,曲屈渠衢劬,去	ㄑㄩ	ky(ㄑㄩ)
趋,取娶,趣	ㄑㄩ	cy(ㄘㄩ)
圈,拳权,犬畎,劝券	ㄑㄩㄢ	kyan(ㄑㄩㄢ)
泉全痊诠铨	ㄑㄩㄢ	cyan(ㄘㄩㄢ)

　　北拉的 ki 和 ci 的分别,和上文 gi、zi 的分别一样,是合于古音系统的。潮州人把第一类的字念成ㄎ(如"欺"念ㄎㄧ),第二类的字念成舌叶的ㄑ',其音在ㄑ与ㄘ之间(如"妻"念ㄑㄧ);客家人把第一类的字也读为ㄎ,但第二类的字则读为ㄘ(如"妻"念ㄘㄧ);广府人把第一类的字读成ㄏ或ㄎ(如"牵"念ㄏㄧㄣ,"躯"念ㄎㄜㄩ),第二类的字读成ㄑ'(如"妻"念ㄑ'ㄞ)。总之两类是不混的。

　　海南人注意:这里吐气音又来了。应该分别ㄑ和ㄒ,不可相混。例如：

起来	勿读如"喜来"；	秋收	勿读如"休收"；
茄子	勿读如"鞋子"；	母亲	勿读如"母心"；
取巧	勿读如"娶小"；	打拳	勿读如"打旋"。

ㄒ

ㄒ可说是舌面的ㄙ，发音的时候，舌面翘起，和硬腭中部接近，就发得出这一个声音。广东人发这一个音很不正确，因为他们是用舌叶，没有用舌面的缘故。

广州人容易把ㄒ和ㄙ相混，又和ㄕ相混。客家人和潮州人好些，但三者的界限也不十分清楚。应该先学好了ㄙ和ㄕ，然后三者的界限分得开。

普通话的ㄒㄧ，在北方话拉丁化分为 xi- 和 si- 两种，例如：

例字	普通话	北拉
奚希溪羲吸，喜，系戏隙	ㄒㄧ	xi（ㄒㄧ）
西犀昔息，习席，洗，细夕	ㄒㄧ	si（ㄙㄧ）
歇鞋谐协挟，蟹，血械懈	ㄒㄧㄝ	xie（ㄒㄧㄝ）
斜邪，写，卸谢泻屑燮	ㄒㄧㄝ	sie（ㄙㄧㄝ）
哮枵枭，学，晓，效校孝	ㄒㄧㄠ	xiao（ㄒㄧㄠ）
消萧削，小，啸肖笑	ㄒㄧㄠ	siao（ㄙㄧㄠ）
休，朽，臭嗅	ㄒㄧㄡ	xiu（ㄒㄧㄡ）
修羞，秀袖绣	ㄒㄧㄡ	siu（ㄙㄧㄡ）
掀，贤咸闲，险显，现县限	ㄒㄧㄢ	xian（ㄒㄧㄢ）
先仙鲜，跣，线羡霰	ㄒㄧㄢ	sian（ㄙㄧㄢ）
欣昕歆，莘	ㄒㄧㄣ	xin（ㄒㄧㄣ）
新心辛薪，信	ㄒㄧㄣ	sin（ㄙㄧㄣ）
乡香，降，享饷响，向巷项	ㄒㄧㄤ	xiang（ㄒㄧㄤ）
相襄湘，祥详，想，象	ㄒㄧㄤ	siang（ㄙㄧㄤ）
兴馨，形型行，幸杏	ㄒㄧㄥ	xing（ㄒㄧㄥ）

例字	普通话	北拉
星腥,醒,姓性	ㄒㄧㄥ	sing(ㄙㄧㄥ)
虚,许,煦诩	ㄒㄩ	xy(ㄒㄩ)
须需,徐,壻序叙绪絮	ㄒㄩ	sy(ㄙㄩ)
轩,玄悬,炫	ㄒㄩㄢ	xyan(ㄒㄩㄢ)
宣,旋,选,渲	ㄒㄩㄢ	syan(ㄙㄩㄢ)
勋薰,训	ㄒㄩㄣ	xyn(ㄒㄩㄣ)
循旬巡荀寻,迅徇逊巽	ㄒㄩㄣ	syn(ㄙㄩㄣ)

　　无论依照古音,或依照广东各地的语音,这两类字都应该是有分别的。但是我们既以北京音为标准音,就不需要有这一种分别;分开尖团字在北京人听来是矫揉造作。

七　声母的讨论(六)

ㄍ

　　ㄍ是舌根音,发音的时候,舌根翘起,抵着软腭,广府人、客家人、潮州人和海南人发这一个音都没有困难。

　　但是请客家人注意,有少数去声字,普通话读为ㄍ的,客家话读为ㄎ。客家人学普通话的时候,必须改变过来,例如:

　　跪拜　　读如"贵拜",勿读如"愧拜";
　　共产　　读如"贡产",勿读如"控产"。

ㄎ

　　ㄎ是ㄍ的吐气音,发音部位和ㄍ完全相同。广府人、客家人和潮州人发这一个音都没有困难。

　　但是,请广府人注意,普通话里念ㄎ的字,一部分在广府话里变了ㄏ,一部分变了ㄈ,只剩一小部分保存着ㄎ音。因此广府人学普通话的时候,须矫正过来,例如:

　　口　　　读ㄎㄡ,勿读ㄏㄡ;
　　堪　　　读ㄎㄢ,勿读ㄏㄢ;

凯　　　　　读ㄎㄞ,勿读ㄏㄞ;与"海"混;

康　　　　　读ㄎㄤ,勿读ㄏㄤ;

苦枯库　　　读ㄎㄨ,勿读ㄈㄨ;

快块　　　　读ㄎㄨㄞ,勿读ㄈㄞ;

困　　　　　读ㄎㄨㄣ,勿读ㄈㄣ;

宽　　　　　读ㄎㄨㄢ,勿读ㄈㄨㄢ;

科课　　　　读ㄎㄜ,勿读ㄈㄜ。

　　海南人学普通话的ㄎ也会变了ㄏ,但很少是变ㄈ的。ㄎ是吐气音,请海南人特别注意学习。

ㄏ

　　ㄏ是舌根音,它的发音部位和ㄍ、ㄎ完全相同,但是舌根不塞住软腭,而是造成极狭的孔道,让气息挤了出来。俄文字母 x 就是这一个音。广东人不具备这一个音,只有一个类似的音,就是 h(等于英文的 h),因此,无论是广府人、客家人、潮州人或海南人,学习这个ㄏ是不容易正确的。

　　但是,既然颇为相似(h 是喉音,和舌根相近),普通话里又不是这两种音同时存在的,广东人以 h 代ㄏ,情形自然并不严重。若要学会了ㄏ,就请细心听北方人发音(苏北的人也行),慢慢模仿,也就会了。

　　除了ㄏ之外,普通话里还有一个声母,我姑且把它写做ㄏ'。ㄏ'的部位和ㄏ差不多相同,但当发ㄏ'音时,声带同时颤动,例如"饿"字应该标作ㄏ'ㄜ。

　　这一个声母只在ㄜ、ㄞ、ㄠ、ㄡ、ㄢ、ㄤ、ㄣ的前面出现,例如:

鹅俄蛾额,饿恶鄂噩扼　　　　ㄏ'ㄜ

哀挨,捱,矮蔼,艾爱碍隘　　　ㄏ'ㄞ

熬翱,袄,傲奥拗　　　　　　　ㄏ'ㄠ

欧讴鸥,偶藕呕　　　　　　　　ㄏ'ㄡ

安庵谙,岸按案暗　　　　　　　ㄏ'ㄢ

昂	ㄏㄤ
恩	ㄏㄣ

为什么注音字母和北方话拉丁化都没有替它制定符号呢？因为这是一个赘音；假使不用它，单念ㄜ、ㄞ、ㄠ、ㄡ、ㄢ、ㄤ、ㄣ，也一样地听得懂，而且不至于和别的字相混。那么我们该不该模仿北京人的ㄏ呢？关于这个问题，要看你是否希望学到十足的北京话。这ㄏˊ可以说是北京话的装饰品，虽然没有用处，却是令人听了舒服的。

广州人对于这些字，除了"恩"念ㄢ之外，一律加上一个声母，即注音字母的ㄫ。当他们学习普通话的时候，"鹅"读如ㄫㄜ，"爱"读如ㄫㄞ，"傲"读如ㄫㄠ，"欧"读如ㄫㄡ，"安"读如ㄫㄢ，"昂"读如ㄫㄤ，这又未免太过。与其加ㄫ，不如取消，单剩一个元音起头就好了。

这里附带谈一谈"我"字，它虽然还保存一个读书音ㄜˇ（ㄏˊㄜˇ），但是普通总是念ㄨㄛ。因此，在普通话里，"我"字念ㄫㄛ是不对的。

八　韵母的讨论（一）

ㄚ、ㄧㄚ、ㄨㄚ

韵母ㄚ和ㄨㄚ，学起来没有困难。但是广州人学得往往不十分像，因为嘴张得不够大，舌不够平（舌应该平伏如静止状态）。

ㄧㄚ学起来较难，尤其是广州人，因为广州话里没有韵母ㄧㄚ，所以往往用ㄚ来替代。应该注意的是：

家嘉加	勿读如"渣"（ㄐㄚ）；
架价嫁	勿读如"诈"（ㄐㄚˋ）；
虾	勿读如"沙"（ㄒㄧㄚ）；
下夏	勿读如"沙"去声（ㄒㄧㄚˋ）。

反过来说，依普通话的眼光看来，客家话的ㄧㄚ却嫌太多了。有些在客家话里读ㄧㄚ的字，在普通话里却读为ㄧㄝ。注意下面的一些例子：

姐借　　　　　读ㄐㄧㄝ,勿读ㄗㄧㄚ;

藉　　　　　　读ㄐㄧㄝ,勿读ㄑㄧㄚ;

且　　　　　　读ㄑㄧㄝ,勿读ㄑㄧㄚ;

茄　　　　　　读ㄑㄧㄝ,勿读ㄎㄧㄚ;

些,写,泻卸　　读ㄒㄧㄝ,勿读ㄙㄧㄚ;

斜邪,谢榭　　　读ㄒㄧㄝ,勿读ㄙㄧㄚ。

此外,还有一些字在客家话里念ㄚ韵,而在普通话里念ㄜ韵,客家人学普通话时也应该注意:

遮,者蔗　　　　　　读ㄓㄜ,勿读ㄓㄚ;

车,扯　　　　　　　读ㄔㄜ,勿读ㄔㄚ;

赊奢,蛇,捨,舍射社赦　读ㄕㄜ,勿读ㄕㄚ。

常听见客家人学普通话,"社会主义"变了"沙废主义",这是不对的。

入声字,依广东话是收音于-p、-t、-k(俄文-п、-т、-к)的,普通话没有入声,这些入声字有一部分跑到了ㄚ、ㄧㄚ、ㄨㄚ韵里来。因此广东人学普通话的时候应该注意:

例字	应读	广州人勿读	客家人勿读	潮州人勿读
八捌,拔钹	ba(ㄅㄚ)	bat	bat	bak
发伐,罚乏,发	fa(ㄈㄚ)	fat	fat	fak
法	fa(ㄈㄚ)	fat	fap	huak
达怛	da(ㄉㄚ)	dat	tat	tak
答搭	da(ㄉㄚ)	dap	dap	dap
獭挞	ta(ㄊㄚ)	tat	tat	tak
塌,塔,榻	ta(ㄊㄚ)	tap	tap	tap
纳衲	na(ㄋㄚ)	nap	nap	nap
辣	la(ㄌㄚ)	lat	lat	lak
蜡腊	la(ㄌㄚ)	lap	lap	lap
夹,颊,甲	gia(ㄐㄧㄚ)	gap	gap	gap

例字	应读	广州人勿读	客家人勿读	潮州人勿读
瞎,辖黠	xia（ㄒㄧㄚ）	hat	hat	hak
吓	xia（ㄒㄧㄚ）	hak	hak	hak
侠狭峡匣	xia（ㄒㄧㄚ）	hap	hap	hap
札扎	zha（ㄓㄚ）	zhat	zat	zak
察,刹	cha（ㄔㄚ）	chat	cat	cak
闸	zha（ㄓㄚ）	zhap	cap	zak
插	cha（ㄔㄚ）	chap	cap	cap
杀,煞	sha（ㄕㄚ）	shat	sat	sak
杂	za（ㄗㄚ）	zap	cap	zap
擦	ca（ㄘㄚ）	cat	cat	cak
撒萨	sa（ㄙㄚ）	sat	sat	sak
压	ia（ㄧㄚ）	at	at	iap
鸭	ia（ㄧㄚ）	ap	ap	ap
挖	ua（ㄨㄚ）	uat	uat	uak
袜	ua（ㄨㄚ）	mat	mat	muak
刮	gua（ㄍㄨㄚ）	guat	guat	guak
滑	xua（ㄏㄨㄚ）	wat	wat	wak
划	xua（ㄏㄨㄚ）	wak	wak	wak

　　广东人学普通话,首先要消灭入声,即免除了-p、-t、-k 这三种尾巴。咱们必须读"鸭"如"鸦",读"甲"如"假",读"八"如"巴",读"纳"如"那"。这样读音,自己听来很不顺耳,但北方人听来却最顺耳。假使维持着-p、-t、-k 这三种尾巴,自己觉得很舒服了,而北方人听来却很刺耳了。

ㄝ、ㄩㄝ

　　在普通话里,除感叹词外,没有单纯的ㄝ。

　　但是,ㄝ的发音部位是值得描写的。学会了ㄝ之后,ㄧㄝ 和 ㄩㄝ就可以由此类推了。发ㄝ音的时候,舌的前部翘起,和ㄚ的姿势不同。注意维持始终不变的状态,否则容易变为ㄟ音。

ㄧㄝ,是ㄝ前面加一个短弱的ㄧ。广州人容易忽略了这短弱的ㄧ,例如"写",广州人往往念ㄙㄝ,不念ㄒㄧㄝ;应矫正。

ㄩㄝ,是ㄝ前面加一个短弱的ㄩ。这个音对于广东人更是困难。客家人和潮州人根本没有圆唇的ㄩ;广州人虽有ㄩ,却没有ㄩㄝ韵,例如"略"字应该读ㄌㄩㄝ,广东人学得不好就读成 liak 或 liok,学得好的也不过读成ㄌㄝ。这个音的训练,是需要相当时间的。

入声字在普通话里也有念ㄧㄝ和ㄩㄝ的。广东人学普通话的时候应该注意:

例字	应读	广州人勿读	客家人勿读	潮州人勿读
鳖,弊	bie(ㄅㄧㄝ)	bit	biet	biek
别	bie(ㄅㄧㄝ)	bit	piet	piek
撇,瞥	pie(ㄆㄧㄝ)	pit	piet	piek
灭蔑	mie(ㄇㄧㄝ)	mit	miet	miek
蝶碟谍叠	die(ㄉㄧㄝ)	dip	tiep	diep
跌	die(ㄉㄧㄝ)	dit	diet	diek
迭瓞耋	die(ㄉㄧㄝ)	dit	diet	diek
贴,帖铁	tie(ㄊㄧㄝ)	tit	tiet	tiek
捏,臬孽陧	nie(ㄋㄧㄝ)	nit	niet	niek
列烈裂劣	lie(ㄌㄧㄝ)	lit	liet	liek
猎鬣	lie(ㄌㄧㄝ)	lip	liep	liep
揭,洁结	gie(ㄐㄧㄝ)	ghit	ghiet	ghiek
杰竭	gie(ㄐㄧㄝ)	ghit	khiet	ghiek
劫	gie(ㄐㄧㄝ)	ghit	ghiep	ghiep
节	gie(ㄐㄧㄝ)	zit	ziet	ziek
截	gie(ㄐㄧㄝ)	zit	ciet	ziek
接	gie(ㄐㄧㄝ)	zip	ziep	ziep
捷	gie(ㄐㄧㄝ)	zip	ciep	ziep

例字	应读	广州人勿读	客家人勿读	潮州人勿读
切,窃	kie(ㄑㄧㄝ)	cit	ciet	ciet
妾	kie(ㄑㄧㄝ)	cip	ciep	ciep
歇	xie(ㄒㄧㄝ)	hit	hiet	hiek
协叶胁挟	xie(ㄒㄧㄝ)	hip	hiep	hiep
泄屑亵	xie(ㄒㄧㄝ)	sit	siet	siek
叶页	ie(ㄧㄝ)	ip	iep	iep
业邺	ie(ㄧㄝ)	ip	gniep	ngiep
决诀	gye(ㄐㄩㄝ)	khyt	ghiet	ghuak
掘崛	gye(ㄐㄩㄝ)	ghuat	khiut	khuk
绝	gye(ㄐㄩㄝ)	zyt	ciet	cuak
缺阙	kye(ㄑㄩㄝ)	khyt	khiet	khiek
穴	xye(ㄒㄩㄝ)	yt	hiet	huak
血(读书音)	xye(ㄒㄩㄝ)	hyt	hiet	hiek
越悦阅钺粤	ye(ㄩㄝ)	yt	iet	uak
月	ye(ㄩㄝ)	yt	gniet	iek

　　咱们必须读"接"如"嗟",读"协"如"鞋",然后合于北音无入声的规矩。因此-p、-t、-k 这三个尾巴是必须去掉的。

　　有些字,依旧字典本来该念ㄧㄝ或ㄧㄝ韵的(这里不想作详细说明),但普通话把它们读入ㄩㄝ韵了。这非但是客家人和潮州人意料不到,连广州人也许还意料不到,例如:

　　觉角脚(皆读书音)ㄐㄩㄝ　　　　爵爝ㄐㄩㄝ

　　确壳ㄑㄩㄝ　　　　却ㄐㄩㄝ　　　　怯(口语音)ㄑㄩㄝ

　　鹊雀(读书音)ㄑㄩㄝ

　　薛ㄒㄩㄝ　　　　学ㄒㄩㄝ　　　　削(读书音)ㄒㄩㄝ

　　约ㄩㄝ　　　　乐(音乐)岳ㄩㄝ　　　　药(读书音)跃籥ㄩㄝ

　　反过来说,"血"字依字典本该读ㄒㄩㄝ,现在读书音还是这样,然而在口语里却变了ㄒㄧㄝ了。

I

　　发 I 音的时候,舌的前部翘起最高。广东人的 I 音部位似乎不够高。不过听起来是没有什么大分别的。

　　跟 Iせ、Uせ一样,普通话的 I 韵也包括着许多古入声字。广东人依照古音把它们念为入声,即收音于-p、-t、-k;现在学普通话了,应该把入声取消了,例如:

例字	应读	广州人勿读	客家人勿读	潮州人勿读
笔,毕	bi(ㄅ丨)	bit	bit	bik
逼,壁碧璧	bi(ㄅ丨)	bik	bit	bik
必	bi(ㄅ丨)	biet	bit	bik
匹	pi(ㄆ丨)	pit	pit	pik
劈霹,僻辟	pi(ㄆ丨)	pik	pit	pik
密泌蜜谧	mi(ㄇ丨)	mit	mit	mik
觅幂	mi(ㄇ丨)	mik	mit	mik
滴,的	di(ㄉ丨)	dik	dit	dik
笛迪狄敌涤	di(ㄉ丨)	dik	tit	dik
剔踢,惕逖	ti(ㄊ丨)	tik	tit	tik
栗溧	li(ㄌ丨)	lit	lit	lik
力历沥砾栎	li(ㄌ丨)	lik	lit	lik
立笠粒	li(ㄌ丨)	lip	lip	lip
吉	gi(ㄐ丨)	ghit	ghit	ghik
激,亟击,棘	gi(ㄐ丨)	ghik	ghit	ghik
急级汲岌	gi(ㄐ丨)	ghip	ghip	ghip
极	gi(ㄐ丨)	ghik	ghit	ghik
疾嫉蒺	gi(ㄐ丨)	zit	cit	zik
迹积绩即脊	gi(ㄐ丨)	zik	zit	zik
籍藉,寂	gi(ㄐ丨)	zik	cit	zik
集	gi(ㄐ丨)	zip	cip	zip

例字	应读	广州人勿读	客家人勿读	潮州人勿读
及	gi（ㄐㄧ）	ghip	khip	ghip
楫辑戢	gi（ㄐㄧ）	zip	cip	cip
乞	ki（ㄑㄧ）	kit	kit	kik
泣	ki（ㄑㄧ）	kip	kip	kip
七漆	ki（ㄑㄧ）	cit	cit	cik
戚	ki（ㄑㄧ）	cik	cit	cik
缉葺	ki（ㄑㄧ）	cip	cip	cip
悉膝	xi（ㄒㄧ）	sit	sit	sik
析昔息	xi（ㄒㄧ）	sik	sit	sik
夕	xi（ㄒㄧ）	zik	sit	sik
习袭	xi（ㄒㄧ）	zip	sip	sip
吸	xi（ㄒㄧ）	xip	khip	khip
乙	i（ㄧ）	it	it	ik
益亿抑	i（ㄧ）	ik	it	ik
翼亦译	i（ㄧ）	ik	it	ik
邑	i（ㄧ）	ip	ip	ip
逸佾	i（ㄧ）	it	it	ik

ㄛ、ㄨㄛ

ㄛ是所谓后元音，即舌的后部翘起，向着软腭。广州人和客家人学这个音没有问题，潮州人学的时候，应该比潮州话"桃"（ㄊㄛ）字的舌头部位更高些。ㄨㄛ是ㄛ的前面加一个短弱的ㄨ。

在普通话里，除ㄅ、ㄆ、ㄇ、ㄈ后面用ㄛ外，只有ㄨㄛ音，没有ㄛ音（严格地说，ㄅ、ㄆ、ㄇ、ㄈ后面也近似ㄨㄛ音）。广东人应该注意的是：有许多字，广东人念ㄛ的（或学普通话时这样念），在普通话里应该改为ㄨㄛ，例如：

　　多，夺铎，朵，堕惰　　　　读ㄉㄨㄛ，勿读ㄉㄛ；

　　拖托脱，驼陀，妥，唾拓　　读ㄊㄨㄛ，勿读ㄊㄛ；

挪傩,糯懦诺	读ㄋㄨㄛ,勿读ㄋㄛ；
罗螺骡,裸,洛	读ㄌㄨㄛ,勿读ㄌㄛ；
桌捉,浊酌濯卓	读ㄓㄨㄛ,勿读ㄓㄛ；
戳,绰辍	读ㄔㄨㄛ,勿读ㄔㄛ；
说,朔烁	读ㄕㄨㄛ,勿读ㄕㄛ；
若弱	读ㄖㄨㄛ,勿读ㄖㄛ；
昨,作	读ㄗㄨㄛ,勿读ㄗㄛ；
磋,错挫	读ㄘㄨㄛ,勿读ㄘㄛ；
梭唆蓑,锁所索	读ㄙㄨㄛ,勿读ㄙㄛ。

有许多古入声字,在普通话里都变了别的声调。例如上文所举,"脱托桌捉戳说"变了阴平,"夺铎浊酌濯卓昨"变了阳平,"索"变了上声,"拓诺洛绰辍朔烁若弱作"变了去声,于是-p、-t、-k 的尾音都失掉了。同理还有下面的一些例字:

钵拨剥ㄅㄛ	帛伯勃博薄ㄅㄛ
泼ㄆㄛ	迫粕魄ㄆㄛ
摸ㄇㄛ	末莫墨陌没默ㄇㄛ
佛ㄈㄛ	

ㄛ

这个韵母,依一般的说法,是等于英文 number 中的 e,又等于潮州"余"字的声音。因此,潮州人学这种韵母较为容易。广东人学英文 number 等字的 e 音往往学不像,因此,学普通话的ㄛ就颇为困难了。

严格地说,普通话的ㄛ也并不像英文的 e 音或潮州的"余"字音。它发音的时候,舌头部位经过一些变化:舌的后部翘起,先翘得高些,再放低些,嘴唇不圆。这些是别处人学普通话最不容易学像的一个声音。

北方话拉丁化里没有这个ㄛ音。凡普通话里的ㄛ,在北拉里是 o 或 e。北拉读 o 的,例如:

例字	普通话	北拉
阿（山阿），鹅，饿恶愕鄂	ㄜ	o（ㄛ）
哥戈歌割搁，个各	ㄍㄜ	go（ㄍㄛ）
科苛柯棵颗瞌，渴可，课	ㄎㄜ	ko（ㄎㄛ）
呵喝，禾和何河荷合盍曷，贺	ㄏㄜ	ox（ㄏㄛ）
乐（欢乐）	ㄌㄜ	lo（ㄌㄛ）

北拉读 e 的，例如：

例字	普通话	北拉
责则择泽，仄昃	ㄗㄜ	ze（ㄗㄝ）
侧测恻策册	ㄘㄜ	ce（ㄘㄝ）
色塞嗇穑瑟	ㄙㄜ	se（ㄙㄝ）
德得	ㄉㄜ	de（ㄉㄝ）
特忒慝	ㄊㄜ	te（ㄊㄝ）
讷呢（助词）	ㄋㄜ	ne（ㄋㄝ）
勒嘞	ㄌㄜ	le（ㄌㄝ）
遮螫，折辙哲蛰，者，蔗浙	ㄓㄜ	zhe（ㄓㄝ）
车，扯，彻澈撤掣坼	ㄔㄜ	che（ㄔㄝ）
奢赊，蛇舌，捨，射社舍设涉	ㄕㄜ	she（ㄕㄝ）
惹，热	ㄖㄜ	rhe（ㄖㄝ）
额，扼厄阨轭遏	ㄜ	e（ㄝ）
格骼隔革	ㄍㄜ	ge（ㄍㄝ）
克客尅刻咳	ㄎㄜ	ke（ㄎㄝ）
核劾阂，赫嚇	ㄏㄜ	xe（ㄏㄝ）

由此看来，ㄍ、ㄎ、ㄏ、ㄌ后面的ㄜ和无声母的ㄜ在北拉里是ㄛ或ㄝ；但ㄉ、ㄊ、ㄋ、ㄗ、ㄘ、ㄙ、ㄓ、ㄔ、ㄕ、ㄖ后面的ㄜ在北拉里一律是ㄝ。这在古音系统上都可以找出解释的。

由上文可以看出：许多古入声字已经失去了-p、-t、-k 的收音而归入ㄜ韵去了。因此，广东人学普通话的时候，应该避免-p、-t、-k 的收音。

ㄨ

韵母ㄨ的发音部位,是后部元音最高部位。发音的时候,舌的后部翘向软腭,翘得比ㄛ的部位更高。一般说起来,广东人发这个音没有什么困难;但广州话里,ㄅ、ㄆ、ㄇ、ㄉ、ㄊ、ㄋ、ㄌ的后面都没有ㄨ出现,因此,广州人必须学会了说ㄅㄨ、ㄆㄨ、ㄇㄨ、ㄉㄨ、ㄊㄨ、ㄋㄨ、ㄌㄨ等,例如:

补	读ㄅㄨˇ,勿读ㄅㄠˇ,与"保"混;	
蒲葡	读ㄆㄨ,勿读ㄆㄠ,与"袍"混;	
暮慕募墓	读ㄇㄨ,勿读ㄇㄠ,与"帽"混;	
度渡杜妒	读ㄉㄨ,勿读ㄉㄠ,与"道"混;	
徒涂图屠	读ㄊㄨ,勿读ㄊㄠ,与"桃"混;	
怒	读ㄋㄨ,勿读ㄋㄠ,与"闹"混;	
鲁虏卤	读ㄌㄨˇ,勿读ㄅㄠˇ,与"老"混。	

参看广州人怎样学习普通话(二)"布告"与"报告"。

其次,咱们应该注意的是:许多古入声字,都失去了-p、-t、-k 的收音,而并入ㄨ韵了,例如:

bu(ㄅㄨ)	卜,不;
pu(ㄆㄨ)	扑仆,璞,朴;
mu(ㄇㄨ)	木沐幕目牧穆睦;
fu(ㄈㄨ)	福服伏弗,腹覆复馥;
du(ㄉㄨ)	督,毒读牍渎独;
tu(ㄊㄨ)	秃突;
lu(ㄌㄨ)	禄录箓鹿麓戮陆;
gu(ㄍㄨ)	骨榖彀谷鹄,梏;
ku(ㄎㄨ)	哭窟,酷;
xu(ㄏㄨ)	忽,斛毂,笏;
zhu(ㄓㄨ)	竹竺烛逐,嘱,祝筑;
chu(ㄔㄨ)	出絀,畜触蠢黜;

shu(ㄕㄨ) 叔菽淑,孰熟塾赎,属蜀,述术束;

rhu(ㄖㄨ) 辱褥缛蓐入肉(读书音);

zu(ㄗㄨ) 卒族足;

cu(ㄘㄨ) 促蹴簇蹙猝;

su(ㄙㄨ) 俗,速宿夙粟谡肃;

u(ㄨ) 屋,物勿。

广东人学普通话的时候,请勿再念促音(入声),例如“物”字应读如“务”,不应读为ut。

有少数字,本该读入ㄨ韵的,现代北京话读入了ㄨㄛ韵,或者有ㄨ和ㄨㄛ两种读法。例如:

措(措施) 依旧字典该读ㄘㄨˋ(=醋),今读ㄘㄨㄛˋ(=挫);

缩 依旧字典该读ㄙㄨˋ(=谡),今读ㄙㄨㄛ(=梭);

所 依旧字典该读ㄕㄨˇ(=数),今读ㄙㄨㄛˇ(=锁);

沃 依旧字典该读ㄨˋ,今读ㄨㄛˋ,偶亦读ㄨˋ。

ㄩ

先发ㄧ音,保持着舌的部位不变,只把嘴唇变成极圆,这就是ㄩ音。有人说ㄩ是ㄧ和ㄨ的合音,这可说是对的,因为它的舌头部位是ㄧ,而圆唇程度是ㄨ;但是,千万别误会,以为先发一个ㄧ音,后发一个ㄨ音,那样只能构成复合元音ㄧㄨ,并非ㄩ音。

广州人学ㄩ音没有问题,但是广东南路有些区域就有问题了。客家人、潮州人和海南人都应该特别留心学习,因为客家话、潮州话和海南话里本来没有这种音,例如:

例字	应读	客家人勿读	潮州人勿读	海南人勿读
女	ㄋㄩ	ㄏㄧ	ㄋㄨ	ㄋㄨ
驴,吕屡履,虑律绿	ㄌㄩ	ㄌㄧ	ㄌㄨ	ㄌㄨ
居拘,局,矩举,巨距具	ㄐㄩ	ㄐㄧ	ㄍㄨ	ㄍㄨ
聚	ㄐㄩ	ㄘㄧ	ㄗㄨ	ㄗㄨ
虚,许诩,旭勖	ㄒㄩ	ㄒㄧ	ㄏㄨ	ㄏㄨ

例字	应读	客家人勿读	潮州人勿读	海南人勿读
须需胥,序叙绪恤	ㄒㄩ	ㄙㄩ	ㄙㄨ	ㄙㄨ
区躯曲,渠衢,去	ㄑㄩ	ㄑㄧ	ㄎㄨ	ㄎㄨ
趋,取,趣	ㄑㄩ	ㄘㄧ	ㄘㄨ	ㄘㄨ
于余俞,羽,裕豫	ㄩ	ㄧ	ㄨ	ㄨ
愚隅娱鱼,语,御	ㄩ	ㄏㄧ	ㄨ	ㄨ

　　由普通话的眼光看来,广州话里的ㄩ却又嫌太多了。因为有些广州话里ㄩ韵的字,普通话里读ㄨ不读ㄩ,例如:

　　朱猪,主,著　　　读ㄓㄨ,勿读ㄐㄩ;

　　厨,杵,处　　　　读ㄔㄨ,勿读ㄑㄩ;

　　书舒,鼠,庶　　　读ㄕㄨ,勿读ㄒㄩ。

　　但是,有些在广州话里读入ㄜㄩ韵的字(这是广州特有的韵),普通话里却该读入ㄩ韵,例如:

　　需须胥,徐,绪絮　读ㄒㄩ,勿读ㄕㄜㄩ;

　　趋,取,趣　　　　读ㄑㄩ,勿读ㄔㄜㄩ;

　　驴,吕侣屡履,虑　读ㄌㄩ,勿读ㄌㄜㄩ。

　　一部分入声字,失掉尾音-t、-k 之后,变到ㄩ韵里来了,例如:

　　ㄌㄩ　　　　律率(速率)绿;

　　ㄋㄩ　　　　衄恧;

　　ㄐㄩ　　　　局菊掬鞠桔,剧;

　　ㄑㄩ　　　　屈曲麴,阒;

　　ㄒㄩ　　　　戍,恤洫旭勖续畜蓄;

　　ㄩ　　　　　玉域阈浴欲毓育郁昱聿狱。

　　广东人说普通话的时候,必须避免加上-t、-k 这两个尾音。

　　依从前的字典而论,普通话ㄩ韵有两个字是读错了的:第一个是"婿"字,依旧字典是与"细"同音,本当读作ㄒㄧ,但是现在普通话读ㄒㄩ;第二个是"剧"字,依字典是与"屐"同音,本当读作ㄐㄧ,但是现在普通话读作ㄐㄩ(偶然也有人读作ㄐㄧ,但是并不普遍)。这两个字的误读大约是由于类推的错误："壻"字从"胥"，去声，因此就读为"胥"字的去声；"劇"字从"豦"，和"據"字的声符相同，因此就读为"據"音了。既然习惯了，现在也就不必改正了。

又有两个字，依旧字典虽可读入ㄨ韵，但若依普通话系统，读入ㄩ韵也未尝不可。第一个是"续"字，依旧字典是与"俗"同音，"俗"字既然念ㄙㄨ，"续"字也该可以念ㄙㄨ，然而实际上后者念ㄒㄩ；第二个是"绿"字，依旧字典与"录"同音，"录"字念ㄌㄨ，"绿"字也该可以念ㄌㄨ，然而实际上后者念ㄌㄩ。我不是想要纠正这两个字的读音；相反地，我是希望提请广东人特别注意，这两个字要按现在普通话的习惯念，别念错了。

九　韵母的讨论（二）

ㄞ、ㄨㄞ

ㄞ是复合元音之一种，其主要部分是ㄚ，后面跟着一个短弱的ㄧ。客家人和潮州人学普通话的ㄞ音都没有困难。广州人学起来，往往是嘴张得太大了些，舌头翘得高了些，音拖得太长了些，因为广州话里"街鞋"等字里面的ㄞ发音时，恰是比较普通话里的ㄞ部位高些，音长些。

ㄨㄞ是所谓三合元音，其主要部分仍旧是ㄚ，前面是短弱的ㄨ，后面是短弱的ㄧ。学会了ㄞ，再学ㄨㄞ就不难了。

广州话和客家话读入ㄛㄧ韵的字，在普通话一律读ㄞ；普通话里没有ㄛㄧ，千万不可在普通话里再用ㄛㄧ韵，那是很刺耳的。例如：

哀，霭，爱	读ㄞ，勿读ㄛㄧ；
代袋黛待怠	读ㄉㄞ，勿读ㄉㄛㄧ或ㄊㄛㄧ；
灾哉，宰，再载在	读ㄗㄞ，勿读ㄗㄛㄧ或ㄘㄛㄧ；
该赅，改，盖	读ㄍㄞ，勿读ㄍㄛㄧ；
开，凯，慨	读ㄎㄞ，勿读ㄎㄛㄧ或ㄏㄛㄧ；
孩，海，害亥	读ㄏㄞ，勿读ㄏㄛㄧ；

来　　　　　　　　　读ㄌㄞ，勿读ㄌㄟ；

奈耐　　　　　　　读ㄋㄞ，勿读ㄋㄟ；

胎，苔抬台　　　　读ㄊㄞ，勿读ㄊㄟ；

才财裁材，采，蔡菜　读ㄘㄞ，勿读ㄘㄟ。

尤其值得注意的是，广州话和客家话ㄞ韵的字，到了普通话里，倒反有一部分读到ㄝ韵里去了。因此，应该特别注意下列的一些例子：

街皆偕阶，解，界介届戒　读ㄐㄧㄝ，勿读ㄍㄞ；

鞋谐，蟹，懈械廨邂　读ㄒㄧㄝ，勿读ㄏㄞ。

剩下还有一个"大"字，广州人和潮州人读ㄉㄞ（音近"带"），客家人读ㄊㄞ（＝太），而普通话读ㄉㄚ（＝"打"去声）。这在普通话里是一个不规则的字。因为太常用了，大多数广东人都知道它的读音了。但仍有少数广府人念ㄉㄞ，少数客家人"大、太"不分，于是"太大"变了"太太"。这是必须矫正的。

有少数入声字走到ㄞ韵里，即变为非入声。但这些字都是口语的音，另有读书音和它们对立着的，虽然用的时候很少，例如：

例字	口语音	读书音	例字	口语音	读书音
白	ㄅㄞ	ㄅㄜ	翟	ㄓㄞ（姓）	ㄓㄜ
百伯柏	ㄅㄞ	ㄅㄜ	择	ㄓㄞ	ㄗㄜ
拍	ㄆㄞ	ㄆㄜ	窄	ㄓㄞ	ㄗㄜ
麦脉	ㄇㄞ	ㄇㄛ	拆	ㄔㄞ	ㄔㄜ
摘	ㄓㄞ	ㄓㄜ	色	ㄕㄞ	ㄙㄜ
宅	ㄓㄞ	ㄓㄜ			

此外，还有一个"还"字，当它用为副词，当"尚"字讲（如"他还没有来"）的时候，是念ㄏㄞ不念ㄏㄨㄢ的。

ㄟ、ㄨㄟ

ㄟ也是复合元音之一种，其主要部分是ㄝ，后面跟着一个短弱的ㄧ。潮州话里没有这个音，因此潮州人学普通话时，对于ㄟ音应该特别注意：

卑碑杯悲，贝倍备背　　　　读ㄅㄟ，勿读ㄅㄨㄟ；

培陪赔，配佩沛　　　　　　读ㄆㄟ，勿读ㄆㄨㄟ；

眉枚媒梅，美每，媚妹　　　读ㄇㄟ，勿读ㄇㄨㄟ；

飞妃非，匪，肺废吠沸费　　读ㄈㄟ，勿读ㄏㄨㄟ；

雷赢，累，类泪　　　　　　读ㄌㄟ，勿读ㄌㄨㄟ；

馁，内　　　　　　　　　　读ㄋㄟ，勿读ㄋㄨㄟ。

客家话里也没有ㄟ音。有些客家人把"卑碑备眉媚泪"等字读入ㄧ母，"杯悲贝倍培陪佩沛枚梅媒每美飞非雷累类馁内"等字读入ㄨㄟ母；另有些客家人，把"杯悲……媒每美"也都读入ㄧ母，只剩"雷累类内"等字是读ㄨㄟ母的。总之，客家人学普通话也要特别留心学习ㄟ韵。

广州人是有ㄟ韵的，甚至有些普通话念ㄧ的字，广州人也念ㄟ了（如：基ㄍㄟ、期ㄎㄟ、希ㄏㄟ、你ㄋㄟ、梨ㄌㄟ、地ㄉㄟ）。但真正和普通话相合的音却只有"卑碑悲备眉美媚飞非妃匪"等字，至于"杯贝倍背培配佩沛梅每妹"等字，广州人仍旧读入ㄨㄟ韵。依从前的字典说，读入ㄨㄟ韵是对的；但若依普通话说，就该改入ㄟ韵了。广州人"雷累类泪"读作ㄌㄜㄩ，"内"读作ㄋㄛㄧ，也应该改变过来。

广东人学普通话，最常犯的错误是把"雷"念成ㄌㄨㄟ，把"类"念成ㄌㄨㄟ，把"内"念成ㄋㄨㄟ，这是可以了解的，因为南方"官话"正是这样念法。但这是值得矫正的，因为咱们现在学的是普通话。

关于ㄨㄟ，严格地说，ㄨㄟ可以分为两类：第一类是没有声母或在ㄍ、ㄎ、ㄏ后面的ㄨㄟ，它表示ㄨ+ㄟ（uei），例如：

归鬼贵ㄍㄨㄟ　　　　　　　亏奎愧ㄎㄨㄟ

灰回毁会ㄏㄨㄟ　　　　　　威违委畏ㄨㄟ

第二类是在ㄉ、ㄊ、ㄓ、ㄔ、ㄕ、ㄖ、ㄗ、ㄘ、ㄙ后面的ㄨㄟ，它只表示ㄨ+ㄧ（ui），例如：

堆对ㄉㄨㄟ　　　　　　　推颓腿退ㄊㄨㄟ

追坠ㄓㄨㄟ　　　　　　　吹垂ㄔㄨㄟ

水税ㄕㄨㄟ　　　　　　　蕤蕊瑞ㄖㄨㄟ

嘴最ㄗㄨㄟ　　　　　　　崔粹ㄘㄨㄟ

绥随髓遂ㄙㄨㄟ

大致说来，ㄍ、ㄎ、ㄏ、ㄉ、ㄊ、ㄗ、ㄘ、ㄙ、ㄓ、ㄔ、ㄕ、ㄖ的后面有ㄨㄟ无ㄟ；ㄅ、ㄆ、ㄇ、ㄈ、ㄋ、ㄌ的后面有ㄟ无ㄨㄟ。

但是，有少数字（大部分是古入声字）是超出这个范围之外的，它们都是口语音，例如：

给ㄍㄟ　　黑ㄏㄟ　　　　　　　这（“这一”的急音）ㄓㄟ

谁ㄕㄟ（读书音念ㄕㄨㄟ）　　　贼ㄗㄟ（读书音念ㄗㄜ）

勒ㄌㄟ　　塞ㄙㄟ（读书音念ㄙㄜ）　北ㄅㄟ

广州人注意：广州话里无声母的字和ㄍ、ㄎ、ㄏ起首的字后面的ㄨㄟ不是真正的ㄨㄟ，只有一个ㄨㄞ，例如“桂”ㄍㄨㄞ、“愧”ㄎㄨㄞ、“卫”ㄨㄞ 等。ㄨㄞ和ㄨㄟ是有相当距离的：前者发ㄟ音时，是用舌的中部，后者发ㄟ音时，是用舌的前部；前者舌的部位低些，后者舌的部位高些。

ㄠ、ㄧㄠ

ㄠ是一个复合元音，其主要部分是ㄚ，后面跟着一个短弱的ㄨ。广州人发这个音往往不很正确，例如念一个“高”字，不是念像广州的“交”，就是念像广州的“鸠”。其实两个都不对。广州人念“交”时，嘴张得太大了，念“鸠”时，嘴又张得太小了，舌的部位也有不同。应该注意跟声学习。

ㄧㄠ是三合元音，就是在ㄠ前面加上一个短弱的ㄧ。广州人应该特别注意这一个短弱的ㄧ，因为这是违反广州人的习惯的。

大致说来，有这么一个情形：

ㄅ、ㄆ、ㄇ、ㄉ、ㄊ、ㄋ、ㄌ的后面有ㄠ，也有ㄧㄠ；

ㄍ、ㄎ、ㄏ和ㄗ、ㄘ、ㄙ、ㄓ、ㄔ、ㄕ、ㄖ的后面只有ㄠ，没有ㄧㄠ；

ㄐ、ㄑ、ㄒ的后面只有ㄧㄠ，没有ㄠ；

ㄈ的后面，既没有ㄠ，也没有ㄧㄠ。

例如：

敖袄傲ㄠ	腰摇要ㄧㄠ	包保报ㄅㄠ
标表ㄅㄧㄠ	抛袍跑炮ㄆㄠ	飘瓢票ㄆㄧㄠ
猫毛卯帽ㄇㄠ	苗秒庙ㄇㄧㄠ	刀倒到ㄉㄠ
雕钓ㄉㄧㄠ	滔陶讨套ㄊㄠ	挑条跳ㄊㄧㄠ
挠脑闹ㄋㄠ	鸟尿ㄋㄧㄠ	高稿告ㄍㄠ
考靠ㄎㄠ	蒿豪好浩ㄏㄠ	交狡轿ㄐㄧㄠ
敲侨巧窍ㄑㄧㄠ	萧晓笑ㄒㄧㄠ	招找照ㄓㄠ
抄巢吵ㄔㄠ	烧韶少绍ㄕㄠ	饶扰绕ㄖㄠ
遭早造ㄗㄠ	操曹草ㄘㄠ	骚扫臊ㄙㄠ

广州人注意：普通话里"饱保"同音，"嘲招"同音（口语里"嘲潮"同音），"矛毛"同音，"貌冒"同音，"豹报"同音。不是像广州话里分为两种声音的。

有一部分古入声字，口语里是念ㄠ、ㄧㄠ的，不过，它们还保存着读书音，例如：

例字	口语音	读书音	例字	口语音	读书音
剥	ㄅㄠ	ㄅㄛ	壳	ㄑㄧㄠ	ㄑㄩㄝ,ㄎㄜ
薄雹	ㄅㄠ	ㄅㄛ	削	ㄒㄧㄠ	ㄒㄩㄝ
摸	ㄇㄠ	ㄇㄛ	学	ㄒㄧㄠ（动词）	ㄒㄩㄝ
落烙(烙饼)	ㄌㄠ	ㄌㄨㄛ	着(着凉)	ㄓㄠ	ㄓㄨㄛ
鹤	ㄏㄠ	ㄏㄜ	着(睡着)	ㄓㄠ	ㄓㄨㄛ
郝	ㄏㄠ	ㄏㄜ	勺芍	ㄕㄠ	ㄕㄨㄛ
涸	ㄏㄠ	ㄏㄜ	凿	ㄗㄠ	ㄗㄨㄛ
嚼	ㄐㄧㄠ	ㄐㄩㄝ	药钥	ㄧㄠ	ㄩㄝ
脚角觉	ㄐㄧㄠ	ㄐㄩㄝ	疟	ㄧㄠ	ㄋㄩㄝ
鹊雀	ㄑㄧㄠ	ㄑㄩㄝ			

北方(不是北京)有人把"略"念成ㄌㄠ,把"约"念成ㄧㄠ,也是循着这个轨道进行的。

ㄡ、ㄧㄡ

ㄡ是一个复合元音,其主要部分是ㄛ,后面跟着一个短弱的ㄨ。广州人和潮州人发这一个音都不困难;有些客家区域的人却困难了,因为他们只会念ㄝㄨ,不会念ㄡ,例如"后"念成ㄏㄝㄨ,"够"念成ㄍㄝㄨ等,最好能够矫正。

ㄧㄡ看来像是ㄧ+ㄡ,实际上是ㄧ+ㄨ,而且主要部分在ㄧ的上头。拉丁化把它写成 iu 是比较合于事实的。

大致说来,有这么一个情形:

ㄆ、ㄈ、ㄊ、ㄕ、ㄘ、ㄙ、ㄓ、ㄔ、ㄕ、ㄖ、ㄍ、ㄎ、ㄏ的后面有ㄡ,没有ㄧㄡ;

ㄐ、ㄑ、ㄒ的后面有ㄧㄡ,没有ㄡ;

ㄇ、ㄉ、ㄋ、ㄌ的后面既有ㄡ,又有ㄧㄡ;

ㄅ的后面既没有ㄡ,又没有ㄧㄡ。

例如:

剖ㄆㄡ	谋ㄇㄡ	谬ㄇㄧㄡ	否ㄈㄡ
兜斗豆ㄉㄡ	丢ㄉㄧㄡ	偷头透ㄊㄡ	耨ㄋㄡ
妞牛纽ㄋㄧㄡ	楼篓陋ㄌㄡ	流柳熘ㄌㄧㄡ	勾狗购ㄍㄡ
抠口寇ㄎㄡ	侯吼后ㄏㄡ	鸠酒就ㄐㄧㄡ	秋球ㄑㄧㄡ
修朽秀ㄒㄧㄡ	周肘昼ㄓㄡ	抽愁丑臭ㄔㄡ	收手受ㄕㄡ
柔ㄖㄡ	邹走奏ㄗㄡ	凑ㄘㄡ	搜叟ㄙㄡ
欧偶怄ㄡ	悠游有右ㄧㄡ		

偶然有些ㄨ韵字混入ㄡ韵,例如"都"("皆"的意思)念ㄉㄡ,"露"(露面)念ㄌㄡ,都是口语音。

有一部分古入声字(现在广东仍读入声)已经变入ㄡ、ㄧㄡ韵里去了,但这只是口语音,仍旧是和读书音对立的,例如:

例字	口语音	读书音	例字	口语音	读书音
六	ㄌㄧㄡ	ㄌㄨ	轴妯	ㄓㄡ	ㄓㄨ
宿（如"一宿"）	ㄒㄧㄡ	ㄙㄨ	熟	ㄕㄡ	ㄕㄨ
粥	ㄓㄡ	ㄓㄡ	肉	ㄖㄡ	ㄖㄡ

十　韵母的讨论（三）

ㄢ、ㄧㄢ、ㄨㄢ、ㄩㄢ

ㄢ是元音ㄚ后面加上辅音ㄋ；ㄧㄢ是ㄢ前面加上一个短弱的ㄧ；ㄨㄢ是ㄢ的前面加上一个短弱的ㄨ；ㄩㄢ是ㄢ的前面加上一个短弱的ㄩ（注意：ㄧㄢ的读音实际上近于ㄧㄝㄢ）。

首先是潮州人应该特别注意：潮州人只有ㄤ，没有ㄢ，因此说起普通话来往往把ㄢ说成ㄤ，ㄧㄢ说成ㄧㄤ，ㄨㄢ说成ㄨㄤ，ㄩㄢ说成ㄩㄤ或ㄧㄤ。如能先学会了ㄢ，其余的ㄧㄢ、ㄨㄢ、ㄩㄢ也都容易解决了。学ㄢ的办法是：先发ㄚ音，再把舌尖翘起，塞住牙龈，不再放松，就是ㄢ，而不至于成为ㄤ了。广州人和客家人学这四个音不像潮州人那样困难，但是也有许多应该注意的地方，下文将另有讨论。

这四个韵母的分配，大致如下面的情形：

ㄢ：在ㄅ、ㄆ、ㄇ、ㄈ、ㄉ、ㄊ、ㄋ、ㄌ、ㄗ、ㄘ、ㄙ、ㄓ、ㄔ、ㄕ、ㄖ、ㄍ、ㄎ、ㄏ的后面出现，例如：

般板半ㄅㄢ　　　攀盘盼ㄆㄢ　　　瞒满慢ㄇㄢ

翻凡反饭ㄈㄢ　　单胆蛋ㄉㄢ　　　贪谈坦炭ㄊㄢ

南赧难ㄋㄢ　　　兰览烂ㄌㄢ　　　肝赶干ㄍㄢ

刊砍看ㄎㄢ　　　寒喊汉ㄏㄢ　　　簪赞ㄗㄢ

餐残惨灿ㄘㄢ　　三散ㄙㄢ　　　　毡展战ㄓㄢ

搀蝉产忏ㄔㄢ　　山陕扇ㄕㄢ　　　然染ㄖㄢ

安岸ㄢ

广州人注意：（一）"毡蝉扇"等字的韵母是ㄢ，不是ㄧㄣ或ㄧㄢ；（二）"般班"同音，"半办"同音，"潘攀"同音，"判盼"同音，"瞒蛮"

同音。

ㄧㄢ：在ㄅ、ㄆ、ㄇ、ㄉ、ㄊ、ㄋ、ㄌ、ㄐ、ㄑ、ㄒ的后面出现，例如：

边扁变ㄅㄧㄢ　　　篇骈骗ㄆㄧㄢ　　　眠免面ㄇㄧㄢ

巅典电ㄉㄧㄢ　　　天田忝ㄊㄧㄢ　　　年捻念ㄋㄧㄢ

怜脸恋ㄌㄧㄢ　　　坚检建ㄐㄧㄢ　　　千钱浅欠ㄑㄧㄢ

先闲显线ㄒㄧㄢ　　　烟延演砚ㄧㄢ

广州人注意："间艰奸柬拣简谏"应读作ㄐㄧㄢ，勿读作ㄍㄢ；"闲娴限"应读作ㄒㄧㄢ，勿读ㄏㄢ。

广州人注意："恋"字读ㄌㄧㄢ不读ㄌㄩㄢ（依旧字典该读ㄌㄩㄢ）。

ㄨㄢ：在ㄍ、ㄎ、ㄏ、ㄉ、ㄊ、ㄋ、ㄌ、ㄓ、ㄔ、ㄕ、ㄖ、ㄗ、ㄘ、ㄙ的后面出现，例如：

官管灌ㄍㄨㄢ　　　宽款ㄎㄨㄢ　　　欢还缓换ㄏㄨㄢ

端短段ㄉㄨㄢ　　　团彖ㄊㄨㄢ　　　暖ㄋㄨㄢ

峦卵乱ㄌㄨㄢ　　　专转撰ㄓㄨㄢ　　　穿船喘串ㄔㄨㄢ

拴涮ㄕㄨㄢ　　　软ㄖㄨㄢ　　　钻纂ㄗㄨㄢ

汆攒窜ㄘㄨㄢ　　　酸算ㄙㄨㄢ　　　湾完晚万ㄨㄢ

广州人注意：（一）"官关"同音，"灌惯"同音，"桓还"同音，"换患"同音；（二）"钻尊"不同音，"鸾联"不同音（但"联连"同音），"酸孙宣"不同音，"团屯"不同音，"窜寸"不同音。

客家人注意：客家人学普通话时，往往以ㄛㄣ代ㄨㄢ，因为客家话里ㄉ、ㄊ、ㄋ、ㄌ、ㄗ、ㄘ、ㄙ的后面只有ㄛㄣ，没有ㄨㄢ，例如"端"念ㄉㄛㄣ，"团"念ㄊㄛㄣ，"暖"念ㄋㄛㄣ，"乱"念ㄌㄛㄣ，"钻"念ㄗㄛㄣ，"窜"念ㄘㄛㄣ，"算"念ㄙㄛㄣ，"专"念ㄓㄛㄣ，"穿"念ㄔㄛㄣ，"船"念ㄕㄛㄣ等，应该纠正。"碗"念ㄨㄢˇ，"万"念ㄨㄢˋ等，同样地应该纠正。广府人学普通话，有时也以ㄛㄣ代ㄨㄢ，希望随时注意。

ㄩㄢ：只在ㄐ、ㄑ、ㄒ的后面出现，例如：

捐卷倦ㄐㄩㄢ　　　圈全犬劝ㄑㄩㄢ　　　轩玄选炫ㄒㄩㄢ

潮州人注意：勿以ㄨㄤ或ㄧㄤ替代普通话的ㄩㄢ，例如"宣"勿读

ㄙㄨㄤ，"捐"勿读ㄐㄨㄤ。客家人注意：勿以ㄢ代ㄩㄢ，例如"宣"勿读ㄙㄢ，"捐"勿读ㄐㄧㄢ。潮州、海南和客家人都是没有ㄩ音的，因此缺乏ㄩㄢ音，需要用心学习。

广州人注意：（一）"泉存"不同音，"宣孙"不同音，"选损"不同音，"宣酸"也不同音；（二）"轩"字读ㄒㄩㄢ不读ㄒㄧㄢ（依旧字典该读ㄒㄧㄢ）。

广东各地的方言里，都有所谓闭口韵，即是收音于-m 的韵，如"谈"字，广州、客家、潮州都念 tam；"今"字广州念 gâm，客家和潮州念 ghim；"廉"字广州念 lim，客家和潮州念 liam 等。这种收-m 的音是普通话里所没有的，所以在普通话里"干甘"同音，"山衫"同音，"连廉"同音，"天添"同音。我们往往听见广东人说普通话，把"三面"说成 sam mian，那是不对的。

ㄣ、ㄧㄣ、ㄨㄣ、ㄩㄣ

ㄣ里面的元音是像潮州话"余"字的声音（有几分像普通话的ㄜ），后面再加一个ㄋ音。ㄧㄣ是元音ㄧ后面加上一个ㄋ；ㄩㄣ是元音ㄩ后面加上一个ㄋ。

这四个韵母的分配，大致如下面的情形：

ㄣ：在ㄅ、ㄆ、ㄇ、ㄈ、ㄋ、ㄍ、ㄎ、ㄏ、ㄓ、ㄔ、ㄕ、ㄖ、ㄗ、ㄘ、ㄙ的后面出现，例如：

奔本笨ㄅㄣ　　喷盆ㄆㄣ　　　门闷ㄇㄣ　　分粉愤ㄈㄣ

嫩ㄋㄣ　　　　根艮ㄍㄣ　　　恳ㄎㄣ　　　痕很恨ㄏㄣ

真诊震ㄓㄣ　　琛晨衬ㄔㄣ　　身神审甚ㄕㄣ　人忍任ㄖㄣ

怎潪ㄗㄣ　　　参（参差）岑ㄘㄣ　森ㄙㄣ　　恩ㄣ

注意：ㄉ、ㄊ、ㄌ后面没有ㄣ音。原则上，ㄋ的后面也不该有ㄣ音，"嫩"字是不规则的（北拉"嫩"作 nun，较合古音系统）。

潮州人注意：ㄣ勿念成ㄥ（如"本"勿念ㄅㄥ），尤其不可念成ㄧㄥ（如"真"勿念ㄓㄥ）。学ㄣ也像学ㄢ一样，只要把舌尖抵住牙龈就得了。客家人注意：普通话ㄣ里面的元音不是ㄝ，而客家话却念了

ㄝ,例如把"恨"字念像英文的 hen(雌鸡),这是不合普通话的习惯的,应该矫正。

广州人注意:(一)广州话里"真、根、分"等字(zhân、gân、fân)的韵母颇近似普通话的ㄣ(zhen、gen、fen),因此许多人说普通话的时候,就马马虎虎地以 ân 代 en 了。这是不对的。广州人应该把舌的中部提高一点儿。(二)"盆盘"不同音,"根斤"不同音。(三)"本"与"奔"、"盆"与"喷",同音不同调。(四)"门"勿读ㄇㄨㄣ。

在普通话里,ㄣ和ㄥ的分别是很明显的。广州话对于ㄣ和ㄥ的界限也一样地清楚。因此,广府人学普通话,在这一点上是占便宜的。但是,有极少数的字,依旧字典本该读入ㄥ韵的,普通话却把它们读入ㄣ韵了,例如:

亘　　　　　读ㄍㄣ,又读ㄍㄥ(北拉作 geng);

肯　　　　　读ㄎㄣ,很少读ㄎㄥ;

贞侦祯桢　　读ㄓㄣ,不读ㄓㄥ(但北拉作 zheng);

称(相称)　　读ㄔㄣ,不读ㄔㄥ(但"称呼"的"称"读ㄔㄥ)。

反过来说,广州人把"认"字念ㄖㄥ,属ㄥ韵,却又是应该改为ㄣ韵的。

ㄣ:在ㄅ、ㄆ、ㄇ、ㄋ、ㄌ、ㄐ、ㄑ、ㄒ的后面出现,例如:

宾鬓ㄅㄣ	拼贫品牝ㄆㄣ	民敏ㄇㄣ
您ㄋㄣ	林吝ㄌㄣ	斤紧近ㄐㄣ
亲秦寝ㄑㄣ	新信ㄒㄣ	音银饮印ㄣ

注意:ㄉ和ㄊ的后面没有ㄣ;"丁"和"听"只是ㄉㄥ、ㄊㄥ,不是ㄉㄣ、ㄊㄣ。

广州人和客家人学ㄣ音并无困难。但是,有些字在广州话里读入 cen 韵(有些白话区域并不如此),普通话里却是ㄣ韵,应该特别注意:

津,儘,进晋缙尽赆烬　　读ㄐㄣ,勿读ㄐㄩㄣ,与"俊"等混;

信　　　　　　　　　　读ㄒㄣ,勿读ㄒㄩㄣ,与"逊"混;

秦　　　　　　　　　　读ㄑㄣ,勿读ㄑㄩㄣ,与"巡"混。

　　客家人要注意一个"近"字,普通话里该读作ㄐㄧㄣ。许多客家人依照客家音的系统读作ㄐㄩㄣ,与"郡"字混,这是不对的。

　　北京话偶然也有ㄣ和ㄥ相混的地方;依旧字典该念ㄥ的字,有少数被念入ㄣ韵了,例如:

聘　　读ㄆㄧㄣ,　又读ㄆㄧㄥ(北拉作 pin);

拼　　读ㄆㄧㄣ,　又读ㄆㄧㄥ

皿　　读ㄇㄧㄣ,　又读ㄇㄧㄥ(北拉作 ming);

矜　　读ㄐㄧㄣ,　又读ㄐㄧㄥ(北拉作 ging);

劲　　读ㄐㄧㄣ,　又读ㄐㄧㄥ(北拉作 ging);

馨　　读ㄒㄧㄣ,　又读ㄒㄧㄥ(北拉作 xing)。

　　关于ㄨㄣ:严格地说,ㄨㄣ可分为两类:第一类是没有声母或在ㄍ、ㄎ、ㄏ后面的ㄨㄣ,它表示ㄨ+ㄣ(uen),例如:

滚棍ㄍㄨㄣ　　　坤捆困ㄎㄨㄣ

婚魂混ㄏㄨㄣ　　温文稳问ㄨㄣ

第二类是在ㄉ、ㄊ、ㄌ、ㄓ、ㄔ、ㄕ、ㄖ、ㄗ、ㄘ、ㄙ后面的ㄨㄣ,它只表示ㄨ+ㄣ(un),例如:

敦趸钝ㄉㄨㄣ　　吞臀褪ㄊㄨㄣ　　伦论ㄌㄨㄣ　　谆准ㄓㄨㄣ

春唇蠢ㄔㄨㄣ　　顺ㄕㄨㄣ　　润ㄖㄨㄣ　　尊撙ㄗㄨㄣ

村存忖寸ㄘㄨㄣ　　孙笋ㄙㄨㄣ

　　注意:ㄅ、ㄆ、ㄇ、ㄈ、ㄋ、ㄐ、ㄑ、ㄒ的后面都没有ㄨㄣ,因此,把"搬盆门分"念成ㄅㄨㄣ、ㄆㄨㄣ、ㄇㄨㄣ、ㄈㄨㄣ是错的;把"嫩"念成ㄋㄨㄣ虽不算错,但是不合于北京音。

　　ㄩㄣ:只在ㄐ、ㄑ、ㄒ后面出现,例如:

军郡ㄐㄩㄣ　　　群ㄑㄩㄣ　　　薰循训ㄒㄩㄣ。

　　潮州话里只有-ng 尾,没有-n 尾,因此,潮州人说普通话的时候,容易把ㄣ、ㄧㄣ、ㄨㄣ说成ㄥ、ㄧㄥ、ㄨㄥ。矫正的办法也是把舌尖抵住牙龈。ㄩㄣ音对于潮州人更难,应加倍注意。

　　上文说过,普通话没有闭口韵(即没有-m 尾),因此"针珍"同音,"沈陈"同音,"甚慎"同音,"认任"同音,"林邻"同音,"金斤"同音,"琴勤"同音,"歆欣"同音,"浸进"同音,"侵亲"同音,"心新"同音,"音因"同音,"淫寅"同音。有些客家人说普通话的时候,"心"念成 sim,"音"念成 im,那是不对的。

有一个例外的字值得提一提,就是"寻"字。客家和潮州"寻"字念 cim,广州话念 câm,由此推测,普通话应该念ㄒㄧㄣ。是的,依旧字典的读法本该是ㄒㄧㄣ("乞钱"称为"寻钱",恰是念ㄒㄧㄣ,但现在通常都把它读作ㄒㄩㄣ了。从"寻"的字如"浔鲟鲟挦"也跟着念ㄒㄩㄣ。

<h3 style="text-align:center">ㄤ、ㄧㄤ、ㄨㄤ</h3>

ㄤ是元音ㄚ后面跟着一个尾音兀。咱们答应人家的时候,不很客气或表示傲慢,懒得张口,就在鼻子里哼一声,这种哼的声音就是尾音兀。广州话和客家话里的"五"字,潮州的"黄"字也就是兀;因此,ㄤ就等于广州或客家话"阿五"或潮州话"阿黄"的急读,作为尾音的兀要比普通"五"字或"黄"字短些,弱些。ㄧㄤ是ㄤ前面再加一个短弱的ㄧ;ㄨㄤ则是ㄤ前面再加一个短弱的ㄨ。

这三个韵母的分配,大致如下面的情形:

(1)没有声母的时候,有ㄤ、ㄧㄤ、ㄨㄤ;

(2)ㄋ、ㄌ、ㄖ的后面有ㄤ、ㄧㄤ,没有ㄨㄤ;

(3)ㄓ、ㄔ、ㄕ和ㄍ、ㄎ、ㄏ的后面有ㄤ、ㄨㄤ,没有ㄧㄤ;

(4)ㄅ、ㄆ、ㄇ、ㄈ、ㄉ、ㄊ、ㄗ、ㄘ、ㄙ的后面,只有ㄤ;

(5)ㄐ、ㄑ、ㄒ的后面,只有ㄧㄤ。

例如:

肮昂ㄤ	央阳养样ㄧㄤ	汪王罔往ㄨㄤ
囊曩ㄋㄤ	狼朗浪ㄌㄤ	禳嚷让ㄖㄤ
章掌帐ㄓㄤ	庄壮ㄓㄨㄤ	昌场厂唱ㄔㄤ
窗床创ㄔㄨㄤ	商赏尚ㄕㄤ	霜爽ㄕㄨㄤ
纲港杠ㄍㄤ	光广逛ㄍㄨㄤ	康慷抗ㄎㄤ
匡狂旷ㄎㄨㄤ	杭ㄏㄤ	慌皇谎晃ㄏㄨㄤ

邦榜蚌ㄅㅊ　　　旁胖ㄆㅊ　　　茫莽ㄇㅊ

方防访放ㄈㅊ　　当党荡ㄉㅊ　　汤堂倘烫ㄊㅊ

赃葬ㄗㅊ　　　苍藏ㄘㅊ　　　桑嗓丧ㄙㅊ

江蒋匠ㄐㅊ　　腔强抢呛ㄑㅊ　香祥享象ㄒㅊ

　　注意:(一)ㄅ、ㄆ、ㄇ、ㄉ、ㄊ后面既然没有ㄧㅊ,可见有些潮州人把"边篇面典天"等字念成ㄅㅊ、ㄆㅊ、ㄇㅊ、ㄉㅊ、ㄊㅊ是不对的;(二)"庄、窗、霜"等字念ㄓㄨㅊ、ㄔㄨㅊ、ㄕㄨㅊ,这是很特别的,普通人学普通话只把它们念成ㄓㄛㅊ、ㄔㄛㅊ、ㄕㄛㅊ,那是不够正确的;(三)有些广府人和客家人把"光"念像"纲","广"念像"港","匡"念像"康",等等,也是应该矫正的(但另有些兴宁人矫枉过正,把"纲"念像"光"等,也是不对的)。

　　普通话念ㅊ的字,广州和客家都念ㄛㅊ;因此这两种方言区域的人学普通话时必须改变习惯,须知普通话里并没有ㄛㅊ音。因此:"方"勿念ㄈㄛㅊ,"纲"勿念ㄍㄛㅊ,"忙"勿念ㄇㄛㅊ,"桑"勿念ㄙㄛㅊ,"王"勿念ㄨㄛㅊ。矫正的办法,是把舌头先平放在ㄚ的部位,然后加上ㅊ音。在"光匡荒"等字里,ㄨㅊ比较地接近ㄨㄛㅊ;在"庄窗霜"等字里,ㄨㅊㅊ与ㄨㄛㅊ近似。因此,"庄窗霜"读成ㄓㄨㄛㅊ、ㄔㄛㅊ、ㄕㄨㄛㅊ倒是不碍的。

　　有一种毛病只有客家人会犯,而且百人中总有九十余人犯着的,就是拿ㄧㄛㅊ音来替代ㅊ,如"良"念ㄌㄧㄛㅊ,"将"念ㄗㄧㄛㅊ,"想"念ㄙㄧㄛㅊ,"阳"念ㄧㄛㅊ等。客家人应该特别注意矫正。参看客家人怎样学习普通话。

　　广府人学习ㅊ韵也有困难。因为它对于广州话是陌生的,所以当广府人说普通话的时候,往往不免说"相"如"商",说"奖"如"掌",说"江"如"张"等等。这也是值得注意的。参看广州人怎样学习普通话(五)"江先生"和"张先生"。

ㄥ、ㄧㄥ、ㄨㄥ、ㄩㄥ

　　ㄥ也像ㄣ一样,里面的元音只是一个ㄜ,在ㄜ后面再加一个尾音兀。如果拿潮州话来比较，ㄥ恰是等于潮州的"恩"字。因此，潮州人学这个音并不难，例如普通话"庚"字，恰是等于潮州的"根"字。但是北京有大部分的人念ㄥ却念得开些（嘴张得较大，舌的部位较低），这样普通话的"庚"字却又接近广州的"庚"（gâng）。但是与其像广州话，不如像潮州话，因为广州的 âng 究竟是和ㄥ有相当距离的。客家人对这个音要特别注意，别把它念成ㄣ。

ㄧㄥ是元音ㄧ后面加上一个短弱的兀；但这个ㄧ念得特别长，ㄧ和兀的中间似乎还有一个模糊的音，所以它和潮州的"因"ㄧㄥ微有不同。广州也有一个ㄧㄥ，但严格地说来，它是接近ㄧㄝㄥ（若有声母则是ㄝㄥ）的。因此与其念像广州话，不如念像潮州话。客家人对这个音要特别注意，别把它念成ㄧㄣ。

ㄨㄥ是元音ㄨ后面跟着一个尾音兀；ㄩㄥ是元音ㄩ后面跟着一个兀。这ㄩㄥ对于潮州人和广府人是难的；但客家人学起来并不困难，因为客家话里有一个ㄧㄨㄥ（如"穷"ㄑㄧㄨㄥ），而普通话里的ㄩㄥ恰是非常接近ㄧㄨㄥ的一个音。

上面四个音的分配情形，大概如下：

ㄥ：在ㄅ、ㄆ、ㄇ、ㄈ、ㄉ、ㄊ、ㄋ、ㄌ、ㄍ、ㄎ、ㄏ、ㄓ、ㄔ、ㄕ、ㄖ、ㄗ、ㄘ、ㄙ的后面出现；

ㄧㄥ：在ㄅ、ㄆ、ㄇ、ㄉ、ㄊ、ㄋ、ㄌ、ㄐ、ㄑ、ㄒ的后面出现；

ㄨㄥ：在ㄉ、ㄊ、ㄋ、ㄌ、ㄍ、ㄎ、ㄏ、ㄓ、ㄔ、ㄖ、ㄗ、ㄘ、ㄙ的后面出现；无声母的"翁瓮"也写作ㄨㄥ，但实际上念ㄨㄜㄥ（ueng）。

ㄩㄥ：只在ㄐ、ㄑ、ㄒ的后面出现。

例如：

崩甮ㄅㄥ	烹朋捧碰ㄆㄥ	盟猛梦ㄇㄥ
风冯奉ㄈㄥ	登等邓ㄉㄥ	疼ㄊㄥ
能弄（口语音）ㄋㄥ	楞冷ㄌㄥ	庚梗更ㄍㄥ
坑ㄎㄥ	亨恒ㄏㄥ	争整郑ㄓㄥ
称程逞秤ㄔㄥ	声绳省圣ㄕㄥ	扔仍ㄖㄥ

增赠 ㄗㄥ　　　　层 ㄘㄥ　　　　僧 ㄙㄥ

冰饼并 ㄅㄧㄥ　　凭 ㄆㄧㄥ　　鸣茗命 ㄇㄧㄥ

丁鼎定 ㄉㄧㄥ　　厅庭挺听 ㄊㄧㄥ　凝佞 ㄋㄧㄥ

陵岭另 ㄌㄧㄥ　　京井静 ㄐㄧㄥ　青请庆 ㄑㄧㄥ

兴形醒杏 ㄒㄧㄥ　英迎影硬 ㄧㄥ　东懂洞 ㄉㄨㄥ

通同桶痛 ㄊㄨㄥ　农 ㄋㄨㄥ　　隆陇弄 ㄌㄨㄥ

宫巩贡 ㄍㄨㄥ　　空恐控 ㄎㄨㄥ　轰红哄閧 ㄏㄨㄥ

钟种众业 ㄓㄨㄥ　充虫宠 ㄔㄨㄥ　戎冗日 ㄖㄨㄥ

踪总纵 ㄗㄨㄥ　　葱从 ㄘㄨㄥ　松耸送 ㄙㄨㄥ

翁瓮 ㄨㄥ　　　垌迥 ㄐㄩㄥ　　琼 ㄑㄩㄥ

胸熊复 ㄒㄩㄥ　　雍庸永用 ㄩㄥ

　　注意:(一)ㄅ、ㄆ、ㄇ、ㄈ的后面没有ㄨㄥ,"蓬捧"不读ㄆㄨㄥ而读ㄆㄥ,"蒙懵梦"不读ㄇㄨㄥ而读ㄇㄥ,"风冯奉"不读ㄈㄨㄥ而读ㄈㄥ,于是普通话里"蓬朋"相混,"懵猛"相混,"梦孟"相混。广东话里"崩蚌朋彭盟猛孟"是一类,"蓬篷芃捧蒙懵梦蜂封丰冯逢奉俸讽风"是一类,决不相混。广东人学普通话的时候,不宜强作分别。(二)"横"字广州话和客家话都念ㄨㄤ,但普通话念 xeng,与"恒"同音。(三)"硬"字广州话和客家话都念兀尢,南方官话也念兀ㄣ,但普通话念ㄧㄥ,与"应"同音。(四)"肱"和"觥"广州读 guǎng,但普通话读ㄍㄨㄥ,与"公"同音;"轰"和"薨"广州也读 guāng,但普通话读ㄏㄨㄥ,与"烘"同音;"宏弘泓纮翃闳"广州读 wáng,但普通话读ㄏㄨㄥ,与"红"同音。(五)"琼茕"广州读ㄍㄧㄥ,与"擎鲸"同音,但普通话读ㄑㄩㄥ,与"穷"同音;"兄"字广州读ㄏㄥ,与"兴"同音,但普通话读ㄒㄩㄥ,与"胸"同音;"荣"字广州读ㄨㄥ,但普通话读ㄩㄥ,与"勇"同音。(六)"颖颍"广州读ㄨㄥ,但普通话读ㄧㄥ,与"影"同音。(七)"雄熊"广州读ㄏㄨㄥ,与"红"同音,但普通话读ㄒㄩㄥ,与"红"不同音。(八)"窘"字依旧字典应该读ㄐㄩㄣ,但现在普通话念ㄐㄩㄥ。

客家人注意:客家话里,"隆龙"不同音(ㄌㄨㄥ、ㄌㄧㄨㄥ),"农浓"不同音(ㄋㄨㄥ、ㄇㄧㄨㄥ),"公宫"不同音(ㄍㄨㄥ、ㄐㄧㄨㄥ),"孔恐"不同音(ㄎㄨㄥ、ㄑㄧㄨㄥ),"丛从"不同音(ㄘㄨㄥ、ㄐㄧㄨㄥ),但普通话里这几组字是同音的,普通话里根本没有ㄌㄧㄨㄥ、ㄇㄧㄨㄥ、ㄐㄧㄨㄥ、ㄑㄧㄨㄥ、ㄐㄧㄨㄥ这一类的声音。常常听见客家人说普通话,把"恐怕"的"恐"字念成ㄑㄧㄨㄥ,成为"穷"字的上声,这是不对的。

十一　韵母的讨论(四)

ㄭ

当咱们念"资雌思"和"知痴诗日"的时候,这些字除了辅音ㄗ、ㄘ、ㄙ、ㄓ、ㄔ、ㄕ、ㄖ之外,实际上是还有元音跟在后面的。为了文字的简便,咱们不必为它们制定字母。但是为了说明的便利,注音字母中有一个补充的字母ㄭ。

严格地说,这ㄭ还可以细分两类:ㄭ甲和ㄭ乙。ㄭ甲的发音部位和辅音ㄙ的部位差不多完全相同,所不同者,就是:(一)ㄙ发音时,舌尖紧凑在门牙的后面,ㄭ发音时,舌尖不要和门牙凑得太紧;(二)ㄙ发音时,声带不颤动,ㄭ发音时声带颤动,例如发一个"思"字,可以分为两半来看,前一半是舌尖紧凑,声带不颤动,后一半是舌间不紧凑,声带颤动。因此,有人把ㄭ叫做辅音化的元音,因为ㄭ只是顺着ㄗ、ㄘ、ㄙ的发音姿势而做它们的尾巴。实际上,单独地发出这个元音是颇困难的;具有ㄗ、ㄘ、ㄙ的方言并不具备单独的ㄭ。

客家人和潮州人对于这一韵的字毫无困难;广府人和海南人恰恰相反,感觉到大大的困难。这困难的主要原因不在于辅音上面,而是在于元音上面。有些广府人能分别"宗"和"中"(ㄗㄨㄥ、ㄓㄨㄥ),"从"和"虫"(ㄘㄨㄥ、ㄔㄨㄥ),"岁"和"税"(ㄙㄨㄟ、ㄕㄨㄟ),但是他们念不出ㄗ、ㄘ、ㄙ,可见难处在于韵母了。广府人和海南人应该依照上述的发音方法,学好属于这一个韵母的三个字音。

帀乙也是辅音化的元音,它的发音部位和曰的部位差不多完全相同;舌尖离开后腭稍远些,就由曰变帀了,例如"日"字,它是辅音曰和元音帀合成的,前一半舌尖高些,后一半舌尖低些,就构成了曰帀音了。业、彳、尸由此类推。

广东人既然没有业、彳、尸、曰,同时也不可能有帀乙,于是,应该念帀乙的字都念了帀甲,甚至念了丨,于是"知资"相混了,"痴雌"相混了,"诗思"相混了,甚至"日逸"相混了。应该分别下列的两组字:

业、尸:之支知脂,止只旨纸黹,志智至峙制挚置滞雉帜治豸彘(以上读业);资姿孜兹辐赀,子姊梓紫,自字恣(以上读尸)。

彳、ㄘ:蚩鸱痴笞魑,池驰迟匙踟持,侈耻齿褫,翅啻炽(以上读彳);雌疵差(参差),祠辞慈瓷,此,次刺厕赐(以上读ㄘ)。

尸、ㄙ:师诗尸施,时,史矢始豕屎,示士是事视世势市侍恃试筮誓逝嗜氏谥(以上读尸);私思斯司丝,死,四似祀耜嗣伺俟肆寺兕(以上读ㄙ)。

有一部分入声字变入了帀乙韵(但没有一个变入帀甲韵)。这些字,本来是以-p、-t、-k收尾的,现代广东人仍然保存着这些收尾,学普通话的时候,不能不牺牲它们了,例如:

只汁织业	直执摭侄职业	质掷炙秩陟窒郅业
吃彳	尺彳	赤饬叱斥敕彳
失湿虱尸	识拾十石食蚀实寔尸	式拭释室适饰奭轼尸

十二　声调的讨论

大致说起来,声调就是音的高低(这是指音乐上所谓的高低)。一般人学普通话,对于声调特别敏感,于是首先学会了声调。但也有少数人对于声调学不好的。即以大多数而论,也不能说是完全正确。不过,如果声母和韵母都学会了,纵使声调不十分正确,也就可以达意了。

普通话里共有四个声调:(一)阴平声,(二)阳平声,(三)上声,(四)去声。拿它和广东话比较,声调的数目差得远了。客家话共有六个声调,除了上面所说的四个声调之外,还有阴入声和阳入声。潮州话共有八个声调,因为上声和去声也都分别阴阳。广州话共有九个声调,除了平上去入都分阴阳之外,还有一个中入。比较起来:

广东的阴平,等于普通话的阴平;

广东的阳平,等于普通话的阳平;

广东的阴上,等于普通话的上声;

广东的阳上,等于普通话的上声和去声;

广东的阴去和阳去,等于普通话的去声;

广东的阴入、阳入和中入,分别归入普通话的去声、阳平、阴平或上声。

这里所谓等于,只指调类的相等。例如"田"字在普通话、广州话、客家话和潮州话都被认为阳平声。但这并不是说,"田"字在这四个方言里的声调是一样的。恰恰相反,普通话阳平声的声调高低,和广州话、客家话或潮州话阳平声的声调高低都不相同。若以声调的高低而论,大致是这样:

(1)普通话的阴平,等于汕头的阳平(衣=移);等于广州的阴平(衣=衣),但广州阴平有时念降调(如"寒衣"的"衣"),所以不足为准。客家话于"社旱在坐"等字念这一个声调。

(2)普通话的阳平,等于汕头的阳上(移=以),梅县的阴平(移=衣),又略等于广州的阴上(移=椅)。

(3)普通话的上声,当其在停顿的前面(如句末),等于广州的阳上(椅以=以)、汕头的阴去(椅以=意),又略等于梅县的阳平(椅以=移);当其不在停顿的前面,等于广州的阳平(椅以=移)、兴宁的上声(椅以=椅以),又略等于汕头的阳去(椅以=异)。

(4)普通话的去声,等于汕头的阴上(意异=椅),略等于梅县的上声(意异＝椅以);广州没有相当的声调可资比较。

上面说过,一般学普通话的声调是颇容易学得像的;但是相像并不就是正确。有些似是而非的地方,就容易被人忽略了。现在试举出比较常见的一些事实来说:

1.广府人容易犯的毛病:

(1)普通话阳平念得不够高。把普通话的"移"念像广州的"椅"还是不够的,还要更高些。千万不可把普通话的阳平念像广州的阳平(移＝移)。你把普通话"雷"字念像广州话"沙梨"的"梨","兰"字念像广州话"芥兰"的"兰",那就对了。

(2)普通话的上声,广州人学起来有两种偏差。有些人把所有的上声字都念像广州话的阳上,这样,把"父老"说得像广州话的"富柳"虽然是对了,但把"老父"说像广州话的"柳富"却又错了。另有些人把所有的上声字都念像广州话的阳平,这样,把"老父"念像广州话的"楼富"虽然是对了,但把"父老"念像广州话的"富楼"却又错了。"父老"的"老"在后一字,应该念像广州的"柳";"老父"的"老"在前一字应该念像广州的"楼",这是应该分别看待的。我们听见把"老父"念像广州"柳富"的人,即刻知道他是广府人,因为别处人不会这样念的。

(3)普通话的去声,广府人学起来很容易。但仍有少数人以广州的阴去替代普通话的去声,例如把普通话的"意"认为和广州的"意"同音,这是不对的。广州的"意"是一个中平调,普通话的"意"是一个高降调,二者是不能相替代的。

2.客家人容易犯的毛病:

(1)普通话阴平容易被念成阳平,如读"天"字变了"田"字,因为客家的"天"字正是这样的声调。

(2)普通话的阳平,客家人往往用自己的阳平来替代,其实客家的阳平调太低了,必须提高。若把普通话的"田"念像客家的"天",就差不多了。

(3)普通话的上声,有时候被客家人念成去声,例如"主人"念成"铸人",因为有客家的"主"字念起来恰像普通话"铸"字的缘故。

(4)普通话的去声,客家人学起来和广州人的情形一样。

3. 潮州人容易犯的毛病:

大致不差,只是古入声字念得和去声相混,例如潮州人说普通话的时候,"十"字和"四"字往往没有分别。

广府人学普通话,有时候是用桂林的声调。这种人多数是年纪较大的。这大约有两种原因:(一)从前有人说:"北以北京为宗,南以桂林为正。"从前两广人所谓官话,就是以桂林话为标准的;(二)从前的粤剧是用桂林腔的,广府人听惯了,也就跟着学了。真正用桂林腔的是另外一套,且不去说它;最值得批评的乃是南腔北调,非驴非马!例如说"中华人民共和国",其中的"华人民和国"五个字都是阳平,假定把其中的三个字念低调,像桂林腔,另有两个字念升调,像北京话,那就极不调和,是很难听的了。

变调

一个字,单念的时候是一种声调,当它和别的字组合的时候,可能又是另一种声调。当一个字调和单念的时候高低不同,这就叫做变调。

变调的第一种是关于轻声的。很粗地说起来,凡两个以上的字构成一个词的时候,只有第一个字念重音,第二个字(甚至第三个)往往念轻声,例如"葡萄"的"萄"就是一个轻声字。轻声,在北方人听起来觉得很像去声,实际上它比去声更短,而且只轻轻地带了过去,声音不够响亮。若在上声字的后面(如"椅子"的"子"),轻声字的高低稍有变化(较高),但是仍旧是轻轻地带过去的,例如(姑且以·表示轻声):

萝卜 ㄌㄨㄛ ㄅㄛ·　　那么 ㄋㄚ ㄇㄜ·

琵琶 ㄆㄧ ㄅㄚ·　　石榴 ㄕ ㄌㄧㄡ·

竹子 ㄓㄗ˙　　　　好的 ㄏㄠㄉㄜ˙

躺着 ㄊㄤㄓㄜ˙　　　睡了 ㄕㄨㄟㄌㄜ˙

我们 ㄨㄛㄇㄣ˙　　　张家 ㄓㄤㄐㄝ˙

句尾的语气词，也是用轻声为常，例如：

来罢 ㄌㄞㄅㄚ˙　　　是吗 ㄕㄇㄚ˙

谁呢 ㄕㄟㄋㄜ˙　　　对呀 ㄉㄨㄟㄚ˙

天哪 ㄊㄧㄢㄋㄚ˙　　　得啦 ㄉㄜㄌㄚ˙

　　读者大约已经注意到，轻声字可以影响到韵母，"的"变了ㄉㄜ，"呢"变了ㄋㄜ，"着"变了ㄓㄜ，"了"变了ㄌㄜ，"么"变了ㄇㄜ，这是最常见的；"张家"的"家"变ㄐㄝ，这样的例子还是很多，譬如"丁香"的"香"变ㄒㄧㄥ，"出去"的"去"变ㄑㄧ，"太太"的"太"变ㄊㄟ，等等。偶然也可以影响到声母，例如"琵琶"的"琶"不是ㄆㄚ，而是ㄅㄚ。这些规律我们不能在这里详细说明，希望学普通话的人随时留心北方人说话，随时学习。最重要的是，变了韵母必须同时变为轻声，否则简直不像话！有时听见学普通话的人勉强把"了"念ㄌㄜ，把"的"念ㄉㄜ，但是念成重音，听了叫人难受。这种重念的办法，倒不如索性念成ㄌㄧㄠ和ㄉㄧ还痛快些，因为ㄌㄧㄠ和ㄉㄧ还不失为规矩的读法，非但南方普通话是这样念，连北方人也有这样念的，但重音的ㄌㄜ和ㄉㄜ代表"了"和"的"却是全国所没有的。

　　关于轻声，还有一个"儿"字，等到下文讨论语法的时候再谈。咱们广东人应该特别注意：南方的语言并没有轻声这一样东西，它对咱们是陌生的。咱们习惯于字字重读。因此，轻重音相衬的语言，非但学不来，而且听不惯。字字重读的话，觉得它清楚；轻重音相配的话，觉得它模糊。这个观念必须改变过来，然后才学得好普通话。

　　变调的第二种是关于上声的。大致说起来，关于上声的规律如下：

　　1. 两个字组合,第一字非上声,第二字是上声,则此第二字念全上。这种全上等于广州的阳上,例如"父老"等于广州话的"富柳";

　　2. 两个字组合,第一字是上声,第二字非上声,则此第一字念半上。这种半上等于广州的阳平,例如"老父"等于广州话的"楼富";

　　3. 两个字组合,第一、第二字都是上声,则第二字不变(念全上),第一字变阳平,例如"老酒"等于"劳酒"。再举几个例子如下:

很好＝痕好	好酒＝豪酒	土改＝图改
买米＝埋米	起草＝期草	反美＝凡美
感想＝ㄍㄢ想	保险＝ㄆㄠ险	浅水＝钱水

　　这种组合可以加长至三个以上的字,例如"买好米","买"字念半上,"好"字读如"豪","米"字念全上;又如"少买好米","少"读如"韶","买好米"的声调仍如上述。由此类推,"岂有此理"应念成"期有慈理","可以写好"应念成"咳以邪好",等等。但声调的组合是和意义有关系的。试比较"可以写字"和"写五百字"。二者都是上上上去,但是,前者第一字变阳平,第二字念全上,第三字念半上;后者第一字念半上,第二字念阳平,第三字念半上,因为"五百"是不可分的一组。又如"小女管家",若把"小"字念阳平,"女"字念全上,则是"小女"来"管家";若把"小"字念半上,"女"字念阳平,则是"小"的"女管家"。

　　两个上声字的组合,如果第二字是个轻声字,则第一个字一般并不变为阳平。试看下面的一些例子:

饺子	读ㄐㄧㄠㄗ,	不读ㄐㄧㄠㄗ;
底子	读ㄉㄧㄗ,	不读ㄉㄧㄗ;
姐姐	读ㄐㄧㄝㄐㄧㄝ,	不读ㄐㄧㄝㄐㄧㄝ;
奶奶	读ㄋㄞㄋㄟ,	不读ㄋㄞㄋㄞ。

声调的转移

　　所谓声调的转移,是依照旧字典本该念此声,而现在普通话念入彼声。除了入声字留到后面讨论外，这里先讨论阴平、阳平、上声和去声。

　　上文说过，阳上声的字有一部分变了去声。若依旧字典来做标准，应该说是一大部分，因为除了ㄇ、ㄋ、ㄌ三个声母和没有声母的阳上字（如"马脑鲁友"）仍读上声之外，其余全部都变了去声。广东各地方言里，阳上字变入去声（阳去）也不在少数，但广东白话区域保存的阳上字较多。下面这些字（每一组的第一个字），都是广州念阳上而普通话念去声的：

市＝试	厚＝后	拒＝据	似＝寺
社＝射	旱＝汉	抱＝报	柱＝注
践＝贱	肚＝度	肾＝慎	竖＝树
舅＝旧	倍＝背	愤＝粪	婢＝被

　　另有些字，广州话有上、去两读（前者往往是口语音），而普通话只有去声一个读法，例如：

淡＝蛋	断＝段	近＝进	重＝众
坐＝做	在＝再	妇＝父	

　　客家人和潮州人都可以参考上面这些字的读法。例如客家话于"社旱柱舅淡断近重坐在"都念一个高调，和一般上声调不同，可见还保存着阳上的痕迹，学普通话时应该一律改为去声。

　　北京阳平字颇有侵入阴平范围的趋势，例如"期"字读如"欺"、"涛"字读如"韬"、"微"字读如"威"；又"帆布"的"帆"读如"翻"、"舌苔"的"苔"读如"胎"、"手提"的"提"读如"低"；"撩起"的"撩"、"罗唆"的"罗"、"耶稣"的"耶"也都读了阴平。至于"猫、捞、松"等字，更不必说了。"庸傭鏞墉慵鄘"等字，现已读为阴平。

　　反过来说，由阴平转到阳平的字也并不是没有。最典型是一个"虽"字，不少人已经读如"随"。其次如"菠菜"的"菠"，也有不少人念入阳平。"穹芎"二字有阴阳两读。"多好、多大、多么美"，"多"字是阳平。

阳平变入上、去声的字比较少。这里我举出两个国名:俄国和蒙古。在北京,多数人把"俄国"的"俄"念去声,"蒙古"的"蒙"念上声(在此情形之下"古"字变轻声)。但是,若把这两个字仍念阳平,自然也是可以的。

还有其他的情形。"晕"字本是去声,但在"头晕"念阴平。去声"浸"字有阴平的读法。"仅瑾殣觐厪"等字有上、去两读。近来听见有一种新习惯,如"侵略"读成"寝略"、"广播"读成"广波",将来也许变为普遍的。

上面所说,有些是因意义而影响到声调的。这种情形不胜枚举。举常见的例来说,"看"字去声,但"看守"的"看"是阴平;"胜"字去声,但"胜任"的"胜"是阴平。"背"和"扇",当作名词是去声,当作动词是阴平。"慰劳"的"劳"不是阳平而是去声。这些规矩,从前的人是严格地遵守的。现在虽不能完全遵守,但有些最基本的分别仍旧是保存的。近年常听人把"因为"念成"因维"(该像"因卫")、"爱好"念成"爱ㄏㄠ"(该读"爱耗")、"应该"念成"硬该"(该像"英该"),严格说起来,都该算是不正确的。

关于入声字

最后来了一个最困难的问题,就是入声字的问题。上文说过,北方话没有入声;若说得恰当些,该说是失去了入声。那些入声字都分散到阴平、阳平、上声和去声里去了。哪些入声转入阴平,哪些入声转入阳平等等,没有一定的规律,因此增加了南方人学习上的困难。但是,就一般的情形来说,我们毕竟可以定下一个很粗的规律,就是:

(1)凡无声母,或声母为ㄆ、ㄇ、ㄊ、ㄋ、ㄌ、ㄎ、ㄑ、ㄘ、ㄔ、ㄙ、ㄖ的字,原为入声者,转为去声;

(2)凡声母为ㄅ、ㄉ、ㄍ、ㄐ、ㄗ、ㄓ的字,原为入声者,转为阳平;

(3)凡声母为ㄈ、ㄏ、ㄒ、ㄕ的字,原为入声者,转为去声或阳平;

（4）少数例外字，转为阴平或上声。

在某一些声母的字，咱们确有把握知道它们转为某声，例如ㄋ、ㄌ、ㄖ三个声母的入声字，差不多完全转为去声；ㄅ、ㄍ、ㄐ三母，几乎全部转到了阳平（但没有ㄋ、ㄌ、ㄖ那样划一）；困难的是属于ㄈ、ㄏ、ㄒ、ㄕ声母的字；但也可以由韵母大概推知，如属于ㄨ韵，而又属于这几个声母者，大多数转为阳平。

依不完全的统计，入声字转为去声者约占52%，转入阳平者占34%，转为阴平者占10%，转为上声者占4%；因此，我们虽说古入声字转入了阴、阳、上、去四声，但主要的只是转入了去声和阳平。

南方官话也没有入声，但他们的入声字一律变为阳平，因此，南方人学普通话，容易犯一种通病，就是把所有的入声字都派入阳平。声调的高低虽然变了，但声调的种类没有变，例如南方官话里"合"与"和"同音，南方人学北方话，把"和"字的声调由低调变为高升调，但也把"合"字由低调变为高升调来凑它。单以"合"字而论，这办法没有错；但是咱们不能由此类推至于全体入声字。上文说过，入声字只有34%变了阳平，假使咱们把入声字一律念为阳平，岂不是要犯66%的错误吗？下面是一些入声变去声的例子：

气魄　　　读如"气破"，勿读如"气婆"；

墨水　　　读如"ㄇㄛ水"，勿读如"模水"；

诺言　　　读如"懦言"，勿读如"挪言"；

陆军　　　读如"路军"，勿读如"卢军"；

有客　　　读如"有课"，勿读如"有ㄎㄜ"；

亲切　　　读如"亲ㄑㄧㄝ"，勿读如"亲茄"；

排斥　　　读如"排翅"，勿读如"排迟"；

猪肉　　　读如"猪ㄖㄡ"，勿读如"猪柔"或"猪如"；

政策　　　读如"政ㄘㄜ"，勿读如"政ㄘㄜ"；

闭塞　　　读如"闭ㄙㄜ"，勿读如"闭ㄙㄜ"；

左翼　　　读如"左意"，勿读如"左宜"。

　　大致说来，入声字念去声的，多数是读书音或读书和口语兼用的音。此外，有些口语音或最常用的入声字，却变为阴平或上声了。现在先举一些入声变阴平的例子：

<table>
<tr><td>剥皮</td><td>读如"包皮"，勿读如"ㄅㄛ皮"；</td></tr>
<tr><td>逼人</td><td>读如"ㄅ|人"，勿读如"ㄅ|人;"</td></tr>
<tr><td>泼水</td><td>读如"坡水"，勿读如"婆水"；</td></tr>
<tr><td>拍球</td><td>读如"ㄆㄞ球"，勿读如"排球"；</td></tr>
<tr><td>劈开</td><td>读如"批开"，勿读如"皮开"；</td></tr>
<tr><td>撇开</td><td>读如"ㄆ|ㄝ开"，勿读如"ㄆ|ㄝ开"；</td></tr>
<tr><td>出发</td><td>读如"初ㄈㄚ"，勿读如"除ㄈㄚ"；</td></tr>
<tr><td>搭船</td><td>读如"ㄉㄚ船"，勿读如"ㄉㄚ船"；</td></tr>
<tr><td>滴水</td><td>读如"低水"，勿读如"ㄉ|水"；</td></tr>
<tr><td>塌下</td><td>读如"他下"，勿读如"ㄊㄚ下"；</td></tr>
<tr><td>脚踢</td><td>读如"脚梯"，勿读如"脚题"；</td></tr>
<tr><td>贴钱</td><td>读如"ㄊ|ㄝ钱"，勿读如"ㄊ|ㄝ钱"；</td></tr>
<tr><td>秃头</td><td>读如"ㄊㄨ头"，勿读如"图头"；</td></tr>
<tr><td>脱帽</td><td>读如"拖帽"，勿读如"驼帽"；</td></tr>
<tr><td>勒紧</td><td>读如"ㄌㄟ紧"，勿读如"雷紧"；</td></tr>
<tr><td>割断</td><td>读如"哥断"，勿读如"ㄍㄜ断"；</td></tr>
<tr><td>瞌睡、磕头</td><td>读如"科睡、科头"，勿读如"ㄎㄜ"；</td></tr>
<tr><td>大哭</td><td>读如"大枯"，勿读如"大ㄎㄨ"；</td></tr>
<tr><td>喝茶</td><td>读如"呵茶"，勿读如"何茶"；</td></tr>
<tr><td>红黑</td><td>读如"红ㄏㄟ"，勿读如"红ㄏㄟ"或"红ㄏㄜ"；</td></tr>
<tr><td>疏忽</td><td>读如"疏呼"，勿读如"疏胡"；</td></tr>
<tr><td>刺激</td><td>读如"刺机"，勿读如"刺ㄐ|"；</td></tr>
<tr><td>迎接</td><td>读如"迎街"，勿读如"迎ㄐ|ㄝ"；</td></tr>
<tr><td>切断</td><td>读如"ㄑ|ㄝ断"，勿读如"茄断"；</td></tr>
<tr><td>曲线</td><td>读如"驱线"，勿读如"渠线"；</td></tr>
</table>

缺点	读如"ㄑㄩㄝ点",勿读如"瘸点";
吸收、分析	读如"熙收、分熙",勿读如"ㄒｉ收、分ㄒｉ";
歇下	读如"些下",勿读如"邪下";
姓薛	读如"姓靴",勿读如"姓ㄒㄩㄝ"或"姓邪";
三只、织布、墨汁	读如"三支、支布、墨支",勿读如"三ㄓ"等;
摘花	读如"斋花",勿读如"ㄓㄞ花";
吃粥	读如"蚩周",勿读如迟"ㄓㄡ"或"迟ㄓㄡ";
桌子、捉人	读如"ㄓㄨㄛ子、ㄓㄨㄛ人",勿读如"ㄓㄨㄛ子"等;
插嘴	读如"叉嘴",勿读如"茶嘴";
拆信	读如"钗信",勿读如"柴信"或"ㄔㄞ信";
一出戏	读如"一初戏",勿读如"一除戏";
戳穿	读如"ㄔㄨㄛ穿",勿读如"ㄔㄨㄛ穿";
损失、潮湿、虱子	读如"损诗、潮诗、诗子",勿读如"损时"等;
杀人	读如"沙人",勿读如"ㄕㄚ人";
刷子	读如"ㄕㄨㄚ子",勿读如"ㄕㄨㄚ子";
说话	读如"ㄕㄨㄛ话",勿读如"ㄕㄨㄛ话";
扔掉	读如"ㄖㄥ掉",勿读如"仍掉";
擦手	读如"ㄘㄚ手",勿读如"ㄘㄚ手";
撒手	读如"ㄙㄚ手",勿读如"ㄙㄚ手";
塞住	读如"ㄙㄟ住",勿读如"ㄙㄟ住"或"ㄙㄜ住";
缩小	读如"梭小",勿读如"ㄙㄨㄛ小";
鸭子、压倒、抵押	读如"鸦子、鸦倒、抵鸦",勿读如"牙子"等;
屋子	读如"乌子",勿读如"吾子";
挖出来	读如"哇出来",勿读如"娃出来";
条约	读如"条ㄩㄝ",勿读如"条ㄩㄝ"。

　　入声变上声的字最少（4%），却最值得注意。就历史上看来，现在那些变了去声的入声字，差不多都先经过了变上声的阶段。但现在既然都变了去声，残存的少数入声作上的字就容易为人所

忽略了。我们应该留心学习这一种字,然后普通话说得更好。下面是最常用的一些例子:

三百、柏树=[三摆、摆树]　东北=[东ㄅㄟˇ]　粉笔=[坟比]

卜卦=[补卦]　劈柴=[痞柴](柴之小而薄者)

抹零=[ㄇㄛˋ零]　方法=[方ㄈㄚˇ]　笃信=[赌信]

水塔=[水ㄊㄚˇ]　姓葛=[姓哿]　骨干=[古干]

山谷=[山古]　五谷=[五古]　口渴=[口可]

供给=[供己](勿读供ㄍㄟˇ)　甲项=[假项]

手脚=[ㄕㄡˇ狡]　觭角=[觭狡]

觉得=[狡得,ㄐㄩㄝˊ得]　乞丐=[起丐]

喜鹊、麻雀=[喜巧、麻巧]　曲子=[取ㄗ·]　流血=[流写]

住一宿=[住一朽]　下雪=[下ㄒㄩㄝ]　很窄=[痕ㄓㄞˇ]

遗嘱=[遗主]　三尺=[三齿]　蓝色=[蓝ㄕㄞˇ]

眷属=[眷暑]　巴蜀=[巴暑]　摸索=[摸所]

甲乙=[ㄐㄚˇ矣]　甲虫=[假虫]

这一类入声作上的字不多,是可以一一硬记的。

还有一层也很关重要:有些入声字,单念是这一个声调,和他字结合时,可能又是另一声调。这种情形,以数目字和"不"字为最明显,例如:

(1)"统一"读如"统衣",但"一个"读如"移个";

(2)"七星"读如"妻星",但"七个"读如"齐个":

(3)"八条"读如"巴条",但"八面"读如"拔面";

(4)"不行"读如"布行",但"我不要"读如"我ㄅㄨˊ要"。

这些地方,此处就不详说了。

第二章 语 法

语法就是语言的结构方法。现在只简单地叙述两点：（一）有关语音的语法；（二）比较语法。

一 有关语音的语法

字和字结合后，引起语音上的变化，就已经进入了语法的范围。动词词尾（亦可叫做动词记号）"了"和"着"（吃了饭、吃着饭）之所以变为轻声（本来"了"该是上声，"着"该是入声作阳平），并且由 ㄌㄠ、ㄓㄨㄛ 变为 ㄌㄜ、ㄓㄜ，完全是由于词性发生了变化。语气词"呢"字不念 ㄋㄧ 而念 ㄋㄜ（呐），也是因为它是一个语气词。

轻声字会引起韵母的变化，上文已大略述及。现在再归纳成为下列的一些规律：

　ㄧㄚ变ㄧㄝ：　"赵家"由 ㄓㄠㄐㄧㄚ 变 ㄓㄠㄐㄧㄝ；

　ㄧㄤ变ㄧㄥ：　"丁香"由 ㄉㄧㄥㄒㄧㄤ 变 ㄉㄧㄥㄒㄧㄥ；

　ㄨㄚ变ㄨㄛ：　"棉花"由 ㄇㄧㄢㄏㄨㄚ 变 ㄇㄧㄢㄏㄨㄛ；

　ㄩ变ㄧ：　"出去"由 ㄔㄨㄑㄩ 变 ㄔㄨㄑㄧ；

　ㄞ变ㄟ：　"太太"由 ㄊㄞㄊㄞ 变 ㄊㄞㄊㄟ。

北京话的名词，常常带着一个"儿"字（花儿、味儿、事儿、一个人儿、一会儿）。有些是在名词前面再加动词（招手儿、点头儿）；甚至有直接跟着动词的（玩儿）。广东人初学普通话的时候，最好是暂时不要学这种卷舌韵（"儿"是卷舌音）。有些北方人到南方来，也避免卷舌韵，以免南方人听着不习惯。但如果要学卷舌韵，就必须懂得卷舌韵的规矩。

第一，"儿"字和名词结合后，共成一个音，并非先念名词，后念"儿"字；那样就成为两个音了。"儿"字的全音是 œr，但当它作为名词词尾的时候，就变为简单的一个辅音 r 了，例如"小鸡儿"里面的"鸡儿"是 gir^1，不是 gi^{1}œr^2；"小饼儿"里面的"饼儿"是 bingr^3，不是 bingœr^2。

第二，"儿"字和名词结合后，往往影响到名词的原音；这就是说，名词的韵母受了词尾"儿"字的影响，而变为别的韵母了。现在归纳成为下列的一些规律：

ㄞ变ㄚ儿：	小孩儿 ㄒㄧㄠˊㄏㄚˊ儿；
ㄨㄞ变ㄨㄚ儿：	一块儿 ㄧˋㄎㄨㄚˋ儿；
ㄢ变ㄚ儿：	扇儿 ㄕㄚˋ儿；
ㄨㄢ变ㄨㄚ儿：	玩儿 ㄨㄚˊ儿；
ㄧㄢ变ㄧㄚ儿：	钱儿 ㄑㄧㄚˊ儿；
ㄩㄢ变ㄩㄚ儿：	圈儿 ㄑㄩㄚ儿；
ㄣ变ㄜ儿：	人儿 ㄖㄜˊ儿；
ㄨㄣ变ㄨㄜ儿：	棍儿 ㄍㄨㄜˋ儿；
ㄨㄟ变ㄨㄜ儿：	一会儿 ㄧˋㄏㄨㄜˋ儿；
ㄦ甲变ㄜ儿：	瓜子儿 ㄍㄨㄚㄗㄜˊ儿；
ㄦ乙变ㄜ儿：	事儿 ㄕㄜˋ儿。

这里注音的ㄜ和"额恶饿"等字的音略有分别，例如ㄗㄜ儿，其音颇接近ㄗㄟ儿；ㄗㄜ儿也颇近似ㄗㄟ儿。

"儿"和"子"虽同是名词词尾，但在变音的规律上它们很不相同。"子"是一个单音字，变轻音；"儿"根本不能成为单音字，因此它不能被认为轻音。但是，词尾的"儿、子"和非词尾的"儿、子"必须分别清楚，非词尾的"儿、子"则应该读重音和全音，例如"女儿"

的"儿"和"曲儿"的"儿"是有分别的；人名的"庄子"和作"田庄"讲的"庄子"念法是不相同的。

"啊"字是一个语气词，它表示一种说服的语气或表示一种恳切的呼声。它有种种的变式，如"呀、哇、哪"等。这些变式不是胡乱应用的，它们也有它们变音的规律：

(1)在ㄓ甲、ㄓ乙、ㄛ、ㄜ、ㄝ后面，"啊"仍是"啊"（ㄚ）：

是啊！我没有写错字啊！你不能怪我啊！我没有做错啊！

(2)在ㄧ、ㄩ、ㄚ、ㄞ、ㄟ后面，"啊"变为"呀"（ㄧㄚ）：

他没有来呀！我没看见他呀！我不骗你呀！他昨天的确没有开会呀！你不该让他去呀！

(3)在-ㄣ后面，"啊"变为"哪"：

天哪！这事情很不好办哪！他实在是一个好人哪！他不是没有良心哪！

(4)在ㄨ、ㄠ、ㄡ后面，"啊"变为"哇"（ㄨㄚ）：

走哇！你不该叫苦哇！你有两条腿就该走路哇！要是贪近，你就该抄小道哇！

(5)在ㄥ后面，"啊"变为ㄥㄚ（写时可仍写作"啊"）：

早晚要和帝国主义算账ㄥㄚ！这是不可避免的事情ㄥㄚ！非这样做就不行ㄥㄚ！我们该起带头作用ㄥㄚ！

有人在小说剧本里写"天呀"，"你不能不管他哪"之类，那是不妥当的。又在疑问句里，也用"啊"为语气词，它的音变的规律和上述的规律相同：

他为什么不来呀？你是不是要走哇？要不要送你到车站哪？你什么时候可以到北京ㄤㄚ？你是不是在北京做事啊？

二　比较语法

这里所谓比较语法，就是拿广东话的语法和普通话的语法来做一个大概的比较。为求简便起见，我们只拿广州话来比较。客家话、潮州话、海南话和其他白话区域的话,其语法也和广州的语法相近似,可以参照来看,这里不打算一一详说了。

汉语的副词,一般总是放在动词前面的,如"慢来、快去"等。但是,广州话有些副词或带副词性的字眼,却放在动词后面,甚至于一句的收尾,这就和普通话的习惯相反了。现在只举出几个常见的字来说:

(1)"先"字。——广州话所说的"我去先",等于普通话的"我先去"。普通话里根本没有"我去先"的说法。下面试举出另一些例子:

广州话	普通话
我食饭先,再去。(或"我食饭先去",略"再"字,下同)	我先吃了饭再去。
畀钱先,再取货。	先给钱,再取货。
等佢来咗先。	等他来了(再说)。
等佢翻嚟先食饭。	等他回来(再)吃饭。

由上面的例子看,广州话用"先"字的地方,普通话不一定用"先"字。我常听见广州人说普通话,有些句子像:

我们应该先搞通了思想先,再来搞好业务。

前后共用两个"先"字,非南非北,就更不妥了。广州话里另有一种"先"字的用法,它并不需要跟在动词的后面:

九点钟先翻嚟。

三斗米先够食。

这种"先"字只等于普通话的"才",更不可不知了。

(2)"住"字。——广州话"未买住",等于普通话"先不买"或"先甭买"。这种"住"字也是纯粹的虚字,不复有居住的意义。转为普通话的时候,应译为"先不"或"先甭"。"唔使买住"也等于"先甭买";"唔好买住"则等于"先别买"。

(3)"嚟"字。——广州话"嚟"是"来"的变音;"翻嚟"就是

"回来"。但有时候"嚛"字变为副词性的虚字,例如"帝国主义系纸老虎嚛嘅"。这种"嚛"字,是帮助说明的语气,普通话里没有相当的字,翻译为普通话的时候,只有把"嚛"字省掉,例如译为"帝国主义是一只纸老虎"或"帝国主义是纸老虎哇",但是切不可说成"帝国主义是纸老虎来的"。

(4)"翻"字。——广州话"翻"就是"回"(所以有人写作"返");"翻嚛"就是"回来"。但是有时候"翻"字变为副词性的虚字,例如:"佢前个排生病,而家好翻咯。"这种"翻"字是没有法子恰当地译为普通话的。我们只能译为"前些日子他害病,现在好了"。由此类推,"做翻一件新衫"不能译为"做回一件新衣裳";"畀翻十个银钱佢"不能译为"给回他十块钱"。

(5)"乜滞"。——"乜滞"大概的意思是差不多,但是它的位置是在一句之末,例如:"佢冇讲话乜滞"等于"他差不多没有说话";"佢冇食饭乜滞"等于"他差不多没有吃饭"。这也是没法子直译的。

(6)"亲"字。——广州话"亲"字作虚字用的时候,有每次的意思,例如:"饮亲酒都唔啱"等于"每次喝酒都不舒服";"郁亲就痛"等于"一动就痛"。由这两个例子看来,无论译为"每次"或"一",其位置都在动词的前面,和"亲"字在动词后面不同。

(7)"埋"和"添"。——这两个副词,在广州话里,都是扩充范围的表示。"食埋呢碗饭"表示除了吃别的东西或吃了某数量的饭之外,再吃这一碗饭;"食多一碗添"也是这个意思,只不过"添"字的位置在句末,而"埋"字的位置紧接在动词的后面罢了。有时候,它们的用法比较空灵,例如"同埋你去",表示不止我和别人去;又如"佢重唔肯添",表示照一般看法他应该是肯的。这种"埋"字和"添"字,在普通话里没有恰当的字可以翻译。最好是不要译它们。广州人学普通话时,应该极力避免这种"埋"和"添"。

(8)"多"和"少"。——广州话里(华南各地都如此)说的"食多半碗饭"和"讲少两句话",在普通话里应该是"多吃半碗饭"和"少说两句话"。在广州话及其他华南方言里,"多"和"少"是放在动词后面的;但普通话里"多"和"少"是放在动词前面的。

以上所谈,是副词性的字眼。动词的位置,有时候也须变更,例如:"去上海、去北京"一类的说法,应该说成"到上海去、到北京去"。说"去上海",虽也可通,毕竟是不大合于普通话的习惯的。

"咱们"和"我们"

其次,我们想要谈一谈"咱们"和"我们"的分别。广州话里的"我哋",实际上有两种可能的意义:第一种是我和你或你们加起来,成为"我哋";第二种是我和他或他们加起来,成为"我哋"。在普通话里,这两种意思是用两种不同的词来表示的:前者称为"咱们",后者称为"我们"。简单的规律如下:

(1)我+你(或你们)= 咱们;

(2)我+他(或他们)= 我们。

普通对于这两个词的用途,往往举出下面这一类的例子:

我们要走了,咱们再会罢。

你们是北方人,我们是南方人,咱们都是中国人。

但这一类的例子虽然不错,却容易引起误会,令人以为"我们"的范围小,"咱们"的范围大。实际上,少到两个人也可以称"咱们",多到千万人也可以称"我们",例如:

咱们俩今儿晚上看戏去,好不好?

我们六万万人民,是不怕你们欺负的。

因此,上面的规律也可以改为另一个说法:

(1)包括"你"在内者,称"咱们";

(2)不包括"你"在内者,称"我们"。

初学普通话的时候,并不需要学会说"咱们"。干脆用"我们"来翻译"我哋",完全不用"咱们",未尝不可。因为若就全中国而论,能分"咱们、我们"的人毕竟是少数,但是,"我们"虽然可以替代

"咱们"，"咱们"可不能替代"我们"。假如你说，"咱们是不怕你们的"，这就错了！

"您"和"怹"

普通话代名词中，有一种礼貌的称呼。"你"的礼貌式是"您"（ㄋㄧㄣ），"他"的礼貌式是怹（ㄊㄢ）。但最有礼貌的称呼不是"您"和"怹"，而是按照人家的身份去称呼人家，例如："市长的意思怎么样？"等于"您的意思怎么样？"或"怹的意思怎么样？"

"您"和"怹"都没有复数。近来在报纸上看见有写"您们"的，那是一种错误。初学普通话的时候，不必学说"您"和"怹"；有时候用得太滥了，会闹出笑话来。

北京话还有ㄇㄇㄜ这一个说法。有人以为ㄇㄇㄜ就是"我们"；又有人以为这是"我"的礼貌式（自谦）。后一说比较合理。

"拿"和"把"

在普通话里，"拿"和"把"的用途不同。"拿水浇花"，这是"拿"，不能用"把"；"把帝国主义的军队打垮了"，这是"把"，不能用"拿"。它们的分别在于：（一）"拿"字后面的主要动词有它的目的语在后面跟着（"浇"的目的语是"花"），"把"字后面的主要动词没有目的语在后面跟着，这目的语是被"把"字提到前面去了（"打"的目的语是"帝国主义的军队"）；（二）"拿"字后面的主要动词只一个字就够了（"浇"只一个字），"把"字后面的主要动词一个字不够（"打垮"是两个字）。

广东话里只有"拿水浇花"一类的语法（畀水淋花、捞水淋花、拧水淋花，等），没有"把帝国主义军队打垮了"一类的语法（只会说"打 lâm⁵ 咗帝国主义嘅军队"），这是应该学习的。

"给你钱"和"给钱你"

广州说的"畀钱你"，在普通话里是"给你钱"。前者是"钱"在"你"的前面，后者是"你"在"钱"的前面，这又是词序上的不同。有人把"钱"叫做直接目的语，"你"叫做间接目的语。依这说法，广州话(客家话等亦同)是直接目的语在前,间接目的语在后;普通话是间接目的语在前,直接目的语在后。若换一个更浅的说法,广州话是物前人后,普通话是人前物后。以方便而论,普通话的办法似乎方便些,因为"我、你"或"他"只有一个字,"我们"等也只有两个字,放在前面并不累赘;物则不限字数了,譬如"我畀一千三百五十个银钱你",有时候说成"我畀一千三百五十个银钱过你",再加上一个"过"字,才觉得紧凑些。

"看戏去"和"去看戏"

"看戏去"和"去看戏",也像"到上海去"和"去上海"一样。并不是后者不许说,而是前者更合于普通话的习惯。"打球去、吃饭去、买东西去"都是这个道理。但也有些情形之下只限于一个说法,例如"上街去",决不能说成"去上街"。"来"字也有同样用法。"今天我看病来了"比"今天我来看病"更顺些。

另有一类"去"字更是空灵。"死活由他去!""尽他说去!""要踢要打由他去!""凭你拣去!"这些"去"字都表示放任的意思,而是广州话(广东语法)所没有的。

称数法

广州的称数法,和普通话大致相同;只有零数的称呼稍有分别。譬如说"一百三",依古代的解释是一百零三(汉魏六朝一百三名家集是一百零三家);但是依现代广州话的解释却是一百三十。普通话里普通要说"一百三十","十"字不能省略。尤其是后面加上一个量词的时候,如"三千八百斤",普通话里不能说成"三千八斤"。"三斤四两"在普通话里也不省称为"三斤四"。

"一"字也是广州话里省略的时候多些。"一千三百"在广州话里可省称"千三";在北方很少听见这种称数法。"一百五十"也不容易像广州人那样简称为"百五"。其余由此类推。

关于时间,广州人把"四点四十五分"称为"四点九","五点二十五分"称为"五点五",这是北方人所不能了解的。必须习惯于说

"四点四十五分"等等，以免误会。

　　以上所谈关于语法方面太简略了。但是，学习普通话毕竟以语音和词汇为重，汉语各方言的语法分别甚微，并不像语音、词汇有那样大的歧异，所以我就只说到这里为止了。

第三章　词　汇

词汇又称语汇，它是意义的标识，例如“我先走”，北京人说成ㄨㄛˇㄒㄧㄢㄗㄡˇ，广州人说成ㄫㄛˇㄒ'ㄧㄣㄐ'ㄠˇ，这是语音上的不同；但是，实际上广州人不说“我先走”而说“我行先”，“先”字在动词后面，这是语法上的不同；“行”替代了“走”，这是词汇的不同。

咱们学普通话，单只学会了语音还是不中用的。广东人把“荸荠”叫做“马蹄”，假使广东人到北京去，要买“马蹄”，无论把字音念得多么正确，还是买不着他所需要的东西。因此，词汇的学习是必要的。

但是，词汇虽有它的系统性，但它并不像语法、语音那样可以类推。因此，咱们研究起来更不容易了。它也比语音更容易发生类推的错误，例如一个广东人知道了“肥佬”在普通话里是“胖子”，因而把“肥肉”叫做“胖肉”，这又嫌矫枉过正了。

我们既然没有法子把普通话里所有的词一个个都列举出来，也没有法子叫人由甲知乙（虽然在某一些情形之下是可能的），就只好随意列举一些常用的名词、形容词、动词等等，当作例子。下面所举每一个例子都是广州话在前，普通话在后，必要时附注注音字母。

一　天文类

热头＝太阳ㄊㄞˋㄧㄤ˙	云＝云彩ㄩㄣˊㄘㄞ˙
月光＝月亮	雷响＝打雷

落雨=下雨　　　　　　　　吹风、翻风、打风=刮风

天光=天亮(灯唔光=灯不亮)

二　时令类

天时=天气(天时好=天气好)　　暖=暖和ㄋㄨㄢㄏㄨㄛ·

冻=凉(冻水=凉水)　　　　日间=白天

夜晚=晚上　　　　　　　朝头早=早晨、早上

三日=三天　　　　　　　一夜=一宿ㄧㄒㄧㄡ

一夜、一个晚上

三点八个字=三点四十分(注意:北方人不懂"几个字"的说法)

半昼=半天　　　　　　　上半昼、上昼=上午

下半昼、下昼=下午　　　一阵=一会儿ㄏㄨㄜ儿

旧年=去年　　　　　　　出年=明年

寻日=昨天、昨儿、昨儿个　　今日=今天、今儿、今儿个

听日=明天、明儿、明儿个　　旧底、原底=从前、原来

大早=早已　　　　　　　呢排=近来

头先=刚才ㄐㄧㄠㄘㄞ　　　而家=现在

周时=常常　　　　　　　几时=多暂ㄉㄨㄛㄗㄢ、什么时候

三　地理类

路=道(小路=小道)(说"路"也可以)　　圩(墟)=集(趁圩=赶集)

乡下=家乡　　　　　　　坟、山=坟(拜山=上坟)

基围=堤　　　　　　　　灰尘=土(北京话)

四　宫室类

屋=房子　　　　　　　　房=屋子(说"房间"也可以)

窗=窗户("户"字轻声)　　天井=院子

铺头=店,铺子　　　　　铺仔=小铺子

巷＝胡同、巷　　　　　左便、右便＝左边＝右边

东便、西便＝东边、西边　出便＝外边、外面

埋便＝里边、里面

五　器物材料类

火船＝轮船　　　　　电船＝轮船、汽艇　　　　艇仔＝小船儿

单车＝自行车　　　　遮＝伞　　　　　　　　镬头＝锅

碟＝盘　　　　　　　碟仔＝碟子、小碟儿　　　酒罉＝酒瓶

暖水壶＝热水瓶　　　煲＝沙锅

火水＝煤油、洋油（北方人听不懂"火水"）

电油＝汽油　　　　　灯胆＝灯泡

枧、番枧＝胰子、肥皂（北方人多说"胰子"；江浙人多说"肥皂"，他们都不懂"番枧"）

锁头＝锁　　　　　　锁匙＝钥匙ㄕˊ　　　　　皮喼＝皮箱子

六　衣饰类

长衫＝大褂、长袍　　　　　棉衫＝棉袄

衫裤＝衣裳ㄕㄤˊ（ㄕ˙）　　褛＝大衣（北方人不懂"褛"）

雨褛＝雨衣　　　　　　　　恤衫＝衬衫

手袜＝手套　　　　　　　　冷衫＝毛线衫、绒线衫、毛衣

着衫＝穿衣裳　　　　　　　除衫＝脱衣裳

毛冷＝绒线、毛线　　　　　绒＝呢子

皮草＝皮子　　　　　　　　丝发＝绸缎

毡＝毯子

七　饮食类

粥＝稀饭、粥（清水粥叫做"稀饭"，肉粥、腊八粥之类叫做"粥"）

餸=菜　　　　　　　食饭=吃饭(但"粮食"不是"粮吃")

一餐饭=一顿饭　　　饮酒=喝酒

饮茶=喝茶　　　　　煲汤=煮汤、氽(ㄊㄨㄢ)汤

胡椒粉=胡椒面　　　烟仔=烟卷儿、香烟、纸烟

雪(人造冰)=冰　　　雪糕=冰淇淋、冰激凌

雪藏=冰冻

八　文事类

墨砚=砚台　　　　　　墨水笔、水笔=自来水笔　　咭=名片

印(私人的)=图章　　　士担=邮票　　　　　　　买飞=买票

读书=念书(说"读书"也可以)　　　　　　　　　着棋=下棋

报纸有卖=报上没登(这种"卖"字北方人不懂)

九　草木花果类

橙=桔子　　　　柑=橘子　　　　沙梨=梨　　菩提子=葡萄

马蹄=荸荠　　　番茄=西红柿　　番薯=白薯　薯仔=土豆

荷兰豆=豌豆　豆角=豇(ㄐㄧㄤ)豆　莲花=荷花

十　鸟兽虫鱼类

马骝=猴子　　　　　　　　　　蛇=长虫(说"蛇"也可以)

老鼠=耗子(说"老鼠"也可以)　　乌蝇=苍蝇

蚊=蚊子　　　　　　　　　　　鸡公=公鸡

鸡乸=母鸡

十一　形体类

头=脑袋(说"头"也可以)　　　颈=脖子

面=脸(北方人不说"脸孔","脸孔"是江浙人由"面孔"译

成的)

鼻哥、鼻公＝鼻（ㄅˊ）子　　　　须（ㄙㄡ）＝胡子

腒＝舌头　　　　　　　　　　　膶＝肝（猪膶＝猪肝）

手臂＝胳膊ㄍㄜ˙ㄅㄛˇ　　　　　角＝觭角ㄐㄧㄐㄧㄠ

翼＝翅膀　　　　　　　　　　　豆皮＝麻子

痕＝痒痒ㄖˇㄤㄖˇㄤˇ

十二　人伦类

老豆＝爸爸、爹　　　老母＝妈　　　新妇（心抱）＝儿媳妇

仔＝儿子　　　　　　女＝女儿　　　大佬＝哥哥

细佬＝兄弟、弟弟　　细佬哥、细蚊子＝小孩儿

阿嫂＝嫂子ㄙㄠˇㄗˇ　　后生＝年轻人、小伙子

十三　人事类

(1)关于口的：

讲话＝说话（"讲话"多用于"演讲"）　　岩岩谗谗＝叽咕

倾偈＝谈天、聊天、聊乱（ngâp）＝胡说　　安＝捏造、造、编出来

呃（ngak）＝冤（冤你）、骗　　　　　　车大炮＝吹牛

吞＝咽　　　　　呓＝喊　　　　　　　　喊＝哭

(2)关于手的：

畀＝给　　　　　　　擝＝要　　　　　　拉（ㄌㄞ）＝拉（ㄌㄚ）

打交＝打架　　　　　埋手＝着手　　　　搵＝找

冚（kâm）＝盖上　　削＝杀（削鸡＝杀鸡）

(3)关于脚的：

行＝走　　　　　　走＝跑　　　　　　　行街＝逛街

荡街＝溜达　　　　行埋＝走近、在一块儿走　　扯咗＝走了、溜了

楂＝闯企＝站　　　企起身＝站起来　　　踹（ㄌㄤˊ）＝踩（ㄘㄞˇ）

跌交＝栽跟斗（也说"跌交"）　　　　　　跌亲＝摔坏

(4)关于整个身体的：

瞓=睡、睡觉　　抖(ㄊㄠˇ)=歇、休息　　打震=发抖(ㄉㄨˇ)

(5)关于眼睛的：

睇=看　　　　睇(注视)=瞧(ㄑㄧㄠˊ)　睇(做眼色)=瞅(ㄔㄡˇ)

瞇(mei)=闭(瞇眼=闭眼)

(6)关于排泄的：

屙屎=拉屎、上毛房、解手、大便　　　屙尿=撒尿、小便、解手

(7)关于心理的：

念=想、考虑　　　　思疑=疑心、怀疑、猜想　信得过=相信

嬲(nâo[1]，lao[1])=恼、恨　失魂=慌、慌张　　　　火滚=气(冲冲)

惊=害怕　　　　　慌=担心、怕

(8)关于事情的：

打理=办、办理、料理(北方人没有说"打理"的)

十四　德性类

(1)关于人性的：

傻(ㄒㄛˊ)=傻(ㄕㄚˇ)　傻傻庚庚=傻里傻气、傻不基基、傻了刮基

憒、憒懂=糊涂　　恶=凶　　　　狼=狠、狠心

猛=有本领　　　呖=棒(了不起)　　靓=好看、漂亮

(2)关于物性的：

幼=细(幼纱=细纱)　　利=快(刀唔利=刀不快)

烂=破(打烂=打破)　　曳(iâi)=不好(唔曳=不赖)

啱=合适　　　　　好丑=好歹

至好=最好　　　　抵=值得

平=便宜、贱

(3)关于人事的：

弊=糟、糟糕、焦心　衰=倒霉　　　唔得=不行

伦尽=别扭　　　巴闭=麻烦　　　得闲=有工夫

执输=泄气　　　儿嬉=开玩笑(的)

（4）其他

尾＝最后（尾车＝最后一次车）（北方人不大用"尾"字表示最
　后的意义）

十五　虚字或副词类

咪＝别（莫、不要）

唔＝不

喺＝从、由

乜野＝什么

点＝怎么（但"点知"＝哪里知道）

唔通＝难道

好彩＝幸亏

无谓＝犯不着

立乱＝胡乱

遇啱＝恰巧

真＝清楚（睇真＝看清楚）

唔使＝甭（ㄅㄥ）（不用）

响＝在（于）

同＝和、跟（我同佢＝我和他）

点解＝为什么、怎么

重＝还（重想＝还想；重话＝还说）

应份＝应该

难为＝亏（难为你＝亏你）

横直、横掂（dim^2）＝反正

夹硬＝硬要

周身＝浑身

以上所举的词语，只限于广州话和普通话相对照，而且也太不
完备了。对照不是一件容易的事，因为意义的广狭不一定相当，例
如广州话"巴闭"是否完全等于"麻烦"，"执输"是否完全等于"泄
气"，都是很成问题的。既然无法求其完备，就只说到这里为止了。

在两可的情形之下，最好是拣最合习惯的来说，例如广东人说
"迟"，北方人说"晚"。在普通话里，"我来晚了"能不能说成"我来
迟了"呢？依原则说是可以的，因为"迟"字是文言的字眼，北方的
知识分子不应该不懂；但是，是否北方一般群众都懂，就很成问题。
由此看来，如果有两种字眼可用，最好是抛弃了文言的一种，而选
择白话的一种。

下篇 分 论

第一章 广州人怎样学习普通话

现在我要说的是广州人学普通话的通病。大致说起来,共有十八个缺点:

一 "做事"和"做戏"

1. 广州人学普通话的时候,ㄓ、彳、ㄕ和ㄐ、ㄑ、ㄒ往往分不清楚,于是"做事"念成"做戏"了。在广州音里,"事"与"戏"本来是有分别的,说起普通话来就把它们混了。应该分别下列的两组字:前一字该念ㄓ、彳或ㄕ,后一字该念ㄐ、ㄑ或ㄒ:

知机	植极	止己	志记
痴欺	迟期	耻起	翅气
诗希	时席	史喜	世系

2. ㄗ、ㄘ、ㄙ和ㄐ、ㄑ、ㄒ也应该分别清楚:

| 资基 | 子己 | 字忌 |
| 雌妻 | 慈齐 | 此启 | 次器 |

以上这两种毛病是广州一带的人所最难避免的,同时又是人们觉得最刺耳的。应该下苦功来克服它。

3. ㄗ、ㄘ、ㄙ和ㄓ、彳、ㄕ的混淆,也是广州人容易犯的毛病。江浙话和西南官话一般的也把这两组字混淆了,但广州混淆的情形恰恰相反:江浙人是把ㄓ、ㄔ、ㄕ读入ㄗ、ㄘ、ㄙ,广州人是把ㄗ、ㄘ、ㄙ读入ㄓ、ㄔ、ㄕ(实际上也不是真正的ㄓ、ㄔ、ㄕ,只是近似罢了)。应该分别下列的两组字:前一字该念ㄓ、ㄔ或ㄕ,后一字该念ㄗ、ㄘ或ㄙ:

脂姿	纸紫	智自		
鸥雌	池祠	齿此	炽厕	
尸斯	使死	示似		
齐灾	昼奏	瞻簪	张脏	帐葬
柴才	臭凑	缠残	昌仓	长藏
收搜	手叟	瘦嗽	山三	陕伞
扇散	伤桑	赏嗓		

这两组字,广东白话区域有些地方是能分别的。这只是指广州及其他某一些地方而言。

　　练习:制止自己。

　　　　　积极自治。

　　　　　四十四棵柿子树。

二　"布告"和"报告"

　　常常听见广州人说普通话的时候把"布告"说成"报告",因为"布"和"报"在广州话里是同音字,所以他们犯了类推的错误。广州话里,ㄅ、ㄆ、ㄇ、ㄉ、ㄊ、ㄋ、ㄌ、ㄗ、ㄘ、ㄙ的后面不能有ㄨ,只能有ㄡ,因此,下列这两组字是没有分别的。学普通话的时候,前一字该念-ㄨ,后一字该念-ㄠ:

补保	布报	部暴	蒲袍	暮冒
都刀	赌倒	度道		
图桃	土讨	兔套	奴呶	努脑
卢劳	鲁老	路涝		
租糟	祖早	粗操	素扫	

　　广东白话区域有许多地方是能分别这两组字的,但广州却不能分别。在粤剧里,这两组字是互相押韵(即鱼、虞、豪三韵通用,或"图租"等字与豪韵通用)的。广州人学普通话的时候,必须把它们分别开来。

　　练习: 葡萄　陶涂(古国名)　糊涂(叠韵字)

　　　　　　扶苏(叠韵字)　俘虏(叠韵字)

　　　　　　我是要一个兔子,不是要一个套子!

三　"保存"和"保全"

　　"保存"和"保全"的意思是不一样的。譬如说:"他把他的书交给我保存;昨天遇着火灾,幸亏我搬得快,终于保全了。"这里的"保存"不能说"保全","保全"也不能说"保存"。广州话虽然把它们混了,普通话里却是有分别的。应该分别下列的两组字:前一字该念-ㄨㄣ,后一字该念-ㄩㄢ:

　　　　存泉　孙宣　损选

又应该分别下列的两组字:前一字该念-ㄨㄢ,后一字该念-ㄩㄢ:

　　　　酸宣　窜劝　钻镌

又应该分别下列的两组字:前一字该念-ㄨㄢ,后一字该念-ㄨㄣ:

　　　　专尊　转搏　川村　传存　串存

又应该分别下列的两组字:前一字该念ㄓ-、ㄔ-或ㄕ-,后一字该念ㄗ-、ㄘ-、ㄙ-:

　　　　专钻　转纂　穿汆　拴酸　涮算(这只是声母的分别)

　　广州话除ㄍㄨㄢ音之外不用三拼音(如ㄗㄨㄢ、ㄐㄩㄢ),因此,对于普通话三拼音的字应该特别注意。

　　练习: 存之名山,传之其人。

　　　　　　这是西村,不是西川。

　　　　　　专钻尊贵之门。

　　　　　　尊重专家的意见。

四　"毛亨"和"毛坑"

据说从前广东诗人黄节教授在北京大学讲授《毛诗》,说汉朝有个"毛坑",引起哄堂大笑。广东白话"亨坑"同音,黄节说北京话时矫枉过正,于是"毛亨"变了"毛坑"。

广东白话里ㄎ音缺乏,除了少数的字如"区亏缺楷"之外,ㄎ音都变了ㄏ音(严格地说只是英文的 h 音),因此,本来的两组字就混淆了。下面的两组字是按ㄎ、ㄏ的次序的:前一字念ㄎ-,后一字念ㄏ-:

　　开咍　　凯海　　口吼　　堪酣　　砍喊　　看汉
　　垦很　　坑亨　　刻嚇　　空烘　　孔哄

另有些普通话念ㄎ音的字变到了ㄈ音里去。应该分别下列的两组字:前一字念ㄎ-,后一字念ㄈ-:

　　枯夫　　苦府　　裤富　　宽翻　　款反　　困粪　　况放

还有少数的字是失去ㄎ音,只剩韵母的。这就是"苛柯轲珂"等字,本该读ㄎㄜ,都读成了"痾"音(ㄜ),应矫正。

此外又有些字,在普通话里是ㄑ音,而在广州话里是ㄒ音的。应该分别下列的两组字:前一字念ㄑ,后一字念ㄒ:

　　恰呷　　怯协　　敲哮　　巧○(孝上声)　　谦掀　　欠献　　腔香
　　轻兴　　庆兴(高兴)　　圈喧　　犬选　　劝○(玄去声)　去序

　　练习:我没有见过袁世凯,但是我见过袁世海(京剧名演员)。
　　　　　喊人砍树。
　　　　　她又好看,又可恨。
　　　　　客来叫口渴,快看茶。
　　　　　值得庆幸。

五　"江"先生和"张"先生

姓江和姓张,广东话里本来有分别,但我听见许多广东人说普通话时把它们混了。原因是广东白话"将、张"同音,而普通话"江、将"同音,于是牵连在一起了,江先生变了张先生。

应该分别下列的两组字:前一字该念-l尢,后一字该念-尢:

浆章　奖掌　酱帐　枪昌　墙长　抢厂　湘伤　想赏　像尚

又应该分别下列的两组字:前一字该念-ㄨ尢,后一字该念-尢:

双伤　窗昌　霜商　庄张　床长

练习:张将军颁奖章给江团长。

越想越伤心。

窗口摆一张双人床。

六　"黄"先生和"王"先生

广东人"黄、王"不分。平时"黄"混于"王",等到说普通话的时候,又往往矫枉过正,连"王"字也念成"黄"字了。许多人叫我厂ㄨ尢先生,我连忙声明说:"对不起,我姓ㄨ尢(王),不姓厂ㄨ尢(黄)!"

应该分别下列的两组字:前一字该念厂ㄨ-,后一字该念ㄨ-:

华娃　话袜　祸卧　坏外　回为　会魏　惠位　还完

换万　皇王　胡吾　壶梧　狐吴　户误　护悟

应该分别下列的两组字:前一字该念厂ㄨ-,后一字该念ㄩ-:

魂云　浑匀　混运　涸韵

附带地应该分别下列的两组字:前一字该念 w-,后一字该念 y-:

玩(玩耍)援　丸垣　腕媛

练习:天上云飞,心上魂飞。

周朝称王,秦朝称皇。

用完了就还给他。

七　"县长"和"院长"

我在中山大学文学院的时候,许多同学都叫我"黄县长",三个字错了两个(该是王院长)。广东白话"县、院"同音,矫枉过正,"院"就变了"县"了。我们必须把它们分别开来。应该分别下列的

两组字:前一字念ㄒ-,后一字念ㄌ-或ㄩ-:

　　休忧　朽友　贤延　现砚　欣因　形盈　旭郁

　　蓄育　穴悦　悬原

又应该分别下列的两组字:前一字念ㄒ-,后一字念ㄩ-:

　　弦圆　县院

又应该分别下列的两组字:前一字念ㄑ-,后一字念ㄌ-:

　　丘幽　钦阴

　　练习:休者,无忧也。

　　　　　圣贤之言。

　　　　　中山县法院。

八　"国文"和"国民"

　　广东白话"文、民"同音。广州人说普通话,有时候把"文"念作"民";有时候又矫枉过正,把"民"念作"文"。于是"国文"和"国民"没有分别了;"新闻"和"新民"也没有分别了。应该分别下列的两组字:前一字该念ㄨ-,后一字该念ㄇ-:

　　无模　武母　务慕　物木　微眉　尾美　味妹

　　晚满　万慢　文民　闻闽　吻敏　亡忙　网莽

　　练习:中国的人民应该懂得中国的国文。

　　　　　母亲跳舞。

　　　　　这两天很忙,没有来拜望你。

九　"荒唐"和"方糖"

　　广东白话把"荒唐"念作"方糖"。我看见有一本连环图画,其中一个滑稽主角名叫方茂,显然是"荒谬"的谐音。若用普通话读起来,就完全不是那一回事了。"方"字该念ㄈㄤ,"荒"字却该念ㄏㄨㄤ。应该分别下列的两组字:前一字念ㄏㄨ-,后一字念ㄈ-:

呼夫　　忽拂(前字阴平,后字阳平)　　虎府　　花发

化法　　货缚　　辉非　　婚分　　慌方　　恍访

下列的字,虽然不至于和另一字混淆,也应该将ㄈ音改为ㄏ音:

灰　悔　火　霍　欢　缓

另有些字,广州话读ㄈ,而普通话读ㄒㄩ-,也该分别。下列两组字在普通话里是不同音的:前字念ㄒㄩㄣ,后字念ㄈㄣ:

勋分　　薰芬　　曛氛　　训粪

练习:招呼不是招夫。

市虎伤人,市府救人。

慌忙恍忽,头昏脑胀;我后悔,但是我不灰心。

纷纷结婚。

十　"少数"和"小数"

广州人的文章里有一个颇常见的别字,而是别处人所没有的,就是"少、小"不分,"少数"往往误作"小数"。笔下没有分别,是因为嘴里先把它们混淆了。

注意分别下列两组的字:前一字该念ㄓㄠ、ㄔㄠ或ㄕㄠ,后一字该念ㄐㄠ、ㄑㄠ或ㄒㄠ:

招焦　　爪缴　　照教

超敲　　潮桥　　炒巧

烧消　　芍(芍药)学(效也)　　少小　　绍笑

又注意分别下列两组的字(这是广州人比较容易分别的):前一字念ㄓㄡ、ㄔㄡ或ㄕㄡ,后一字念ㄐㄡ、ㄑㄡ或ㄒㄡ:

收修　　守朽　　寿袖　　瘦秀

抽秋　　酬求　　绸囚

周鸼　　肘酒　　宙就

练习:周舅舅吃肘子,喝黄酒。

人少,数目小,容易照顾。

萧先生烧柴炒菜。

十一　"无奈"和"无赖"

广州人往往分不清ㄋ和ㄌ,但并非人人如此。尤其是其他白话区域能分别的更多。不过,既然有许多人分不清,仍然须要提出来谈一谈。应该分别下列的两组字:前一字该念ㄋ-,后一字该念ㄌ-:

纳蜡	奈赖	耐赉	馁垒	内类	挠劳	脑老
耨漏	难兰	南蓝	赧懒	难(灾难)烂		囊郎
曩朗	能楞	泥离	你李	腻利	匿力	孽列
鸟了	牛流	扭柳	年连	碾脸	念练	您林
娘良	宁零	佞令	奴芦	努鲁	怒路	傩罗
诺洛	暖卵	农隆	女吕	虐略		

练习:木牛流马。

你的女侣老羞成怒了。

十二　"自然"和"自言"

广东没有ㄖ母,因此许多人说普通话的时候,"自然"变了"自言"。补救的办法是先跟人学会了ㄖ母,然后分辨下列的两组字:前一字念ㄖ-,后一字念ㄧ-或ㄩ-:

日逸	惹野	饶尧	扰窈	绕耀	柔油	然延
髯炎	染掩	人寅	忍引	任荫	壤养	让样
仍迎	如余	汝雨	孺喻	辱玉	若药	软远

练习:姚先生和饶先生惹他。

终日不语如愚。

扰人难忍。

十三　"大臣"和"大神"

广东白话"臣、神"同音,普通话"臣"字不和"神"字同音,倒反是和"陈"字同音。因此,我们得到一个结论,就是有些字照广州话应该读入ㄕ母的,若照普通话就应该读入ㄔ母了。应该注意下列的一些字:

仇雠愁:ㄔㄡ(不是ㄕㄡ),与"酬"同音。

匙:ㄔ(不是ㄕ),与"池"同音。

禅(禅宗)婵蟾:ㄔㄢ(不是ㄕㄢ),与"缠"同音。

臣谌忱:ㄔㄣ(不是ㄕㄣ),与"陈"同音。

常嫦尝偿:ㄔㄤ(不是ㄕㄤ),与"长"同音。

丞承乘成城诚:ㄔㄥ(不是ㄕㄥ),与"程"同音(与"绳"不同音)。

垂:ㄔㄨㄟ(不是ㄕㄨㄟ),与"槌"同音。

船:ㄔㄨㄢ(不是ㄕㄨㄢ),与"传"同音。

唇淳醇纯鹑莼:ㄔㄨㄣ(不是ㄕㄨㄣ)。

裳,读重音时是ㄔㄤ(与"长"同音);读轻音时是ㄕㄤ(衣裳)。

广州以外的某一些地方,还应该注意下列的一些字:

产:ㄔㄢ(不是ㄕㄢ)。

柴豺侪:ㄔㄞ(不是ㄕㄞ)。

床:ㄔㄨㄤ(不是ㄕㄨㄤ)。

崇:ㄔㄨㄥ(不是ㄕㄨㄥ),与"虫"同音。

另有一个"兆"字,广州读如"绍"音,普通话读如"赵"音,也是应该注意的。

还有应该注意的:"乘机"的"乘"虽读如"程","车乘"的"乘"(去声)并不读如"秤",而读如"胜";"盛"字也不读如"秤",而读如"胜";"常"字虽读如"长","尚"字并不读如"帐"或"唱"。总之,除了"兆"字不规则之外,去声字都可以仍旧依照广州话的系统。

　　练习：他常常穿花衣裳。

　　　　　我盛一碗给你尝尝。

　　　　　丞相是朝廷的大臣。

　　　　　麻可织成布，搓成绳。

十四　"松树"和"丛树"

　　广东白话里"松树"和"丛树"同音；在普通话里，"松"字却和"鬆"字同音。因此，我们得到一个结论：有些字照广州话的系统应该读入ㄗ、ㄘ两母的，若照普通话就应该读入ㄙ母了。应该分别下列的两组字：前一字该念ㄙ-，后一字该念ㄘ-（注意：加括号的字表示它们在广州话本身有分别，但广州人说起普通话来往往把它们混了）：

　　　似次　　　　［寺刺］　　　　随〇（崔字阳平）

　　　［颂粽］　　　松从　　　　赛蔡

　　有些字，照广州话的系统应该读入ㄐ、ㄑ两母的，若照普通话就应该读入ㄒ母了。应该分别下列的两组字：

　　　［习齐］　［席脐］　［袭其］　［斜茄］　袖就　　［寻群］

　　　祥戕　　详墙　　象匠　　　［像酱］　［徐渠］序聚　［叙具］

　　　旋全　　［璿泉］　［循群］　［旬裙］　谢藉

　　另有些字，照广州话的系统应该读入ㄓ、ㄔ两母的，若照普通话就应该读入ㄕ母了。应该分别下列的两组字：

　　　始齿　　矢耻　　豕侈　　　［恃翅］　　剩正

　　练习：谢谢你借给我一张席子。

　　　　　学习必须循序渐进。

十五　"欢聚"和"欢醉"

　　常常听见广州人说普通话，把"需要"说成"虽要"（也很像"谁要")。这是因为"需"和"虽"在广州是同音字。"欢聚"和"欢醉"相混也是此理。"聚"和"醉"在广州话虽不同音,但广州人说普通话时往往把它们混了。应该分别下列的两组字:前字念-ㄩ,后字念-ㄨㄟ:

聚坠 趋吹 取璀 趣翠 须绥 需虽 醑水
絮碎 睢追 咀嘴·

练习:需要娶妻。

吹絮坠水。

十六 "一斤"和"一根"

个别广州人说普通话,把"根本"说成"斤本",这是类推的错误,因为"斤"和"根"在广州话里是同音字。在广州的饭馆里,有人把"面筋"写成"面根",这是写别字。这种别字是北方人不会犯的,因为"筋"和"根"在北方话里不同音。应该分别下列的两组字:前一字该念ㄐ、ㄑ或ㄒ,后一字该念ㄍ-、ㄎ-或ㄏ-。

斤根 巾跟 〔近艮〕 〔郡棍〕 〔群坤〕
穷空 雄红 熊洪

练习:红军的英雄。

一斤棉花和一根棍子。

衮衮诸君。

他姓熊,不是姓洪。

十七 "大江"和"大纲"

广州话里"江"和"姜"不同音,"江"和"纲"却同音。北京话正相反:"江"和"纲"不同音,"江"和"姜"却同音。应该分别下列的两组字:前一字该念ㄐ-、ㄔ-、ㄕ-,后一字该念ㄍ-、ㄔ-、ㄕ-:

江纲 讲港 降杠
窗昌 双伤

练习：双手受伤。

　　　　　窗口唱歌。

　　　　　一江水，不是一缸水。

十八　"洪流"和"红楼"

　　"洪流"与"红楼"，广州人是不能分别的。广州人学普通话，"流、楼"这一类字，往往相混。相传有一个广东学生在北京看见了一条狗，就告诉人家说他看见了一条"九"，这又是类推的错误，并且是矫枉过正。应该分别下列的两组字：前一字该念-|ㄡ，后一字该念-ㄡ：

揪邹	酒走	就骤	鸠沟	久苟	韭狗	救够
究垢	刘娄	留楼	流偻	溜漏	柳搂	修搜
羞溲	秀漱	绣嗽				

　　练习：他姓楼，不姓刘。

　　　　　一斤韭菜，三斤枸杞。

　　　　　究竟购买九斤酒够不够？

　　除了以上十八种情形之外，还有一些例字需要个别说明的。现在试一一说明如下：

　　1. "初疏梳阻楚助"这几个字在广州话里，它们的韵母是ㄛ，但它们在普通话里的韵母是ㄨ，必须读"初"如"出"、读"楚"如"褚"、读"阻"如"主"、读"助"如"住"、读"疏梳"如"书"，才算是没有错误。很多广东人普通话说得很好，就只在"初助楚"等字露马脚，真是可惜了儿的！

　　2. "联"字在普通话里与"连"同音，在广州话里与"鸾"同音。广州人说普通话，往往把"联合"说成"鸾合"，"联络"说成"鸾络"，"联系"说成"鸾系"，这是很不好听的。同理，"栗"字在普通话里应读如"力"，不应该读如"律"。

　　3. "必"字在普通话里与"毕"同音，在广州话里与"鳖"同音。

记住,普通话里"必"字念ㄅㄧ,不念ㄅㄧㄝ。

4."内"字,广州话读如"耐",颇为奇特;应该读ㄋㄟ。

5."大"字,广东白话读ㄉㄞ,普通话读ㄉㄚ,多数广东人对于"大"字都不会念错,因为听见的次数太多了。少数广东人仍旧念错,这是必须改正的。

6."翁"字,广州话念像"雍"字,普通话则读为ㄨㄥ(这是北京音,但念ㄨㄥ也可以)。

7."我"字,广东白话念ㄫㄛ,普通话念ㄨㄛ。

8."恩"字,广州人读如"因",普通话念ㄣ,和"因"字有分别("因"字念ㄣ)。

9."谬"字,广州读如"茂",普通话念ㄇㄧㄡ。

10."纠"字,普通话读如"鸠"。广州人读如"斗"是误读;大约因为有人把"纠"字右边写作斗,所以"纠"字也被误读像"斗"字的声音了。

11."拉"字,普通话读ㄉㄚ,广东白话读ㄉㄞ,不知何故。学普通话时必须矫正。

12."牛"字,广州人念ㄫㄠ,是意料不到普通话念ㄋㄧㄡ的。值得注意。

13."瑞"字,依旧字典该读如"睡",广东白话正读如"睡",这是有道理的;但普通话读如"锐",虽然依传统读法可说是错了,学普通话时也只好依它。

14."荣"字,广州话读ㄨㄥ,普通话读如"戎"(ㄖㄨㄥ)。

15."永"字,广州话读为"荣"上声(ㄨㄥ),但普通话并不念ㄖㄨㄥ,而是念ㄩㄥ,音如"拥"。

16."壻"字,广州话读如"细",这是对的。普通话读如"絮",这是因为"壻"字从"胥",所以读成"胥"去声。同理,广州话"剧"字读如"展",这是对的。普通话读如"据",这是因为"剧"字从"居",和"据"字同一声符的缘故。约定俗成,广州音固然是对的,普通话也不能说是错的。

17．"屈"字，广州读如"郁"，普通话读如"曲"（＝驱）。

18．"季"字，普通话读与"记"字同音，广州读与"贵"字同音，应注意。

19．"况"字，广州话念 fong，与"放"同音。依广州话本身系统来说，这个读音是正确的，因为依旧字典"况"字该是"荒"去声，而"荒"字去声依广州话正该与"放"字同音。普通话"况"字念ㄎㄨㄤ，与"旷"同音，依旧字典看来这是误读。但咱们学普通话时必须照念ㄎㄨㄤ音，不该以旧字典为护符。

20．"昆"字，广州有人念ㄍㄨㄢ，等于"棍"字平声。依旧字典看来，广州这种读法是对的。普通话"昆"字念ㄎㄨㄣ，与"坤"同音，依旧字典该说是不对的，但咱们不该硬要矫改它。多数广州人说广州话时也读如"坤"，尤其是广州以外的白话区域多数读如"坤"。

21．和"昆"字相反的情形有"规"字。"规"字依字典该读如"归"，普通话正是这样读法。广州及其他白话区域多读如"亏"，说普通话时应矫正。

22．和"规"字相仿的情形有"概"字。"概"字依字典该读如"盖"，普通话正是这样读法。广州及其他白话区域多读如"慨"，说普通话时应矫正。

23．和"概"字相仿的情形有"构"字。"构"字依字典该读如"够"，普通话正是这样读法。广州人读"构"如"寇"，学普通话时应矫正。

24．"奢"字，依字典该读如"赊"，普通话正是这样读法。广州读如"车"，可以说是误读（虽有历史上的理由）。广州人说普通话时应矫正。

25．和"奢"字相仿的情形有"设"字。"设"字依字典该读"扇"入声。普通话没有入声，念ㄕㄜ是合式的。这样，在普通话里，"设"

和"舍"是同音字了。广州人读"设"如"彻",听见普通话"彻"字念ㄔㄜ,因此他们学普通话的时候,把"设"字也念了ㄔㄜ了,应矫正。

26. 和"奢、设"相反的情形有"岑"字。"岑"字广州话念 shâm,若照理类推,在普通话里该念ㄕㄣ,但是实际上普通话"岑"字念ㄘㄣ(注意:不但不是ㄕㄣ,而且也不是ㄔㄣ,与"陈"不同音)。

27. "品"字,依字典该读ㄆㄧㄣ(因为普通话不可能有 pim³),普通话正是这样读的。广州人读"品"如"禀",因此个别广州人说普通话的时候误说成ㄅㄧㄣ,与"禀"同音(普通话"禀"字念ㄅㄧㄥ或ㄅㄧㄥ)。这是不对的,应矫正。广州以外的白话区域的人多数不读"品"如"禀",他们学普通话的时候,对于"品"字的读音就不成问题了。

28. "剥"字,广州话有 bok 和 mok 两音,于"剥花生"念 bok,于"剥皮"念 mok。"地主剥削"的"剥"也念 mok。这 mok 音来历不明。普通话里"剥"字也有两音:口语"剥"字(如"剥皮")念ㄅㄠ,如"包"音;读书音"剥"字(如"剥削")念ㄅㄛ。广州人说普通话时,于"剥"字应该避免 mo 音,勿读如"莫"。

29. "弥"字("瀰猕"同),广州人读如"尼"(但并非全白话区都如此)。普通话读如"迷"。依字典说,应以普通话为正。

30. "铅"字,依旧字典当读如"沿",广州人正是这样读法(西南官话也多读如"沿");但普通话里"铅"字读如"牵"。这个"牵"音来历不明。咱们学普通话时,自应依照普通话习惯,读如"牵"。

31. "郁"字,广州话念 wât,很难推知普通话是念ㄩ,应注意。

32. "须"字,广州话读如其所读的"苏骚"(ㄙㄡ),依字典说来是错的,应该读如"需"。学普通话时,该读ㄒㄩ 。

33. "轩"字,依旧字典该读如"显"字的平声,广州人正是这样读法,依普通话应读如"宣"字(ㄒㄩㄢ)。

34. "薛"字,广州人读如"屑泄",这是和旧字典符合的。普通话读如"雪"字的阴平,等于"靴"音(ㄒㄩㄝ)。

35．"贞"字（"桢侦祯"同），广州话读如"征"，这是合于旧字典的系统的（只算是合系统）。普通话读ㄓㄣ，与"珍"同音，可能是受了吴语的影响。

以上所谈，大致是说：普通话里能分别的字，而广州话把它们混了；在某一些字，广州人用广州音读去并不混（例如"江张、欠献"），但是当他们说普通话的时候就往往把它们混了。

下面我们再谈另一种情形，就是广州话能分别的字，而普通话把它们混了。我们拣最普通的情形来说。

一　　入关＝入棺

| 官关 | 灌惯 | 桓还 | 换患 | 唤幻 | 焕宦 | |

二　　艰苦＝坚苦

| 间肩 | 减检 | 鉴剑 | 悭牵 | 咸嫌 | 闲贤 | 限现 |

三　　开腔＝开枪（江先生＝姜先生）

| 江姜 | 腔羌 | 降（投降）详 | 巷向 | 项象 | | |

四　　教人＝叫人

| 交娇 | 郊焦 | 胶骄 | 蛟浇 | 饺缴 | 狡矫 | 较侥 |
| 搅挢 | 教叫 | 敲跷 | 哮鸮 | 效啸 | 校笑 | |

五　　恶豹＝恶报

| 包褒 | 饱宝 | 豹报 | 庖袍 | 茅毛 | 貌冒 | |

六　　嘲人＝招人

| 嘲昭 | 爪沼 | 罩照 | 抄超 | 巢潮 | 梢烧 | 哨绍 |

七　　带人＝代人

| 带代 | 戴待 | 奈耐 | 赖赉 | | | |

八　　行礼＝行李

| 闭泌 | 迷弥 | 米弭 | 弟地 | 黎离 | 礼里 | 厉利 |
| 鸡机 | 计记 | 启起 | 契气 | 溪希 | | |

九　　画梅＝画眉

| 杯悲 | 倍备 | 辈被 | 培邳 | 配辔 | 梅眉 | 媒楣 |

煤湄　　每美　　妹谜

注意:"雷累类内"等字都是ㄟ韵,不是ㄨㄟ韵。

十　年青=年轻

跻鸡	即及	疾极	瘠吉	挤己	祭计	济继
接揭	节结	解姐	借介	藉戒	椒交	焦娇
剿矫	醮叫	啾鸠	酒九	就旧	笺坚	尖兼
剪简	箭建	贱件	荐见	僭剑	津斤	尽仅
进近	晋斯	尽劲	浸禁	浆姜	蒋讲	酱绛
匠降(降下)		精经	旌京	晶荆	井警	靖径
静境	聚句	绝决	爵厥	镌捐	俊菌	骏郡
妻欺	齐奇	脐旗	砌契	妾惬	鳌敲	瞧桥
秋邱	囚求	酋球	千牵	签谦	前乾	潜钤
钱虔	浅遣	倩欠	亲钦	蠄琴	秦勤	枪腔
墙强	清轻	晴擎	请顷	趋驱	趣去	鹊却
悛圈	全权	泉拳	西希	犀熹	膝吸	昔檄
洗喜	细系	夕隙	邪鞋	写蟹	谢械	卸邂
宵枭	小晓	笑孝	啸校	修休	羞麻	秀嗅
先掀	癣显	燹险	线宪	羡现	新欣	心歆
辛馨	信衅	湘乡	襄香	翔降(投降)		想享
鲞响	象向	星兴	姓幸	须虚	糈许	续旭
旋悬	迅训					

注意:北方话拉丁化于这两组字是有分别的,如"青"作 cing,"轻"作 king。实际上,普通话里是不能分别的。

十一　丹心=担心

丹担	单聃	滩贪	檀谈	炭探	难男	兰蓝
懒览	烂滥	干甘	赶敢	幹淦	刊堪	侃砍
看勘	龛酣	寒含	韩函	罕喊	旱憾	龁瞻
展斩	战占	绽站	缠谗	山衫	删芟	善擅

然髯　　餐参　　残蚕　　赞暂　　安庵　　案暗

十二　小殿=小店

典点　电店　天添　田甜　腆忝　年粘　辇捻
连廉　怜俭　练敛　牵谦　千签　贤衔　闲咸
显险　限陷　烟淹　焉阉　言严　延盐　偃掩
燕厌　彦艳

十三　千斤=千金

邻林　巾襟　谨锦　近禁　进浸　亲侵　新心
因音　殷阴　湮暗　银吟　寅淫　黄霪　隐饮
印荫　胤荫

十四　慎重=甚重

珍针　真斟　臻箴　诊枕　镇鸩　陈沈　身深
哂婶　肾甚　人妊　忍荏　认任

十五　权力=权利

八巴　拨玻　百摆　笔比　壁臂　必闭　卜补
不布　泼坡　迫破　劈批　僻屁　仆蒲　瀑铺
莫磨(去)麦卖　脉迈　伏俘　福浮　服符　复付
滴低　的帝　督都　笃赌　夺多(多好)　拓他
踢梯　悌涕　纳那(去)匿腻　落(落价)劳(慰劳)
露(露面)漏　立利　历荔　栗丽　六熘　鹿路
律虑　割哥　鸽戈　各个　谷古　骨鼓　梏故
刮瓜　郭锅　瞌科　渴可　客课　哭枯　酷裤
喝呵　合和　核何　吓贺　鹤(语音)豪
郝(语音)好(上)　忽呼　斛狐　滑华　划话　惑祸
霍货　积机　激基　脊几　稷济　甲假　接阶
脚狡　角矫　剧锯　七妻　戚凄　乞启　缉砌
泣气　曲区　雀巧　屈去　曲(歌曲)取　膝西
吸牺　夕细　歇些　协谐　胁鞋　血(语音)写

泄卸	褒懈	削(语音)消	戌虚	恤叙	薛靴
只之	汁知	秩治	栅诈	浙蔗	摘(语音)斋
着(着凉)招	粥周	嘱主	祝注	吃嗤	尺耻
斥翅	拆钗	出初	触处	湿尸	虱诗 失师
十时	石鲥	式士	室视	识试	饰世 杀沙
舌蛇	折(断也)余(姓)	设射	摄社	涉舍	芍韶
蜀暑	属鼠	术树	束竖	作做	凿坐 促醋
撮错	撒(撒手)仁(三个也)	肃塑	速素	粟诉
缩(语音)梭	索锁	额俄	鄂饿	一医	揖衣
益(益处)移	乙以	亦艺	易(交易)易(容易)邑毅
抑异	鸭鸦	压丫	叶夜	药(语音)要
钥(钥匙)耀	屋乌	物误	挖蛙	握卧	玉御
域芋	浴豫	育喻	狱遇

注意:这是入声和非入声的分别。普通话没有入声,凡入声字都归并到平、上、去三声里去了。

十六　荣光=容光

轰烘	宏红	弘洪	黉鸿	闳江	觥工	肱公
朋蓬	盟蒙	氓檬	猛懵	孟梦	琼穷	茕茕
兄凶	荣融	永勇	泳蛹	咏拥

声调的学习

广州话有九声,即阴平、阳平、阴上、阳上、阴去、阳去、阴入、中入、阳入;普通话只有四声,即阴平、阳平、上声、去声。这样,非把九声归并成为四声不可。归并的办法如下:

1. 阳去和阴去合并:

　　辨=变　病=柄　泛=范　父=富　跪=贵　汗=汉
　　忌=记　健=建　阵=振　郑=政　寿=瘦　树=庶

2. 阴入、中入、阳入归并到平、上、去声里。见上文。归并得不很有条理,要靠硬记。

3.关于阳上:(1)属于ㄇ、ㄋ、ㄌ等母及无声母者,仍读上声,例如"马买美卯某满垒老篓榄李乃馁脑赧女扭以雅也咬友掩引痒颖午武我伟晚往羽语"等。(2)其他则读入去声:

| 抱=报 | 淡=旦 | 断(割断)=段 | 厚=候 | 旱=汉 |
| 近=禁 | 舅=救 | 重=种 | 社=舍 | 坐=做 |

广州人学普通话的声调,最不容易学得好的就是上声。广州话上声的调子和普通话上声的调子相似而不相同。因为相似,广州人以为相同了,就不注意到它们之间的分别了。譬如说"下雨",广州"雨"字简直是和普通话"雨"字十分相像,是用不着变的;但若说"雨衣",这"雨"字在普通话里倒反像广州的"余"字,不像广州的"雨"字,许多广州(及其附近各县)的人都因此说错了。有些广州人普通话说得很好,读音也很正确,就只在上声露出马脚来。

普通话上声字共有三种读法:

1.在句尾或词尾(或近似词尾),读全上。这全上大致等于广州的上声的调子,例如"他很好"的"好"。

2.在两字组合中的上一字,读半上。这半上大致等于广州的阳平的调子,例如"好人"的"好"。

懒人("懒"读如广州的"兰")　伟人("伟"读如广州的"维")

美人("美"读如广州的"眉")　惨案("惨"读如广州的"残")

勇士("勇"读如广州的"庸")

3.在两个上声字的组合中,上一字变阳平。这阳平等于广州人叫"黄沙"(地名)或"阿黄"里头"黄"字的调子,例如:

| 小鸟=学鸟 | 左手=昨手 |
| 两广=梁广 | 厂长=场长 |

有些人走另外一个极端,他们并不是像刚才所说,把普通话上声一律念像广州的上声,而是刚刚相反,把普通话上声一律念像广

州的阳平。因此，"赞美"念像广州的"赞眉"，"英勇"念像广州的"英庸"等等，甚至"好友"念像广州的"侯耀"等等，这样就更加难听了。

在两个上声字的组合中，如果下一字是个轻声字，则上一字一般仍念半上，不变阳平，例如"椅子"不变"移子"，"姐姐"不变"结姐"。

以上所谈的是广州人学普通话的时候所应该注意的语音方面；至于语法和词汇方面，请参看上篇第二、三两章。

第二章 客家人怎样学习普通话

现在我们要说的是客家人学普通话的通病。客家话里有些很特别的音,是普通话里没有的。客家人说普通话的时候,往往摆脱不了这些特别的音,令人一听就知道是客家人。因此,客家人学普通话,第一步就该避免这些音。

第一步 应该避免的音

一 读ㄢ,勿读ㄜㄣ

例字	应读	勿读
干杆赶秆赣	ㄍㄢ	ㄍㄜㄣ
刊看	ㄎㄢ	ㄎㄜㄣ
尉寒韩邯罕旱汗悍翰汉	ㄏㄢ	ㄏㄜㄣ
安岸按案	ㄢ	ㄜㄣ

二 读ㄤ,勿读ㄛㄤ

例字	应读	勿读
帮榜膀绑蚌棒谤镑磅	ㄅㄤ	ㄅㄛㄤ
旁螃胖	ㄆㄤ	ㄆㄛㄤ
忙芒茫莽蟒	ㄇㄤ	ㄇㄛㄤ
方芳坊房防妨仿纺舫放	ㄈㄤ	ㄈㄛㄤ
当党挡档荡宕	ㄉㄤ	ㄉㄛㄤ
汤唐塘糖堂膛棠倘淌躺傥烫趟	ㄊㄤ	ㄊㄛㄤ
囊	ㄋㄤ	ㄋㄛㄤ

例字	应读	勿读
狼郎廊榔螂朗浪	ㄌㄤ	ㄌㄛㄤ
刚冈纲缸肛扛港杠	ㄍㄤ	ㄍㄛㄤ
康糠慷亢抗伉炕	ㄎㄤ	ㄎㄛㄤ
杭航行(银行)	ㄏㄤ	ㄏㄛㄤ
章彰张樟璋长(长幼)掌丈仗帐杖胀涨		
障幛嶂瘴	ㄓㄤ	ㄓㄛㄤ
昌娼猖长常场肠尝偿厂敞昶唱倡畅怅	ㄔㄤ	ㄔㄛㄤ
商伤殇觞赏尚上	ㄕㄤ	ㄕㄛㄤ
臧赃葬脏	ㄗㄤ	ㄗㄛㄤ
仓苍伧沧舱藏	ㄘㄤ	ㄘㄛㄤ
桑丧嗓颡	ㄙㄤ	ㄙㄛㄤ
汪王亡往枉网惘旺忘妄望	ㄨㄤ	ㄨㄛㄤ

三　读ㄞ，勿读ㄟ

例字	应读	勿读
代袋贷黛待怠殆	ㄉㄞ	ㄉㄟ
胎台苔抬枱	ㄊㄞ	ㄊㄟ
来莱赉	ㄌㄞ	ㄌㄟ
该垓改盖溉概	ㄍㄞ	ㄍㄟ
开凯恺铠慨	ㄎㄞ	ㄎㄟ
海醢亥害	ㄏㄞ	ㄏㄟ
灾哉栽宰载再在	ㄗㄞ	ㄗㄟ
才材财裁采彩睬菜	ㄘㄞ	ㄘㄟ
赛塞(边塞)腮	ㄙㄞ	ㄙㄟ
哀埃爱碍	ㄞ	ㄟ

广东白话也有ㄛㄣ、ㄛㄤ、ㄟ等音，但广东白话区域的人学普通话的时候，很容易摆脱了这些音，而客家人往往感到困难，所以值得特别留心，多练习练习。

四　读ㄧㄤ,勿读ㄧㄛㄤ

例字	应读	勿读
良梁凉粮量两谅亮辆	ㄌㄧㄤ	ㄌㄧㄛㄤ
娘	ㄋㄧㄤ	ㄋㄧㄛㄤ
江疆僵姜讲降绛	ㄐㄧㄤ	ㄐㄧㄛㄤ
将浆螀奖桨蒋酱匠	ㄐㄧㄤ	ㄐㄧㄛㄤ
强羌腔	ㄑㄧㄤ	ㄑㄧㄛㄤ
锵跄枪戕墙嫱蔷	ㄑㄧㄤ	ㄑㄧㄛㄤ
香乡饷享向响飨	ㄒㄧㄤ	ㄒㄧㄛㄤ
相厢箱湘襄骧镶相鲞象像橡	ㄒㄧㄤ	ㄒㄧㄛㄤ
央秧殃羊洋阳扬杨养痒仰样恙	ㄧㄤ	ㄧㄛㄤ

以上四种缺点,都因为口的开展度不够。

五　读ㄨㄥ,勿读ㄧㄨㄥ

例字	应读	勿读
龙陇垅	ㄌㄨㄥ(=隆)	ㄌㄧㄨㄥ
从	ㄘㄨㄥ(=丛)	ㄘㄧㄨㄥ
纵	ㄗㄨㄥ(=宗)	ㄗㄧㄨㄥ
弓躬宫巩	ㄍㄨㄥ(=公)	ㄐㄩㄥ(ㄐㄧㄩㄥ)
恐	ㄎㄨㄥ(=孔)	ㄑㄩㄥ(ㄑㄧㄩㄥ)

最常听见的是"从"读ㄘㄧㄨㄥ,"恐"读ㄑㄩㄥ("穷"上声),必须矫正。此外,有些客家人没有摆脱入声,说普通话的时候免不了要说 ot(如"葛喝")、iok(如"约觉")、iuk(如"六曲局")等。这更应该矫正了。

其次,普通话能分别而客家话不能分别的字,应该学会怎样分别。大致说来,有下列的十七点:

第二步　应该分别的音

一　"渔夫"和"姨夫"

迁伊　　于移　　余夷　　鱼疑　　羽以　　禹已　　雨矣

御义　　裕意　　预懿　　愈异　　域亦

居机　　驹基　　局载　　矩几　　举己　　巨忌　　具记

据技　　惧寄　　区欺　　趋妻　　渠其　　衢奇　　去气

趣砌　　虚希　　胥熏　　须羲　　需熙　　许喜　　絮细

驴离　　吕李　　旅里　　屡礼　　虑利　　律栗

练习:出去看粤剧"三气周瑜"。

　　　　他姓吕,不姓李。

　　　　奸商居奇渔利。

　　　　决不放弃正确的根据。

二　"袁"先生和"颜"先生
(客家话本身能分别)

渊烟　　冤胭　　鸳焉　　元言　　原严　　远演　　院宴

愿彦　　怨燕

捐肩　　蠲坚　　卷拣　　倦件　　眷建　　绢见　　圈牵

拳虔　　权乾　　泉钱　　全前　　犬遣　　劝欠　　宣先

选燹　　眩现

练习:选举全权代表。

　　　　钱,从前又叫做泉。

　　　　他愿意出去劝捐。

三　"千钧"和"千斤"
(客家话本身能分别)

君斤　　军今　　均巾　　俊进　　群勤　　裙琴　　勋欣

氲姻　　云淫　　匀寅　　允隐　　蕴印　　韵荫

以上三点,都因为客家话里没有ㄩ母,因此没有ㄐㄩ(据)、ㄐㄩㄢ(倦)、ㄐㄩㄣ(郡)等。云南、贵州也有这种缺点。广西白话区域的人也容易犯类似的毛病。

客家人把"近"字读ㄐㄩㄣ,其音近ㄐㄩㄣ,所以许多客家人说普通话时把"近"字念成ㄐㄩㄣ,而"郡"字本该念ㄐㄩㄣ的倒反念ㄐㄧㄣ,

恰好颠倒了。

　　练习：劝君莫惜金缕衣。

　　　　　他今天参军去了。

<h3 style="text-align:center">四　"开步"和"开铺"</h3>

　　有些字,普通话里读ㄅ的,客家读ㄆ;普通话里读ㄉ的,客家读ㄊ;普通话里读ㄍ的,客家读ㄎ;普通话里读ㄐ的,客家读ㄑ(本读ㄍ或ㄎ);普通话里读ㄓ的,客家读ㄔ;普通话里读ㄗ的,客家读ㄘ(这些大概都是去声字)。这是必须矫正的。应该分别下列的两组字:前一字该念ㄅ、ㄉ、ㄍ、ㄐ、ㄓ或ㄗ,后一字该念ㄆ、ㄊ、ㄎ、ㄑ、ㄔ或ㄘ:

罢怕	败派	备配	倍佩	被沛	暴泡	办判
谤胖	币屁	别撇	便骗	卞片	病聘	
部铺	代(太)	待(泰)	道套	豆透	但叹	蛋炭
淡探	荡烫	宕趟	地涕	弟替	调跳	掉粜
电瑱	定听	度兔	夺橐	惰唾	度(测度)拓	
队退	兑蜕	段彖	钝褪	洞痛	动恸	
跪愧	柜馈	共控	忌气	轿窍	俭欠	贱倩
渐堑	兢庆	局麴	巨去	聚趣	倦券	雄翅
治眙	稚炽	站忏	阵趁	朕衬	丈唱	杖畅
仗怑	郑秤	住处	坠吹(去)		篆串	状创
仲冲(去)自次	字刺	在菜	赠蹭	坐错	罪翠	

　　练习：反动派失败。

　　　　　他们的部队溃败了。

　　　　　车站且当作住处。

　　　　　准备对待重大的事件。

<h3 style="text-align:center">五　"祖孙"和"子孙"</h3>

　　客家话里没有ㄗㄨ、ㄘㄨ、ㄙㄨ;凡普通话里的ㄗㄨ、ㄘㄨ、ㄙㄨ,到了客家话里都变了ㄗ、ㄘ、ㄙ,于是"祖"和"子"就没有分别了。应该分别下列的两组字:前字念ㄗㄨ、ㄘㄨ或ㄙㄨ,后字念ㄗ、ㄘ或ㄙ:

　　租滋　　祖子　　阻紫　　粗疵　　徂慈　　殂祠　　醋次

　　苏私　　酥思　　素四　　诉祀　　鬷饲　　塑肆

　　有时候,却是ㄓㄨ、ㄔㄨ、ㄕㄨ和ㄗ、ㄘ、ㄙ相混了。应该分别下列的两组字:前字念ㄓㄨ、ㄔㄨ或ㄕㄨ,后字念ㄗ、ㄘ或ㄙ:

　　助次　　初雌　　锄辞　　楚此　　数四　　疏司　　疏斯

　　蔬思　　梳私　　雏词

　　练习:初读《楚辞》。

　　　　立祠祀祖是旧社会的一种风俗。

　　　　"有其祖必有其父,有其父必有其子",这话是靠不住的。

　　　　　　　六　"周"先生和"朱"先生

　　在好些地方的客家话里,"周"先生和"朱"先生是没有分别的。究竟是哪一些地方,我不能一一指出,只知道兴宁、蕉岭是如此。客家人试读下列的两组字:前字念-ㄡ,后字念-ㄨ:

　　周朱　　州猪　　肘主　　帚煮　　咒注　　宙住　　昼驻

　　抽(出)　酬除　　愁厨　　俦储　　丑褚　　丑处(上)

　　臭处(去)　收输　　守鼠　　手暑　　首黍　　受树

　　瘦恕　　兽庶　　寿戍　　狩墅

　　练习:踌躇不决,首鼠两端。

　　　　诸侯朝周。

　　　　受命驻守株洲。

　　　　　　　七　"平民"和"贫民"

　　ㄥ和ㄣ不能分别,是江浙人的通病,也是西南官话区域的通病,不能苛求于客家人的。但若能予以分别,毕竟是一件好事。应该分别下列的两组字:前字念-ㄥ,后字念-ㄣ:

　　兵宾　　并摈　　并殡　　评贫　　萍苹　　明民　　鸣闽

　　冥岷　　茗敏　　灵邻　　零麟　　陵鳞　　令吝　　另蔺

　　京巾　　经斤　　精津　　景谨　　敬觐　　静尽　　净晋

　　清亲　　檠勤　　情秦　　兴欣　　星新　　性信　　英因

鹰姻　　樱茵　　盈寅　　影隐　　映印

普通话ㄉ、ㄊ两母后面有ㄧㄥ无ㄧㄣ，所以没有什么可混的。但客家话本来是有ㄧㄣ无ㄧㄥ，所以仍须矫正过来。

练习：扫除净尽。

　　　　电影看上瘾了。

　　　　星期美点非常新奇。

八　"程"先生和"陈"先生

"程、陈"不分，也是江浙话与西南官话的通病。广东白话分得很清楚（正像"平民"和"贫民"分得清楚一样），而客家话把它们混了。应该分别下列的两组字：前一字该念-ㄥ，后一字该念-ㄣ：

恒痕　　征真　　徵珍　　蒸臻　　整诊　　拯畛　　政振
证赈　　程陈　　澄尘　　秤趁　　升申　　升身　　绳神
省哂　　盛慎　　胜肾

有少数普通话读ㄥ的字被客家人念作ㄤ，例如"生"念ㄙㄤ，"争"念ㄗㄤ，"郑"念ㄓㄤ等。学普通话的时候，应该改念为ㄕㄥ、ㄓㄥ、ㄓㄥ等。

练习：认真整顿。

　　　　胜利地完成任务。

　　　　真正的审慎订定规程。

九　"陪酒"和"啤酒"

有些客家人，"陪酒"和"啤酒"不分，"背上"和"臂上"不分，于是"配备"变成了"屁屁"！应该分别下列的两组字：前字该念ㄅㄟ、ㄆㄟ或ㄇㄟ，后字该念ㄅㄧ、ㄆㄧ或ㄇㄧ：

杯逼　　贝秘　　倍敝　　辈臂　　背愍　　醅丕　　培脾
陪皮　　裴羆　　配屁　　佩譬　　梅迷　　煤弥　　每米
美弭　　妹密

练习：拿一杯啤酒奉陪。

　　　　"他的妹妹碧梅很美，你不配给她做媒"，这是唯美观点。

十 "洪"先生和"冯"先生

在广东白话和客家话里，ㄈ和ㄏ、ㄅ两母都有混淆的地方，但这两种话的具体情况又颇有不同，例如"快"字，广东白话变了ㄈㄞ，而客家仍念ㄅㄨㄞ；反过来说，例如"红"字，客家话变了ㄈㄨㄥ（＝冯），而广东白话仍念ㄏㄨㄥ。有些字在普通话里属于ㄏ母，在广东白话里变了没有声母，而客家话里则变为ㄈ母，例如"回"字，在普通话里是ㄏㄨㄟ，在广东白话里是ㄨㄟ，在客家话里是ㄈㄧ（有些地方念ㄈㄨㄧ）。应该分别下列的两组字：前字该念ㄏㄨ-，后字该念ㄈ-：

胡芙	湖扶	狐符	壶凫	户副	沪父	护阜
互妇	华罚	话*○	画*○	或缚	和佛	怀○
淮○	灰非	回肥	毁匪	卉肺	会吠	惠费
慧废	欢番	还烦	桓繁	换饭	患贩	魂○
红冯	洪逢	宏坟				

和广州人一样，还应该分别下列的两组字：

呼夫	忽拂	虎府	花发	化法（去）	货缚
辉非	婚分	慌方	恍访		

注意："话画"二字，有些客家人不念ㄈㄚ而念ㄨㄚ，但他们学普通话时仍误念为ㄈㄚ，仍该矫正。

练习：惠而不费。

保护国家的财富。

征收会费。

匪徒毁坏仓库。

发挥服务精神。

将军佩虎符。

并非灰心，还有宏愿。

十一 "光强"和"刚强"

有些地方的客家话里（如兴宁），"光强"和"刚强"是没有分别的（广东白话区域也有这种情形），应该分别下列的两组字：前字该

念ㄍㄨㄤ或ㄎㄨㄤ,后字该念ㄍㄤ或ㄎㄤ:

　　光刚　　广港　　逛杠　　匡康　　筐糠　　狂扛(背负)
　　况抗　　旷炕　　邝伉

　　练习:广州近香港。

　　　　　　抗日战争旷日持久。

　　　　　　十二　"大窗"和"大葱"

　　　　　　　("大江"和"大纲")

　　应该分别下列的两组字:前一字该念ㄔㄨㄤ、ㄕㄨㄤ或ㄐㄧㄤ,后一字该念ㄘㄨㄥ、ㄙㄨㄥ或ㄍㄤ:

　　窗囱(烟囱)　　膔聪　　双嵩　　江纲　　讲港　　降杠
　　"窗双"读与"聪嵩"同韵,这是和古音的条理相合的,而且是很特别的情形(别的方言似乎都不是这样)。

　　练习:床前明月光,窗下遍凝霜。

　　　　　　他从前在香港讲学。

　　　　　　十三　"垂怜"和"谁怜"

　　关于这一条,请参看广州人怎样学习普通话(十三)。只有下面两点值得特别注意:

　　1.客家"臣"已与"陈"同音,"丞乘承"已与"程"同音;至于广州,它们是不同音的。

　　2.客家"产"字念"山"上声,不与"铲"同音(至少有些地方如此);普通话和广州话里"产铲"是同音的。

　　练习:常常吃大肠。

　　　　　　爱护人民的财产。

　　　　　　有困难不必发愁。

　　　　　　十四　"大象"和"大匠"

　　应该分别下列的两组字:前字念ㄒㄧ-、ㄙ-或ㄕ-,后字念ㄐㄧ-、ㄑ-、ㄗ-、ㄘ-或ㄔ-:

　　祥墙　　详戕　　袖就　　像匠　　旋全　　谢藉

似字　　寺自　　颂粽　　松从

始齿　　矢耻　　豕侈

这些字,不一定所有的客家人都不能分别,但至少有一部分人是如此。关于这一条,请参看广州人怎样学习普通话(十四)。只有下面两点值得特别注意:

1.客家"深"字与"琛"同音,都读为 chim,普通话里则有ㄕㄣ和ㄔㄣ的分别。客家"鼠暑"与"处"(上声)同音,普通话里则有ㄕㄨ和ㄔㄨ的分别。

2.广州"赛"字读如"菜","剩"字读如"郑",照普通话的系统说来是错了,照字典也是错了。客家话不错。

练习:他姓徐,不姓齐。

我不为观音寺题字。

从前厨房书房处处有老鼠。

这一篇序文寓意深长。

十五　"真人"和"今人"

"真人"和"今人",在客家话里并不相混,但是客家人说起普通话来,有时候就混了。那是"真"混于"今",两字都念ㄐㄧㄣ音。其实"真"字在普通话里是念ㄓㄣ不念ㄐㄧㄣ的。应该分别下列的两组字:前字念ㄓㄣ、ㄔㄣ、ㄕㄣ或ㄖㄣ,后字念ㄐㄧㄣ、ㄑㄧㄣ、ㄒㄧㄣ或ㄧㄣ:

珍金　　贞筋　　枕锦　　震禁　　沈琴　　陈芹　　申欣

身昕　　慎衅　　人寅　　忍引　　任饮

练习:锦衾绣枕。

真正谨慎。

十六　"大声"和"大星"

有些字,在普通话属ㄥ韵,在客家话里则读入ㄣ韵。其普遍存在于客家话中者,例如"宁"(ㄋㄥ)、"螟"(ㄇㄣ)、"凝"(ㄋㄥ)、"冰"(ㄅㄥ)等。又有存在于部分的客家区域者,如"星"(ㄙㄥ)、"听"(ㄊㄥ)、"厅"(ㄊㄥ)、"丁"(ㄉㄥ),等。应该注意下列的两组字:前

字念-ㄥ，后字念-|ㄥ：

声星　　盟铭　　崩冰　　能宁　　登丁

十七　"抢他"和"请他"

上面说过，普通话-|尢韵的字被客家念成-|ㄛ尢韵去了。现在要说的是，有些普通话-|ㄥ韵的字却被客家人念成-|尢韵了。应注意分别下列的两组字：前一字该念-|尢，后一字该念-|ㄥ：

想醒　　抢请　　讲颈　　○迎　　○名　　两领　　○病

枪青　　腔轻　　○命

这两组字，在客家话本身是不混的（ㄥ|ㄛ尢，ㄥ|尢），但若说起普通话来，就可能混了，至少是很可能把"请"字念像普通话的"抢"，"醒"字念像普通话的"想"了。

除了以上十七点之外，客家人学普通话的时候，应该特别注意避免闭口韵和入声。所谓闭口韵，例如"心"＝sim、"蓝"＝lam 等，这些收-m 的字必须改为收-n，如"心"＝xin（ㄒ|ㄣ）、"蓝"＝lan（ㄌㄢ）。所谓入声，例如"各"＝gok，"人"＝gnip，"七"＝cit，这些收-k、-p、-t 的字必须取消了尾巴，变为ㄍㄛ（各）、ㄖㄨ（人）、ㄑ|（七）等。

声调的学习

声调方面：客家话的阴平略等于普通话的阳平，客家话的阳平略等于普通话的上声，客家话的上声等于普通话的半上。只有去声，客家话和普通话是大致相似的。因此：

普通话的"妈"，听起来很像客家话的"马"（它是一个平调）；

普通话的"麻"，听起来很像客家话的"妈"；

普通话的"马"（在"骑马"里），听起来很像客家话的"麻"；

普通话的"骂"，是把客家的"骂"稍加变化而成（它是一个降调）。

普通话的"马"，在两字组合中的上一字时（如"马车"）它却是和客家话的"假把"等字的声调完全一样的（这里不说和客家话"马"字完全一样，因为客家话"马"字是一个高调，和一般上声字的声调不同）。

第三章　潮州人怎样学习普通话

现在我们讨论潮州人学普通话的通病。大致说来，一般潮州人学普通话的时候，有下列的十三个缺点。

一　"上船"和"上床"

潮州人的ㄢ容易读成ㄤ。当他们学普通话的时候，"上船"和"上床"就不容易分别了。应该分别下列的两组字：前一字该念-ㄢ，后一字该念-ㄤ：

班帮	瞒忙	板榜	半棒	办蚌	潘滂	盘旁
判胖	蛮盲	满莽	翻方	凡房	繁防	蕃妨
反访	饭放	单当	胆党	蛋荡	摊汤	谈唐
潭塘	坛堂	坦倘	叹趟	炭烫	南囊	赧曩
兰郎	蓝狼	岚廊	烂浪	懒朗	肝钢	干纲
柑缸	赶港	干杠	刊康	侃慷	看抗	勘炕
寒杭	含航	函行(银行)		毡张	占章	旃彰
展长(长幼)		斩掌	战涨	佔帐	站丈	栈杖
搀昌	蝉长	缠场	谗常	产厂	忏唱	山商
衫觞	删伤	闪赏	扇尚	善上	然穰	染壤
簪脏	赞葬	餐仓	参苍	残藏	伞嗓	三桑
散丧(丧失)		官光	管广	惯逛	宽匡	欢荒
环黄	桓皇	缓谎	专庄	撰壮	赚状	川窗
穿疮	船床	串创				

湖南和安徽一部分人也不能分别ㄢ和ㄤ。在不能分别这一点上,潮州话和湖南、安徽话有相似的地方。但湖南、安徽是有ㄢ没有ㄤ;潮州是有ㄤ没有ㄢ。

练习:放胆担当大事。

工厂增加生产。

半磅白糖,三丈帆布,一张毯子。

香港人士来广州观光。

是善策也就是上策。

是天坛,不是天堂。

他姓谭,不姓唐。

二 "老年"和"老娘"

"老年"和"老娘"的相混,其理由和上面一的理由是一样的。应该分别下列的两组字:前一字该念-|ㄢ,后一字该念-|ㄤ:

烟央	延杨	言羊	演养	宴样	彦恙	年娘
念酿	奸江	间姜	肩僵	兼疆	煎将	减讲
剪蒋	件绛	践将(将帅)	贱匠	牵腔	千枪	
黔戕	钱强	遣强(勉强)	险饷	鲜(少也)想		
现项	县巷	线相(照相)	限象	莲梁		
廉量(测量)	怜凉	联粮	脸两	练谅	恋亮	

以下诸字,虽不至于和另一类字相混,也应该留心读入|ㄢ韵,不宜读入|ㄤ韵:

边编鞭艑扁匾贬弁卞忭汴遍辨辩辫便变:读ㄅ|ㄢ,勿读ㄅ|ㄤ;

偏篇翩胼片骗:读ㄆ|ㄢ,勿读ㄆ|ㄤ;

眠棉绵免勉冕娩愐缅沔眄面:读ㄇ|ㄢ,勿读ㄇ|ㄤ;

颠癫巅滇俱典点电殿奠垫店惦佃钿靛坫淀:读ㄉ|ㄢ,勿读ㄉ|ㄤ;

天添田畋甜恬填忝舔腆觍殄:读ㄊ|ㄢ,勿读ㄊ|ㄤ。

练习:她就是那个青年的亲娘。

脸上有两个黑痣。

简易的讲义减少将来的麻烦。

先想一想现在危险不危险。

三　"方糖"和"荒唐"

"方糖"和"荒唐",广州话和客家话也都不能分别。但广州话和客家话是"荒"误读为"方"(有ㄈㄤ无ㄏㄨㄤ),潮州话恰恰相反,却是"方"误读为"荒"(有ㄏㄨㄤ无ㄈㄤ),因为潮州话里是没有ㄈ音的。应该分别下列的两组字:前一字该念ㄈ-,后一字该念ㄏㄨ-:

非灰	飞挥	妃徽	扉麾	肥回	淝洄	匪毁
斐悔	费汇	肺慧	废会	吠惠	发花	乏华
罚划	佛活	夫呼	肤忽	扶胡	浮狐	凫乎
服壶	斧虎	辅浒	父户	赴瓠	富护	副互
翻欢	帆还	烦桓	繁环	樊鬟	矾萑	反缓
饭换	贩豢	梵宦	犯幻	范患	範唤	泛涣
分昏	纷荤	氛婚	焚魂	汾浑	坟馄	
粉混(混乱)		愤混(胡混)		粪溷	奋诨	方荒
芳慌	房皇	防黄	妨遑	仿恍	放焕	峰哄
风欢	丰骦	冯红	逢洪	缝鸿	奉混	凤閧

练习:轻帆一日还。

黄昏时分结婚。

没有离婚,但他们已经分居了。

馄饨粉面。

以上三点,是最足以显示潮州话的特征的地方。如果潮州人说普通话的时候,不能避免这三点,人家一听就知道是潮州人。

四　"院子"和"样子"

"样子、燕子",在潮州话本身,是和"院子"有分别的。但当潮

州人说普通话的时候,往往把三者都混在一起了。应该分别下列的两组字:前一字该念-ㄩㄢ,后一字该念-ㄧㄢ或-ㄧㄤ:

-ㄩㄢ,-ㄧㄢ:捐坚　涓肩　蠲兼　卷拣　卷建　倦件
　　　　　绢见　权乾　犬遣　劝欠　悬衔　袁言
　　　　　愿彦　渊烟

-ㄩㄢ,-ㄧㄤ:娟姜　眷绛　圈腔　拳强　宣相　玄降
　　　　　选想　鸳鸯　元阳　远养　院样　怨漾

　　假使把"鸳鸯"说像"鸯鸯",就太难听了!有些人又犯另一种偏差,就是把"渊"和"湾"混了,于是在说普通话的时候,又分别不开下列的两组字。其实前一字该念-ㄩㄢ,后一字该念-ㄨㄢ:

　　泉船　全传　圈川　铨椽　宣酸　渲算　渊湾
　　元顽　圆完　怨腕

　　练习:帝国主义者才相信"有强权,无公理"。
　　　　宣传的力量很大。
　　　　全船的人都劝他。
　　　　你看见我的卷子没有?

五　"六军"和"六经"

　　"六军"和"六经"相混,其理由正像"院子"和"样子"相混的理由。应该分别下列的两组字:前一字该念-ㄩㄣ,后一字该念-ㄧㄣ或-ㄧㄥ:

-ㄩㄣ,-ㄧㄣ:云寅　匀吟　允引　运印

-ㄩㄣ,-ㄧㄥ:均京　君惊　军荆　骏净　群鲸　裙擎
　　　　　薰兴　旬形　循型　训幸　迅杏　殉性

　　练习:经君允许。
　　　　军运迅速。
　　　　循序前进。
　　　　群众的功勋。

六　“有趣”和“有醋”

“有趣”和“有醋”，在潮州话本身是不混的。但因潮州话没有ㄩ母，当他们说普通话的时候，“趣”字念得不准确，就和“醋”字相混了（海南人学普通话也有类似的情形，见下文）。应该注意分别下列的两组字：前一字该念-ㄩ，后一字该念-ㄨ：

拘姑　驱枯　具故　须苏　需酥　趣醋　序数

下列各字也应该注意：

俱，读ㄐㄩ，不读ㄍㄨ；

聚，读ㄐㄩˋ，不读ㄗㄨˋ；

取娶，读ㄑㄩˇ，不读ㄘㄨˇ；

续，读ㄒㄩˋ，不读ㄙㄨˋ。

此外，还应该像广州人一样，注意下列各字的读音：

初楚，读ㄔㄨ，不读ㄘㄛ；

疏梳，读ㄕㄨ，不读ㄙㄛ；

助，读ㄓㄨ，不读ㄗㄛ。

练习：现在需要苏先生帮忙。

继续催促他从速依照程序进行。

七　“出去”和“出气”

有些字在普通话里念ㄩ韵的，在潮州话里念ㄨ韵，像上面六的例子就是。此外，另有些字，在普通话里念ㄩ韵，在潮州话里不一定念ㄨ韵，但当他们说普通话的时候，却往往变了ㄧ韵了。因此，“出去”就和“出气”相混了（北京话里，“出去”有时候也念像“出气”，不过，若重念时，二者是有分别的）。应该分别下列的两组字：前一字该念-ㄩ，后一字该念-ㄧ：

余夷　于伊　居机　去器　巨忌　吕李　女你

潮州某一些区域于这两类字是有分别的。这只是就大多数的情形来说。

　　练习:奸商居奇渔利。

　　　　你的女儿到吕家去了。

　　　　人民的巨大的利益

八　"头顶"和"头等"

　　普通话念ㄥ韵的字,有一部分被潮州人念入了l̄ㄥ韵去了。这样,当潮州人说普通话的时候,就往往把该念ㄥ韵的字念了l̄ㄥ韵,而和真正该念l̄ㄥ韵的字相混了。应该分别下列的两组字:前一字该念-l̄ㄥ,后一字该念-ㄥ:

　　　凭朋　　屏彭　　明盟　　名氓　　命孟　　丁登　　顶等

　　　定邓　　订凳　　庭滕　　停腾　　宁能　　灵楞　　领冷

　　　另愣　　兢耕　　景梗　　敬更　　兴亨　　形恒　　精增

　　　睛憎　　晶曾(姓曾)　　晴曾(曾经)

　　这两类字,广州和客家也都有混淆的情形,例如广州"行"与"恒"混,客家"丁"与"登"混、"宁"与"能"混,等。但都不像潮州混得这样厉害;而且客家是混入ㄣ韵,不是混入l̄ㄥ韵,也和潮州不同。有些潮州人说普通话,把"今天很冷"说成"今天很领",听起来怪难听的。有些人矫枉过正,读"形"为ㄏㄥ,读"停"为ㄊㄥ,也不对。

　　练习:兴宁的情形很好。

　　　　精神增加了十倍。

　　　　曾经另订章程施行。

九　"自重"和"自动"

　　"重"和"动",在潮州话里是混的;但潮州人说普通话的时候,多数能分别清楚。现在不怕麻烦地说一说,因为怕有人仍旧把它们混了。应该分别下列的两组字:前一字该念ㄓ-或ㄔ-,后一字该念ㄉ-或ㄊ-:

ㄓ-,ㄉ-：智帝　雉地　治第　追堆　坠队　篆段
　　　　征丁　展典　重动　兆调（格调）

ㄔ-,ㄊ-：持提　诇忝　传团　逞挺　惩亭　超挑
　　　　厨屠

ㄓ-,ㄊ-：滞涕

以下各字，在潮州话虽非同音，也要提防在说普通话时相混：

　　陈亭　珍丁　阵定　诛都　仲洞

　　练习：政治思想第一。

　　　　　报纸杂志征求定阅。

十　"男衫"和"蓝衫"

　　ㄋ和ㄌ的分别，在客家话里是不成问题的，在广州话和潮州话里就靠不住了。但是广州话容易混的地方不一定就是潮州话容易混的地方，二者的情形是不尽相同的。应该分别下列的两组字：前一字该念ㄋ-，后一字该念ㄌ-：

　　1. 潮州于两字都念ㄋ-，而普通话分为ㄋ-、ㄌ-者：

　　　　男蓝　南岚　念敛　暖卵

　　2. 潮州于两字都念ㄌ-，而普通话分为ㄋ-、ㄌ-者：

　　　　嫩论　能棱　宁灵　囊郎　农隆　浓龙

　　练习：团结中农。

　　　　　新郎新娘都很有能耐。

十一　"难解"和"难改"

　　"解"和"改"，在普通话里是有分别的，在西南官话里却没有分别了。广州话和客家话里，这两个字的声音有分别，只不像普通话的分别方式。至于潮州话里，就像西南官话一样，完全没有分别了。应该分别下列的两组字：前一字该念-ㄧㄝ，后一字该念-ㄞ：

　　　谐孩　解改　界盖　届概　戒丐　懈害　械亥

练习:解放中国,改善人民生活。

第一届各界人民代表会议概况。

十二 "不守"和"不朽"

"不守"和"不朽",在潮州话里是有分别的;但是,在潮州人所说的普通话里,就往往变为没有分别了。应该分别下列的两组字:前一字该念-ㄡ,后一字该念-ㄧㄡ:

周鸠　帚久　肘九　胄舅　咒救　昼究　宙臼

抽丘　酬毬　愁逑　筹裘　收休　守朽　授嗅

注意:"仇"字,在"姓仇"里读如"求",在"仇敌"里读如"绸"。

练习:雎鸠在洲,淑女好逑。

舅父筹款救济周家。

教授研究受到了报酬。

十三 "人身"和"人生"

"身"和"生"(学生),在潮州话里往往相混;至于"新"和"星"、"痕"和"恒"之类,在潮州话本身虽不相混,但说起普通话来也很有相混的可能。因此,应该注意分别下列的两组字:前一字该念-ㄣ,后一字该念-ㄥ:

身生　痕恒　真征　振政　尘澄　申声　神绳

慎盛　肾剩

又应该分别下列的两组字:前一字该念-ㄧㄣ,后一字该念-ㄥ:

新生　秦层　晋赠　信胜　邻楞　进正　尽整

又应该分别下列的两组字:前一字该念-ㄧㄣ,后一字该念-ㄧㄥ:

宾兵　贫平　民名　敏茗　邻灵　斤京　尽净

新星　亲清　欣兴　因英

练习:一个新来的陌生的人。

胜利带给人民新生命。

謹慎处理省政。

有人以为《红楼梦》里的秦钟就是"情钟"。

声调的学习

末了，说到声调方面。潮州人对于普通话声调的学习，似乎并没有很多的困难。只有一点非常值得注意，就是潮州人说普通话的时候，有些入声字很像去声字。本来，许多入声字在普通话里已经变了去声，潮州人把它们念像去声，岂不是"得其所哉"吗？但是，可惜另些入声字在普通话里并非变为去声的，那就应该特别注意了。

潮州人把入声字念像去声，相像并不就是相同。在潮州人心目中，这些入声字仍旧念入声，并没有和去声相混；但在北方人的听觉上，就觉得它们相混了，例如潮州人说普通话"十个人"，听起来很像说"四个人"；说"十四个人"很像"四四个人"。虽然"十"字说得比"四"字短促些，但这一种短促性是别处人所觉察不到的。

应该注意分别下列的两组字：

（甲）前字阴平，后字去声：

积渍（ㄐㄧ，ㄗ）　　戚次（ㄑㄧ，ㄘ）　　漆刺（ㄑㄧ，ㄘ）

膝泗（ㄒㄧ，ㄙ）

（乙）前字阳平，后字去声：

即自（ㄐㄧˊ，ㄗ）　　媳肆（ㄒㄧˊ，ㄙ）　　习寺（ㄒㄧˊ，ㄙ）

袭似（ㄒㄧˊ，ㄙ）　　席俟（ㄒㄧˊ，ㄙ）　　辑字（ㄐㄧˊ，ㄗ）

十四（ㄕˊ，ㄙ）　　则字（ㄗㄜˊ，ㄗ）　　责恣（ㄗㄜˊ，ㄗ）

贼自（ㄗㄟˊ，ㄗ）

由上面这些例字看来，不但声调方面应该注意，连韵母方面也应该注意，因为潮州人说普通话时，往往把"积即则辑贼责"等字念像ㄗ，"戚漆"等字念像ㄘ，"膝息十"等字念像ㄙ，"习袭席"等字念像ㄙ或ㄘ，撇开声调来说也是不对的。

第四章　海南人怎样学习普通话

海南话和潮州话同一个系统,本来不必独立一章来讨论;但因为海南人学普通话时,有些很显明的特征,一听就知道是海南人,所以值得分开来谈一谈。这里只谈一个大概,海南人看的时候请参照潮州人怎样学习普通话。

一　"臭肉"和"瘦肉"

海南人学普通话的最大缺点就是彳、尸不分,卞、厶不分,く、丅不分。事实上,海南人只有尸、厶、丅(严格说来只有一个丅),没有彳、卞、く。因此,"臭肉"说成"瘦肉","抽税"说成"收税","亲戚"说成"新识","清楚"说成"声所","纯粹"像"绳碎","趁船"像"甚酸"(阳平)。这是海南人学普通话的第一关。这一关打不破,普通话永远学不好。应该分别下列的两组字:前一字该念彳、卞或く,后一字该念尸、厶或丅:

蚩施	吃虱	池时	迟十	匙石	持食	侈矢
耻使	齿始	尺屎	翅是	啻弑	炽试	斥式
敕拭	叱室	饬饰	赤适			
叉沙	差纱	插杀	茶啥	车赊	扯舍	彻设
撤摄	掣沙	钗筛	蚕晒	抄梢	超烧	
朝(朝代)韶	巢芍(语音)			炒少	抽收	
稠熟(语音)	丑守	丑首	臭兽	搀山	铲陕	

谄闪	忏扇	嗔申	琛深	陈神	趁肾	昌伤
猖商	厂赏	昶响	唱尚	畅上	称升	撑声
成绳	程渑	逞省	初舒	出疏	厨叔	除赎
楚暑	杵黍	处庶	触恕	戳说	绰朔	揣甩
川拴	穿闩	钏涮	蠢盾	窗双	疮霜	闯爽
充嵩	吹虽					
雌思	辞时	慈鲥	此死	次嗣	刺四	擦撒
侧塞	册瑟	策色	猜腮	菜赛	蔡塞(边塞)	
操骚	草嫂	凑嗽	参三	惨伞	粲散	仓桑
粗苏	醋素	磋梭	崔绥	催尿	粹碎	萃遂
佘酸	窜算	篡蒜	村孙	寸逊	葱松	聪松
妻西	栖犀	七悉	戚析	齐惜	砌细	且写
妾燮	切泄	窃屑	悄小	俏肖	秋修	千仙
签先	迁鲜	浅跣	侵心	枪湘	墙祥	抢想
青星	清腥	请醒	趋需	取醑	趣絮	泉旋
全璇						

练习：沧桑之感是温情主义。

秋收冬藏，五谷满仓。

获益殊非浅鲜。

从书橱里取书出来。

二　"吃亏"和"吃灰"

海南人学普通话，有时候把丂母混入厂母；如果有一个介母ㄨ或韵母ㄨ，相混的情形更为常见。因此，"吃亏"变了"吃灰"。应该分别下列的两组字：

窥灰	亏挥	盔徽	悝麾	葵回	逵洄	奎徊
夔回	魁茴	跬毁	愧诲	馈会	篑汇	宽欢
昆婚	坤荤	堃阍	困混	匡荒	狂黄	况晃

空烘　　孔哄　　空(闲也)関　　夸花　　跨化　　阔获

扩霍　　快坏　　枯呼　　哭忽　　苦虎　　库户　　开嗜

凯海　　慨害　　考好　　靠号　　口吼　　叩后　　寇后

堪酣　　刊靬　　砍喊　　看汉　　勘憾　　肯很　　坑亨

铿哼

下面这些字组的前一字,有些海南人误读ㄒ'母,另有些海南人误读ㄏ母,总之是和后一字的声音相混了。应该把它们分别开来:

欺希　　起喜　　气系　　恰吓　　茄谐　　敲鸮

侨学(效也)　　　巧晓　　窍效　　丘休　　谦掀　　钳咸

遣显　　欠陷　　钦欣　　腔香　　强降　　强(勉也)亨

轻兴　　擎形　　罄幸　　区墟　　去酗　　缺靴　　瘸学

拳玄　　权悬　　劝衒　　穷雄

练习:自知愧悔。

国庆日是狂欢的日子,快来开会。

困难乃是一种考验。

三　"不配"和"不废"

有一种情形是海南话和潮州话完全相反的:潮州人没有ㄈ音,海南人的ㄈ音却嫌太多了。差不多每一个普通话念ㄆ母的字,在海南人口里都有变为ㄈ音的可能。应该分别下列的两组字:

醅飞　　培肥　　裴淝　　配肺　　佩吠　　沛废　　剖否

潘翻　　攀番　　盘凡　　蟠烦　　磐繁　　判贩　　判饭

畔犯　　盼泛　　盆焚　　旁房　　庞妨　　胖放　　婆佛

烹风　　朋冯　　彭逢　　爬罚　　耙伐　　碰奉

练习:战犯应受审判。

番禺应该念成"潘愚",不该念成"翻愚"。

客房旁边是饭厅。

你的朋友姓潘;我的朋友姓庞。

四 "桃子"和"毫子"

海南人学普通话,学得不好的时候,会把ㄊ母混入ㄏ母。这样,就和台山人一样了。应该分别下列的两组字:

他哈	塔哈(哈吧狗)	特赫	胎咍	台孩	太亥
泰害	态骇	韬蒿	逃豪	桃濠	陶毫	讨好
套耗	偷齁	头猴	投喉	透后	滩鼾	贪酣
谈含	坛寒	坦罕	毯喊	叹汉	炭汗	探撼
汤夯	唐杭	堂行(银行)	腾桁	腾恒	疼衡
途壶	土虎				

有些字,虽不至于与别的字相混(指在普通话里),也应该避免念成ㄏ母:

梯提啼荑体涕剃替屉惕,读ㄊㄧ,勿读ㄏㄧ;

帖贴怗铁,读ㄊㄧㄝ,勿读ㄏㄧㄝ;

挑桃条跳眺粜,读ㄊㄧㄠ,勿读ㄏㄧㄠ;

天添田畋甜恬填忝舔腆觍殄,读ㄊㄧㄢ,勿读ㄏㄧㄢ;

听厅汀廷庭霆亭停婷挺艇,读ㄊㄧㄥ,勿读ㄏㄧㄥ。

练习:讨好陶老。

北京有个韩家潭。

谭先生拜访韩先生。

杭州附近有钱塘江。

喉头有声带。

五 "需钱"和"输钱"

海南人和潮州人一样地没有ㄩ母,海南人学普通话的时候,遇着ㄩ母,所犯的毛病也和潮州人差不多。现在我只举出一种例子来说。应该分别下列的两组字:前一字该念-ㄩ,后一字该念-ㄨ:

聚柱	须书	须舒	胥梳	需殊	徐塾	糈暑

戍枢　　序树　　叙墅　　壻竖　　絮恕　　绪数　　续术
屾曙　　恤戍　　泏庶

练习：今年暑假必须买书。

他替他叔叔的书做序。

他的女壻近来情绪很不好。

六　"新来"和"先来"

有些海南人把ㄣ韵和ㄢ韵混了。他们的发音是一个折衷办法，把ㄣ和ㄢ合并为一个ㄝ。最明显的例如"民"字，听起来真像一个"眠"字。应该注意下列的两组字：前一字该念-ㄢ，后一字该念-ㄣ：

边宾　　辨殡　　篇拼　　棉民　　免敏　　连邻　　脸廪
练赁　　年您　　兼斤　　减锦　　件近　　笺津　　简谨
贱尽　　千亲　　谦钦　　前秦　　钳琴　　浅寝　　仙心
线信　　烟因　　颜银　　延寅　　盐淫　　演隐　　掩饮
燕印

上文说过，海南话和潮州话是同一系统的；因此，海南人学普通话的时候，可以参照潮州人学普通话，这里不再多说了。

结　　论

——语音的基础

语言有三大要素,即(一)语音,(二)语法,(三)词汇。但是,在全书中,我们为什么对于语音说得特别详细,对于语法和词汇说得特别简略呢？这因为广东话和普通话之间,语法上并没有很大的差别;词汇上的差别虽大,但在类推上是有困难的。所以我们就把大部分的篇幅用于叙述语音方面了。

这里,在将要结束的时候,我还想谈一谈语音的基础。这可以说是学习普通话的总钥匙。

每一种语言里,语音都是很有系统的,例如广州话的韵尾有-m、-n、-ng,在入声的韵尾也就有-p、-t、-k 和它们相配。客家话没有-ing,同时也就没有-ik。这些道理说来话长,而且在这本书里面也没有详说这些道理的必要。

不过,有一种语音基础是很能帮助广东人学习普通话的,这就是韵头的问题。什么叫做韵头呢？原来普通每一个字都可以分为声母和韵母两部分,例如：

米ㄇㄧ＝声母ㄇ＋韵母ㄧ；

够ㄍㄡ＝声母ㄍ＋韵母ㄡ；

汉ㄏㄢ＝声母ㄏ＋韵母ㄢ；

良ㄌㄧㄤ＝声母ㄌ＋韵母ㄧㄤ；

专业ㄓㄨㄢ＝声母ㄓ＋韵母ㄨㄢ；

宣ㄒㄩㄢ＝声母ㄒ＋韵母ㄩㄢ；

在韵母之中，我们又分出韵头、韵腹和韵尾来。每一个字至少必须具备韵腹，例如"米"字的韵腹是ㄧ，"够"字的韵腹是o（ㄛ），"汉良专宣"四个字的韵腹都是ㄚ。韵腹后面是韵尾。"米"字没有韵尾，"够"字的韵尾是ㄨ，"良"字的韵尾是ㄤ，"汉专宣"三个字的韵尾都是ㄣ。韵腹前面是韵头。"米够汉"三个字都没有韵头，"良"字的韵头是ㄧ，"专"字的韵头是ㄨ，"宣"字的韵头是ㄩ。只有ㄧ、ㄨ、ㄩ这三个元音有做韵头的资格（它们做韵头的时候，被称为"半元音"）。

说明了这个之后，现在要说到本题了。归纳起来说：普通话里的韵头非常丰富，广东话里的韵头非常缺乏（严格地说，广州及其他白话区域根本没有韵头。这话不容易说明，所以姑且从宽说是缺乏）。

例字	普通话	广州话
锅,果,过	guo（ㄍㄨㄛ）	guo（ㄍㄨㄛ）
光,广	guang（ㄍㄨㄤ）	guong（ㄍㄨㄛㄤ）
边,扁,变	bian（ㄅㄧㄢ）	bin（ㄅㄧㄣ）
棉,免,面	mian（ㄇㄧㄢ）	min（ㄇㄧㄣ）
天,田	tian（ㄊㄧㄢ）	tin（ㄊㄧㄣ）
连,炼	lian（ㄌㄧㄢ）	lin（ㄌㄧㄣ）
先,线	xian（ㄒㄧㄢ）	sin（ㄒㄧㄣ）
兼,检	gian（ㄐㄧㄢ）	ghim（ㄍㄧㄇ）
良,两,亮	liang（ㄌㄧㄤ）	lœng（ㄌㄛㄤ）
捐,捲,眷	gyan（ㄐㄩㄢ）	ghyn（ㄍㄩㄣ）
宣,选	xyan（ㄒㄩㄢ）	syn（ㄒˊㄩㄣ）
些,写,泻	xie（ㄒㄧㄝ）	sê（ㄒㄝ）
绝	gye（ㄐㄩㄝ）	zyt（ㄐㄩㄊ）

乍看起来，关于"锅果过光广"等字，似乎广东话和普通话都是

有韵头ㄨ的。但是,北方人念起来万无一失,广州人却有时候掉了那个韵头ㄨ,以致"广州"念成"港州","光明"念成"纲明","过去"念成"个去"。客家人也有同样的毛病。广州人说普通话,对于"边棉天"等字,韵头并不十分明显,例如只能说成 bên、mên、tên(=英文 men,ten)等,"良"字也往往只念成了 iêng。对于"捐宣写绝"等字的韵头ㄩ,广州人也念得不够明确。至于客家人和潮州人,尤其应该注意这种韵头ㄩ,因为这是和他们的语言习惯最不适合的。

　　三种韵头当中,最应该注意的是韵头ㄨ。其中比较容易学的是 gua(瓜)、guai(怪)、gui(贵)(其实是 guei)、guan(关)、gun(棍)(其实是 guen),和 kua(夸)、kuai(快)、kui(亏)(其实是 kuei)、kuan(宽)、kun(困)(其实是 kuen)等音。至于 xua(花)、xuai(坏)、xui(会)(其实是 xuei)、xuan(欢)、xun(混)(其实是 xuen),对于广州人和客家人,已经是很难的了(见上文广州人怎样学习普通话和客家人怎样学习普通话)。还有更为一般人所忽略了的,就是 d、t、n、l、zh、ch、sh、r、z、c 和 s 后面的韵头 u。对于这些字,广州人和客家人往往读成没有韵头。试看下面的表:

例字	应读	误读
端,短,断段	duan(ㄉㄨㄢ)	dan(ㄉㄢ)
团	tuan(ㄊㄨㄢ)	tan(ㄊㄢ)
暖	nuan(ㄋㄨㄢ)	nan(ㄋㄢ)
鸾峦銮,卵,乱	luan(ㄌㄨㄢ)	lan(ㄌㄢ)
专砖,转,传(水浒传)赚撰篆	zhuan(ㄓㄨㄢ)	zhan,zhon(ㄓㄢ,ㄓㄛㄣ)
川穿,传,喘,串	chuan(ㄔㄨㄢ)	chan,chon(ㄔㄢ,ㄔㄛㄣ)
拴闩,涮	shuan(ㄕㄨㄢ)	shan,shon(ㄕㄢ,ㄕㄛㄣ)
软阮	rhuan(ㄖㄨㄢ)	rhan,rhon(ㄖㄢ,ㄖㄛㄣ)
钻,缵纂	zuan(ㄗㄨㄢ)	zan,zon(ㄗㄢ,ㄗㄛㄣ)
汆,窜篡爨	cuan(ㄘㄨㄢ)	can,con(ㄘㄢ,ㄘㄛㄣ)
酸痠,算蒜	suan(ㄙㄨㄢ)	san,son(ㄙㄢ,ㄙㄛㄣ)

例字	应读	误读
抓	zhua(ㄓㄨㄚ)	zha(ㄓㄚ)
刷,耍	shua(ㄕㄨㄚ)	sha(ㄕㄚ)
拽	zhuai(ㄓㄨㄞ)	zhai(ㄓㄞ)
揣踹	chuai(ㄔㄨㄞ)	chai(ㄔㄞ)
衰摔,甩,帅率蟀	shuai(ㄕㄨㄞ)	shai,shoi(ㄕㄞ,ㄕㄛㄧ)
装庄妆桩,壮状	zhuang(ㄓㄨㄤ)	zhong(ㄓㄛㄥ)
窗疮,床,闯,创	chuang(ㄔㄨㄤ)	chong(ㄔㄛㄥ)
双霜,爽	shuang(ㄕㄨㄤ)	shong(ㄕㄛㄥ)
说	shuo(ㄕㄨㄛ)	sho(ㄕㄛ)

　　上面这一类字,十个广州人或十个客家人当中(潮州人对于这个是占便宜的),恐怕有九个是念得不正确的。误读的方式也不一定像上面所举的情形,例如"团"字,广州人说普通话的时候,又往往把它念成 tœn 音(和他们的"津春"等字同韵)。最应该注意的是"庄双窗说"等字,它们的韵头ㄨ是广州人和客家人所意料不到的。

　　一般北方话里,韵头ㄨ已经够丰富的了,然而北京话里的韵头ㄨ比一般北方话里的韵头ㄨ却还要更丰富些。试看下面就是北京话和一般北方话的对比(一般北方话系根据北方话拉丁化新文字的拼音):

例字	北京话	一般北方话
波钵剥拨,博勃,跛,播	buo(ㄅㄨㄛ)	bo(ㄅㄛ)
坡泼,婆,颇,破魄迫	puo(ㄆㄨㄛ)	po(ㄆㄛ)
摸,模谟魔,末墨莫	muo(ㄇㄨㄛ)	mo(ㄇㄛ)
佛	fuo(ㄈㄨㄛ)	fo(ㄈㄛ)
多,夺铎,朵躲,舵惰堕	duo(ㄉㄨㄛ)	do(ㄉㄛ)
拖托脱,鸵驼,妥,唾柝箨	tuo(ㄊㄨㄛ)	to(ㄊㄛ)
挪娜,懦诺	nuo(ㄋㄨㄛ)	no(ㄋㄛ)
罗骡螺,裸,洛乐	luo(ㄌㄨㄛ)	lo(ㄌㄛ)

例字	北京话	一般北方话
桌捉,着酌卓濯浊	zhuo（ㄓㄨㄛ）	zho（ㄓㄛ）
戳,绰辍	chuo（ㄔㄨㄛ）	cho（ㄔㄛ）
朔硕铄	shuo（ㄕㄨㄛ）	sho（ㄕㄛ）
若弱	rhuo（ㄖㄨㄛ）	rho（ㄖㄛ）
昨,左佐,坐做作凿	zuo（ㄗㄨㄛ）	zo（ㄗㄛ）

　　北京话里,根本没有单纯的 o 韵(见上篇)。注音字母把"波坡模佛"注为ㄅㄛ、ㄆㄛ、ㄇㄛ、ㄈㄛ,是简单化了的。一切南方话的 o 韵,差不多在北京都是-uo。

　　由上面的事实看来,广州话和北京话代表着两个极端;一个是韵头最缺乏的(或可说根本没有),一个是韵头最丰富的。在这一点上,广州人学普通话,应该作一百八十度的转变。客家人对于这一点的困难,也仅次于广州人。潮州人在这一点上比较接近普通话;但他们对于"捐劝、雪月、双窗、多说"之类,仍是应该注意的。

　　关于语言的学习,有许多"以简驭繁"的办法。上面说的对于韵头的注意,只是许多办法当中的一种而已。

谈谈汉语规范化

目　录

一　什么是汉语

汉语就是汉族的语言。平常我们说的"中国话",也就是汉语。但是,"中国话"这个名称是不确切的,因为中华人民共和国是一个多民族的国家,全国范围内有着各种不同语言的民族。譬如说,汉族的话和壮族的话不同,如果把汉族的话叫做"中国话",壮族人民也是中国人,壮族的话也可以叫做"中国话",这样就分不清楚了。解放以后,在中国共产党领导下,中国各民族是平等的,少数民族有使用自己的语言文字的自由。中国既然有许多种语言,就应该按照各民族的名称来称呼各民族的语言,例如汉族的语言叫做汉语、壮族的语言叫做壮语、维吾尔族的语言叫做维吾尔语等等。

汉语虽然不该叫做"中国话",但是,汉语是我国的主要语言;在国际上,汉语仍然代表中国的语言。苏联也是这样,苏联也是一个多民族的国家,俄罗斯民族只是其中的一个民族。因此,我们现在学习的俄语(俄文)也只叫做"俄语"(俄罗斯民族的语言),不叫做"苏联话"。但是,俄语虽然不该叫做"苏联话",在国际上,俄语仍然代表苏联的语言。为什么呢? 因为俄语是苏联的主要语言,在苏联说俄语的人数最多,俄语成为苏联国土内的主要交际工具,所以俄语比较有代表性。

在中国6亿人口中,大约有5亿6000万人是汉族人。全国说汉语的人数最多。汉语是中国各民族互相交际的通用语言,例如一个壮族人和一个维吾尔族人谈话,你不懂我的话,我不懂你的话,最好是你我都说一种大家都懂的话,那就是说汉语。现在少数民族的地位提高了,全国各民族团结起来了,成了一个大家庭,少数民族更迫切要求学习汉语。

汉语是世界上最发达的语言之一,是世界上使用人数最多的语言。由于历史的原因,汉语的发展还没有达到完全统一的地步。汉语中有许多方言，我们听外省人说话有时不大懂。但是我们的汉字是一样的，虽然听不大懂，写起字来就懂了。我们中国地方大，人口多，要说话的口音完全一样是很难的。现在交通便利了，人民之间往来的机会增加了，各省的人常常见面，大家的语言就会渐渐一致起来。我们还要尽我们主观的努力，促使汉语加速统一。现在我想和大家谈谈汉语规范化，就因为汉语规范化的工作正是促进汉语统一的工作。

二　什么是规范化

什么是规范化呢？规范就是规格。规范化就是要做到合规格。工厂里生产品不是要做到合规格吗？将来我们每一个人说话也要做到合规格。譬如说，你姓黄，我姓王，本来是有分别的，但是上海人和广州人说话"黄、王"不分，那就不合规格了。

将来每一个字该怎么念，该怎么说，都要规定下来。大家平常总会注意到广播电台的播音员的口音很清楚，很好听，很好懂吧。我们就希望将来大多数人说话都像播音员那样清楚，好听，好懂。政府已成立一个推广普通话工作委员会来领导全国的推广普通话工作，将来要求每一位播音员的发音都非常正确。学校里的语文老师也有责任训练学生们发音正确。在最初的时候，自然有困难；日子长了，也就好了。

一种东西叫什么名字，也应该全国一致。拿肥皂来说吧，在北京"肥皂"又叫"胰子"，一样东西为什么叫出两个名字来呢？将来要规定只叫一个名字，例如叫"肥皂"就不叫"胰子"。全国的百货公司的商品名称也应该统一起来，不要像现在这样，同是一样东西，在北京叫"自行车"，在上海叫"脚踏车"，在广州又叫"单车"。这一类的例子很多，用不着详细说它了。

将来要编词典，规定每一样东西应该叫做什么，又规定这些词该念什么音。大家都可以照这样说、这样写。

　　但是，汉语的规范和商品的规格也不完全相同。一家工厂的产品不合规格是要受罚的，至少是受到批评。人们说话不合规格，不会受罚，也不会受到批评。我们只希望大家说话合规格，自动自觉地学好合规格的汉语。规格划一了，语言也就统一了，各省的人见面谈话，彼此都能互相了解，用不着找人翻译，这不是对于每个人都有好处吗？

三　为什么要规范化

　　为什么要规范化呢？规范化是要全国说汉语的人民都说一样的话。现在有上海话、湖南话、山东话、广东话、福建话、四川话等等，这些话都是汉语，但是这些话的口音都不同，这些话是各个地方的方言。方言妨碍了不同地区的人们的交谈，造成社会主义建设事业中的许多不便。现在中国人民革命胜利了，全国人民表现了空前的大团结，促进汉语达到完全统一，不但可能，而且也是十分必要的。

　　语言不统一，常常给我们带来很大的损失。我们常常听大报告，做报告的同志如果是一个外省人，他的话不好懂，那就影响我们学习的效果。特别是一些重要的报告，听不懂的时候真令人着急。听不懂就不好写笔记，记不下来明儿怎么能回去传达呢？就说不要传达，自己听不懂也可惜呀！譬如有些江浙人或者广东人做报告，常常也讲得很精彩，听得懂的人都很高兴，笑了，鼓掌了。听不懂的人却莫名其妙，当然做报告的同志并不是存心说土话，让人不懂，只是土音太重，一时改不过来，令人听不懂。做报告是为了宣传教育，听众听不懂，就失去了宣传教育的意义。有时候，不是完全不懂，只是有一些字句不懂。常常有这样的事情：一个人听不懂就问旁边的一个，旁边一个也不懂，就问第三个，等到问懂了，下面的几句又没有听到并且还妨碍了别人听报告。听报告是我们今天生活中的一件大事。因为语言不通就使报告的效果打了折扣,那能说不是一种损失。

现在的工厂不是国营,就是公私合营,各省的工人都有机会在一个工厂里做工,熟练的技工调到外省的工厂去,都有责任带徒弟。言语不通就困难了,不但不容易交流经验,有时听错一个字还要耽误生产。

如果汉语规范化了,大家依照这个规范去学话,渐渐会学得好些,容易懂些。特别是小学生,一教就会。将来全国的人都会说规范化的汉语,那就好了,以后彼此交谈、听报告也不再有困难了,一个工厂里不管有多少外省人都说一样的话了。

汉语规范化以后,我们念书也容易得多了。书是照话写下来的,话好懂了,书也就好懂了。现在有些作家写小说喜欢用土话来写,许多人看了都说不好懂。汉语规范化,就是叫作家们不再用土话来写小说,写剧本。电影片子也不应该说土话。用土话只有一个地方的人听懂,效果不大,如果用规范化的汉语,全国人都懂了。

翻译的书也应该规范化。现在有许多翻译的书不太好懂。这是因为翻译的人在语言上不考究。有些翻译家写下来的话都不像汉语,因为照外国人说话的口气翻的。要求翻译家留意汉语规范化。不然的话,使念书的人很吃力,并且使一些青年人跟着去学,破坏了汉语的规范。

四　为什么要推广普通话

(一)什么是普通话

人民政府号召我们推广普通话。什么是普通话呢?普通话就是通行全国的话。在封建时代叫做官话,在国民党统治时代叫做国语,现在我们叫做普通话。

叫官话不好。这不是官的话,这是人民的话。从前皇帝的京城在北京,做官的人就学着北京的腔调,到外省去压迫老百姓,打着官腔去欺负劳动人民。老百姓恨官老爷,同时也就讨厌说官话的人。现在时代不同了,凡在人民政权机关工作的人都是人民的勤务员,哪里还有什么说官话的人呢？就说从前官老爷的话也不是官老爷自己创造的话,官老爷的话也是向人民学来的。无论哪一种语言都应该是属于全体人民的。

叫国语也不好。上面说过,中国是一个多民族的国家,有着多种语言,汉语怎能称为国语呢？

普通话就是全国普遍通行的话。它是不是一种混合的话呢？是不是有几分北京腔,又有几分上海腔、广东腔、四川腔,让各省的人都听得懂呢？不是的。恰恰相反,那样南腔北调的蓝青官话,什么地方的人都听不懂,谁也不欢迎。现在我们所说的普通话,基本上是拿北京话做底子的。可不是北京土话。

北京土话也是一种方言,也是不好懂的。我们在北京住了十年以上的人,听北京土话也不完全听得懂。所以我们说的普通话并不是北京的土话,而是北方一般通行的话。

但是,普通话的口音却是十足的北京口音。

当然,许多外省人嘴里说的普通话并不是十足的北京口音,那是因为他们说的话还带着家乡口音的缘故。真正好的普通话是应该完全和北京人的口音一样的。

汉语规范化是和推广普通话有密切关系的。汉语的规范应该建立在普通话的基础上。说话应该是说北方一般通行的话,口音要用北京口音,这样就算是初步建立了汉语的规范了。

（二）为什么要选择北京语音做普通话的标准音

有人问:为什么要选择北京语音做普通话的标准音呢？北京话特别容易学吗？北京话特别好听吗？说北京话的人特别多吗？因为北京是首都,所以要选定北京语音作为普通话语音的规范吗？让我们来回答这些问题。

北京话特别容易学吗？

　　当然,北京话是容易学的。千千万万的人都学会了北京话,而且许多人能在一年半载的短时间内就把北京话学得很好。但是,我们不应该简单地拿容易学作为理由,来说明为什么要选择北京语音做普通话的标准音。譬如说,宁波人就说上海话容易学,广西人就说广州话容易学,如果有一个人从小跟着父母在沈阳住,他又会觉得沈阳话最容易学。拿容易学做标准,这个辩论就没有完。所以我们说,不是简单地因为北京话容易学,就选定了它。

　　北京话特别好听吗?

　　是的,北京话很好听。许多人都觉得,北京话听了叫人舒服。北京人的口音真清楚,真美。但是,我们也不能简单地拿好听做理由。一个人听惯了一个地方的口音,总是比较有感情的。广州人就觉得广州话很好听,上海人也觉得上海话很好听。还有人说苏州话很好听等等。这个争论也没有完。所以我们不能简单地拿好听做理由,来选定北京语音做标准音。

　　说北京话的人特别多吗?

　　这话比较有理由。但是,拿大城市来说,北京不算是中国最大的城市。北京的人口有 300 多万,但是上海的人口有 600 多万,为什么不选定上海话做普通话呢? 由此看来,我们简单地拿北京人口多做理由还是不够的。不过,说北京话的人虽然不算多,说北方话的可真算多了。中国长江以北,都说的是北方话。广西北部、四川南部、云南、贵州等处,虽然不算中国的北方,但是这些地区的人说的也都是北方话。汉族人民大约有 5 亿 6000 万,其中说北方话的人大约有 4 亿,约占汉族人民总数 70% 以上。因此,如果我们说北方话,北到满洲里,南到桂林,东到连云港,西北到阿拉木图(新疆),西南到蒙自(云南),全国绝大部分的地方都听得懂。当然有些地方不能全懂,但是北方话比什么话都好懂,那是事实。而北京话可算是北方话的代表,听得懂北方话的人,大致可以听得懂北京语音。我们虽然不能说“说北京话的人特别多”,但是我们可以说

"听得懂北京话的人特别多"。因此,北京话的语音就有资格当选为普通话的标准音。

是不是也因为北京是首都,所以才选定北京语音做标准音呢?

是的,也可以说是因为北京是首都,所以才选定了北京语音。但是,这个理由应该和前面的理由结合起来看。五百多年来,北京经常是中国的首都,所以北京话在全国传播得最广。中华人民共和国成立以后,首都也选定了北京。首都是全国的政治中心,首都一般通行的话也代表着中华人民共和国全体人民的共同语言。不但汉族人民要用普通话作为民族共同语,就拿少数民族来说,他们一方面要发展自己的语言,另一方面也要用汉语作为民族间的共同语言。莫斯科是苏联的首都,所以莫斯科话是苏联的共同语言。中国也是一样,北京是中国的首都,所以北京一般通行的话是中国的共同语言。

但是我们不要忽略了北京话的历史地位。千百年来,中国的文学家们曾经用北方话写了许多文学作品,这些文学作品曾经流行全国。其中有些作品是用北京话写的,例如大家熟悉的《红楼梦》。五四运动以来,白话文流行了,而白话文就是用北方话写的。现在报纸杂志上的文章也是用北方话写的。这样就为推广普通话创造了有利的条件。全国人民早已看惯了北方话写的文章,现在就只要进一步用口说出来就是了。

根据上面所说的,我们知道,普通话就是民族共同语言。汉民族的共同语言,就是以北京语音为标准音、以北方话为基础方言、以典范的现代白话文著作为语法规范的普通话。

(三)学会普通话有什么好处

前面说过,语言不统一,常常给我们带来很大的损失。这里我们再谈一谈,学会普通话有什么好处。

我们每一个人说话,都希望别人听得懂。如果别人听不懂,说话有什么用处呢?譬如我是一个广州人,我不会说普通话,我来到了北京,我说话北京人一句也听不懂。吃亏的当然是我,因为我变成了哑巴。语言是交际的工具,我说的话人家听不懂,岂不是丧失了这个交际的工具吗? 我要什么,人家不能给我;我要了解什么事情,人家不能告诉我。那该多么苦哇!

你听过那么一个故事吗? 一位大学教授在课堂上讲文学中的典型问题。这位教授是江浙人,他说"典型"问题,学生们听成"电影"问题。大家都奇怪:为什么这位老先生在课堂上大谈其电影问题呢? 闹了半天,才知道他说的是"典型"而不是"电影"。这样就必然要影响到教学效果。

还有这么一件事,在全国先进生产者代表会议的期间,海员代表团的两个潜水员见了面,因为是同行,很自然地就要交流经验。可是两个人在一起说起话来,就发生问题了。原来一个说的是上海话,一个说的是山东话。说话彼此都听不懂,这怎么能交流经验呢? 最后只得找了一位同志当翻译。如果两个潜水员都学会普通话,那就不要人当翻译了。

你也许要说:"我一向住在家乡,没有机会出远门,更谈不上到北京去,我何必要学北京话呢?"这样想法是不对的。上面说过,普通话是全国普遍通行的话,你随便到什么地方,只要是离开了自己的方言区,就用得着普通话。譬如说,现在我们有很多同志自愿到边疆去支援边疆的社会主义建设。到了边疆,我们用什么话和当地的居民们交谈呢? 我想,不管他们是汉族或少数民族,我们都只能用普通话和他们交谈,因为普通话是全国普遍通行的话。

你也许不上北京,你也许要到上海去。到上海去,应该学上海话呢,还是应该学普通话呢? 我看还是应该学普通话。一则因为在上海住着的人并不都是上海人,你学会了上海话还不能照顾全面,如果学会了普通话,才算是照顾全面了,因为大多数的上海人也都懂得普通话。二则因为你今年去上海,明年也许去别的地方,如果每换一个地方就得现学一种话,那该多麻烦哪! 学会了普通话,以后随便到什么地方,都方便了。

如果你的普通话一时学不好,你首先就应该要求使人听得懂。打个比喻,不会说普通话的人是个哑巴,那么不会听普通话的人就该算是一个聋子。

你爱看话剧吗?话剧实在好看。你说不好看,是因为你看不懂。你不懂普通话。

你爱看电影吗?谁不喜欢电影呢?你一定也喜欢。如果听不懂电影里的对话,电影也就看不懂了。

你爱听广播节目吗?我想你一定很爱听。不过,要是你不懂普通话,你就不能听懂中央人民广播电台的广播。那多可惜啊!中央人民广播电台的广播,都是用普通话广播的,你如果要收听,就非先学会了普通话不可。

前面说过,工厂里的工人们不一定都是一个地方的人。语言不通就会遭遇很多困难。语言和感情很有关系。语言通了,感情也容易融洽些。没有共同的语言就会妨碍共同的工作。

青年学生们学习普通话也是非常必要的。学生上课听不懂老师的话要吃亏。毕业了要分配到各个地区去工作。这几年来,有不少毕业生因为语言不通,不能安心工作,甚至要求调职。如果大家都学会了普通话,这个问题就解决了。

军队里学习普通话也是十分必要的。军队过着集体的生活,必须有共同的语言,否则,在集体生活中会遇到许多困难。首先要求军官们能说普通话,因为发布命令和传达报告必须用普通话,士兵们才听得懂。其次,士兵们也应该学会普通话,然后能够听懂命令和报告。军队是保卫祖国的,我们可以想见军队里的每一道命令和每一个报告里面的每一个字都是重要的,士兵们不能有一个字听不懂。因此就应该要求说话的人说得正确,听话的人听得明白。

广大的农民们也要学习普通话。现在的农村是社会主义合作化的农村了。农村交通发达了,互相往来加多了,特别是互相交流先进经验的机会更多了,学会了普通话,北方的农民和南方的农民,就能直接谈话,用不着翻译了。

全中国说汉语的人民都学会了普通话,大家都用统一的语言,对于加强团结,发展生产,都有说不尽的好处。

五 怎样推广普通话

(一)学校里怎样推广普通话

我们要推广普通话,不是随便说说的;要拿出一套办法来才行。

首先我们要在学校里推广普通话。特别是在小学里,一定要贯彻大力推广普通话的方针。我们知道,全国每年招收几千万小学生。现在就开始教小学生们学习普通话,再过几年之后,年轻的一代都学会了普通话。一年教会了几千万人,再过几年,不是有几亿人都学会了普通话吗?小孩学话是最快的,而且也最准确。要使小学生在学校里一定要说普通话。不但在教室里要用普通话回答老师的问题,而且同学和同学之间的谈话也要用普通话。在学校里造成一个说普通话的环境,就不怕小学生们的普通话学不好。

现在小学里的课本都是用普通话写的,但是许多地方还是用本地的读音。以后我们要求小学里逐渐做到用普通话教学,首先在语文课实行普通话教学。小学里的语文课本本来就有了注音字母(不久要改用拼音字母),老师按照注音字母来教,学生们按照注音字母来学,是没有多大困难的。要紧是经常说,要说得流利、畅快。不但用普通话来彼此交谈,还要用普通话来演说、写文章。

摆在小学教师面前的一个光荣任务,就是教好普通话。要教好普通话,首先要求自己学好普通话。特别是语文教师,非学好普通话不可。当然,老师们不像小孩,他们的年纪比较大,学话比较困难。有些人的确是乡音难改,学起普通话来不易学得像。但是,只要认识到推广普通话的重要意义,多下点功夫,就能克服学习普通话的困难。

中学里要不要推广普通话呢? 当然也要的。国务院关于推广普通话的指示里说:"从 1956 年秋季起,除少数民族地区外,在全国小学和中等学校的语文课内一律开始教学普通话。到 1960 年,小学三年级以上的学生、中学和师范学校的学生都应该基本上会说普通话,小学和师范学校的各科教师都应该用普通话教学,中学和中等专业学校的教师也都应该基本上用普通话教学。"

大学里要不要推广普通话呢? 当然也要的。对于大学生来说,应该鼓励他们学习普通话。到了若干年以后,普通话的学习,对大学生来说是不成问题了,因为他们在小学和中学里已经把普通话学得很好了。问题不在于大学生,而在于大学教授。有些教授的土音实在太重了。对于老教授们,不要求他们改变口音。但是,对于大学里的年轻的教师们(讲师、助教),就应要求他们学习普通话,他们还年轻,改变语言习惯比较容易,相信他们一定学得好。今天的讲师、助教,再过若干年以后就成为教授。那时候,我们全国的大学也都可以用普通话来教学了。

估计在五年以后,或者不到五年,全国的小学生都学会了普通话,全国的中学生和大学生也大部分会听普通话。年轻的一代都学会普通话,就能加速促进汉语达到完全统一的地步。

(二)军队里怎样推广普通话

军队里推广普通话是比较有条件的:第一,是由于需要的迫切。士兵来自四面八方,初入伍的时候,各人带着乡音,有时候同在一个连队里也不能交谈,所以军队里的战士们都自动自觉地要学普通话。第二,在军队里有比较充裕的时间学习文化,因此,也比较有时间教学普通话。第三,军队里推广普通话可以当行政任务来执行,因此,也比较容易推广。第四,军队里文化教员比较多,而且是专职,他们可以作为推广普通话的主要力量。有了这四个原因,在军队里推广普通话,困难就比较少了。

至于军队里该怎样推广普通话呢？国务院关于推广普通话的指示里说:"中国人民解放军部队文化教育中的语文课和中国人民解放军所属各级学校的语文课,都应该用普通话教学。战士入伍一年之内,各级军事学校学员入学一年之内,都应该学会使用普通话。"

在军队里推广普通话,首先要依靠文化教员。文化教员也像中小学教员一样,自己应该先学会了普通话。听说现在的文化教员已经有百分之四十以上是能够掌握普通话的,如果把尺度放宽一些,可能有半数以上。其他的文化教员也赶紧学习普通话,大约一年之内,文化教员就可以学会了。

（三）工厂里怎样推广普通话

在工厂里的文化补习学校和文化补习班,都应该尽可能地、逐步地推广普通话的教学。特别是大工厂,因为人多,各省的人都有,工人们更迫切需要学习普通话。

工人们学习普通话,不一定能像小学生学得那么快,但是也不会太慢。工人们无论做什么工作,热情都是很高的,学普通话不会不热心。特别是在大工厂里,师傅带徒弟靠普通话,交流经验靠普通话,工人们有了学习普通话的需要,一定学得又快又好。

工人们也可以利用各种文娱活动来推广普通话,例如演话剧就用普通话演出。大鼓和单弦之类,也可以适当地在南方各地的工厂里推广。相声也是推广普通话的很好的工具。

工厂里推广普通话完全要依靠群众的力量。群众拥护,工作就好开展。向广大工人群众宣传,使他们懂得学习普通话的政治意义,群众就会自觉地来学普通话。

要设法在工厂里造成一个说普通话的环境。工厂里人人都说普通话,说普通话的环境造成了,平时不会说普通话的也能渐渐学会了。

有不少南洋华侨普通话说得很好。为什么呢？因为南洋华侨有说福建话的、有说广州话的、有说客家话的，互相不懂对方的话，辛亥革命后，华侨开办学校，请了说普通话的教员来教书，因此，普通话就作为他们的共同语。我们的大工厂里的工人，来自各省，也常常听不懂别人的话。现在党和政府号召大家学习普通话，一定能得到工人们的响应，保证学好普通话。

从前有人说，学说并不难，只要脸皮厚就行。这种说法是错误的。我们学习普通话，是一种正当的需要，是为了祖国的建设事业，有什么难为情的？今天学不好，还有明天，天下无难事，只怕有心人。今天我学得不像，也没有什么可笑的。既然把学习普通话当做一件政治任务，就要不害臊，不怕人家笑话。同时，我们听见别人说普通话说得不好的时候，千万不可以嘲笑别人。相反地，应该多多鼓励他，帮助他改正缺点，使他能够早日学好。

在工厂、学校、农村里都一样，青年团员在完成政治任务中经常起带头作用和组织作用。我们相信，在推广普通话工作中，团员同志也一定能以身作则，带动群众。学习普通话本来不是一件难事，难在思想搞不通，不认识这一件事的重要性，所以必须向他们进行一系列的宣传鼓动工作。这个宣传工作就靠团员同志来做了。

（四）农村里怎样推广普通话

农村和工厂不同。农民是比较分散的，不像工人那样集中。农村里的外省人很少；有些外省的干部已经学会了本地话。因此，农民们对于普通话的要求不是十分迫切的。针对这种情况，我们在农村里推广普通话，办法要和工厂里不同。

在农村常年民校的高级班里，都应该尽可能地、逐步地推广普通话的教学，但是我们不能要求全乡全村的农民都说普通话，那是脱离实际的想法。一般的农民，能学会多少就算多少。

我们可以要求农民先学会了听普通话。学会了听普通话，就能看电影，收听广播，这样，普通话就能和农民的实际生活联系起来。他们觉得学了普通话还用得上，也就高兴学了。

全国语言统一对于祖国建设事业的重要性，这个大道理也可以对农民们讲一讲。现在正在过渡到社会主义社会，农民们的政治觉悟提高了，大道理他们也是爱听的。

农业劳动模范、农民干部和农民积极分子到过北京开会，或者到过省会开会，回到农村，就可以借此机会宣传普通话，说明学会了普通话可以走遍中国的好处，这也可以提高农民们学习普通话的兴趣。

在农村里，我们把最大的希望放在农村儿童的身上。在不久的将来我们要做到农村里每一个适龄儿童都能够上小学，所以农村里每一个小孩也都有学习普通话的机会。前面说过，小学里逐渐用普通话教学。小孩们学话是很快的，只要有好先生，一年半载就能学得一口普通话。等到他们长大了，农村里的普通话使用情况就会大大地改变。这一股新生力量是非常大的。

有些农民觉得学习别地方的话是不必要的，甚至表示讨厌，以为可耻。有些人觉得说普通话是打官腔。是的，前面说过，现在所谓普通话，的确也和农民们在解放前所听见的官话差不多。农民们被官老爷欺压够了，因此也难免要讨厌官话。我们必须教育农民，把道理给他们讲清楚。语言只是交际的工具。官老爷嘴里说的是官话，到了工农大众嘴里，它就变成普通话了。从前官话为官老爷服务，现在我们要叫普通话为人民大众服务。这道理给农民讲清楚了，他们就会都来学习普通话了。

现在农村中扫盲运动积极展开，这对于推广普通话也是有利的。农民们要求学文化，必然要看许多书籍、报纸、杂志。全国绝大多数的书报都是用普通话写的，农民们看多了，也就渐渐学会了普通话的一些字眼儿，例如广东的农民知道"单车"在普通话里叫做"自行车"，"番枧"在普通话里叫做"肥皂"，"恤衫"在普通话里叫做"衬衫"等等。这就很有用处。学会了看书看报，知道了每一样东西在普通话里叫做什么,就只差不会说了。所谓不会说,也只是口音不很正确,但是看见一样东西不会再叫错名儿了。

农民学习普通话,是要比工人和部队难些,但是,照前面所说的做去,再过十年八年,多数农民也就都学会了普通话了。

(五)机关里怎样推广普通话

机关干部的话也是非常复杂的。一个机关如果有1000人,恐怕就有十几省的人。中央机关干部的籍贯最复杂,但是语言的困难比较小,因为到底住在北京,有了好环境,普通话就容易学会。

各省的情形就不同了。特别是在江浙和南方各省,从北方去的干部比较少,不大能拿普通话去影响本地干部,相反地,本地干部常常拿本地话来影响北方干部,弄得北方干部的话四不像了。开会的时候,并不是每次都用普通话。有时候,看见有些本地干部在会议席上发言,大家都是听得懂本地话的,就懒得用普通话了。这种风气今后必须改变。我们应该要求机关里一切会议必须用普通话,至于上级对下级指示,下级对上级反映情况,也应该尽可能用普通话。

铁路工作人员、交通工作人员、邮电工作人员、百货公司和合作社工作人员、卫生工作人员都应学会普通话。

机关干部用什么方法来学习普通话呢?首先要请北方的同志们偏劳一点,帮助普通话基础较差的同志。如果条件许可,还可以开办普通话讲习班。

广播工作人员、电影工作人员、话剧工作人员都被大家认为是讲普通话的模范。他们的影响很大。我们现在和将来都要依靠他们来做好推广普通话的工作。但是,这并不是说他们就不需要学习了。当然,其中有一大部分人的普通话是很好的,很合标准的,但是另有一部分人却还需要加以严格的训练。举例来说,车站和火车上的广播员,普通话好的较少,如果不再加训练,将来对普通话的推广会带来一种不良的影响。电影和话剧的演员们不都是北方人,更不都是北京人。有许多江浙演员和广东演员的艺术水平是非常高的,我们不能专门讲究语言而不讲究艺术。但是语言也是重要的,对演员来说,语言不是艺术之外的东西,它是艺术之内的东西。因此,语言的训练,对于演员来说,是非常重要的。

对于广播员和演员,我们的要求是高的。他们是人民群众学习的榜样。

(六)是不是不许再说自己的家乡话

推广普通话,是不是不许再说自己的家乡话了呢?不是的。

家乡话是一个地方的语言。说同样方言的人,少的有几百万,多的到几千万,因此方言不是一下子消灭得了的。一个人学会了普通话,如果他的父母没有学会,妻子也没有学会,他在家里就只好说家乡话。只有推广普通话,大家都习惯说普通话了,家乡话就没有人说了。

在外面碰到同乡,往往用家乡话交谈,如果双方都会说普通话,最好是经常用普通话交谈,这样可以巩固自己的普通话。

有些人出门久了,学会了别处的话,倒反把家乡话忘了。将来这种人会越来越多的。全国交通方便了,许多人都要出来参加社会主义建设,乡音不同的人碰在一起,大家用普通话交谈,逐渐地各人的乡音都要改变了。

我们现在是推广普通话,意思是说,把普通话的使用范围尽可能扩大。普通话的使用范围越大,家乡话的使用范围也就越小。经过几十年,全国人民都说普通话了,也就没有什么家乡话了。

六　大家学会了普通话以后,还要不要规范化

前面说了许多关于推广普通话的话,但是我们这本书的题目是“谈谈汉语规范化”,到底推广普通话和汉语规范化是两件事呢,还是一件事呢?

　　推广普通话和汉语规范化是两件事。但是这是互相关联的两件事。如果不推广普通话，就谈不上汉语规范化，但是，如果不先确定汉语的规范，也就不容易推广普通话。

　　由此看来，我们在推广普通话的时候，同时进行汉语规范化的工作，这是完全必要的。现在我们要问：大家学会了普通话以后，还要不要规范化呢？

　　要全国人民都学会普通话，这不是三年五年内所能做到的事；就是会说普通话了，也还需要规范化。

　　北京话并不是已经有了一定的标准的，例如北京人虽然把"肥皂"叫做"胰子"，但是，也有北京人叫"肥皂"的。一样东西叫出两个名称来，显然是不必要的。读音方面也有混乱的情形，例如"供给"在北京有人念ㄍㄨㄥㄐㄧ，有人念ㄍㄨㄥㄍㄟˇ；"酝酿"在北京有人念ㄩㄣˋㄖㄧㄤˋ，有人念ㄨㄣˋㄖㄧㄤˋ。这些混乱的情形都是不好的。有时候，北京的老师们开会商量怎样教学生，老师们都是北京人，但是读音也不完全一致。

　　由此可见，连北京话本身也应该规范化，北京人说话也要合规格，不能因为自己是北京人，就可以随随便便，说不合规范的话，写不合规范的文章。

　　北京人的口音，拿谁做标准呢？是不是北京多数人那样念，就算标准了呢？不是的。我们只看念得对不对，不看念的人多不多。"侵略"这两个字，曾经有过一个时期，北京多数人念成"寝略"（ㄑㄧㄣˇㄌㄩㄝˋ），只有少数人念成"亲略"，但是念成"亲略"是对的，所以我们应该把错误的读音矫正过来。这件事很容易。现在中央人民广播电台的广播员都念成"亲略"了，以后大家就会跟着改正。这样做是对的。因为北京的人口比起全国各处的人口来，毕竟算少数。全国多数人都把"侵略"念成"亲略"，不念"寝略"，为什么要全国人跟着北京人念别字呢？广播电台一改正，以后大家也会跟着改正的。

字音常常被读错了，我们不一定要跟着错误走。以前我们只要听见北京人那样念，也就跟着念了。以后就不同了，我们要求汉语规范化了，我听见北京人念某一个字，如果我觉得有疑问，我就查正音词典。查出来该念什么音，我们就念什么音，我们不一定要跟着某些北京人那样念。例如"小组"，本该念成"小祖"，现在许多北京人都念成"小租"了。我们不要管它。字典里注音是ㄒㄧㄠˇㄗㄨˇ，我就得念ㄒㄧㄠˇㄗㄨˇ，北京人也得依照字典念哪！

汉语规范化不单是读音问题，还有写文章的问题。现在书籍报纸上常常看见有些不通的文章，里面有些不通的句子。写这种文章的不一定是北京人，也不一定不是北京人，人人都得留心。国务院关于推广普通话的指示里说到，普通话应该以典范的现代白话文著作为语法规范，这就是说，不管你北京话说得多么漂亮，语法不合规范还是不行的。

推广了普通话以后，汉语还是要规范化的，因为用普通话写下来的文章也有许多不通的句子，也应该常常加以纠正。

七　汉语规范化以后，我们的文字就要改成
一种容易写、容易认的文字

汉族人民所用的文字叫做汉字。几千年以来，我们一直使用汉字，我们中国的古书都是用汉字传留下来的。现在我们的书籍报纸用的也是汉字。

但是，汉字是难写难认的。首先是笔划太多，写字费时间，例如"學"字有16笔，"觀"字有25笔。1955年全国文字改革会议决定了简化汉字，就是把汉字改得简单些，例如"學"字改成了"学"，"觀"字改成了"观"，这样大家方便得多了。但是这种改革还不是根本改革，汉字还存在着许多缺点，这些缺点不是简化汉字所能克服的。

汉字难学，并不单是因为笔划太多，而是因为笔划太复杂，例

如"幸福"的"福"的左边是个礻，为什么"富裕"的"裕"的左边是个礻呢？为什么"福"字左边少一点而"裕"字旁边多一点？"自己"的"己"和"已经"的"已"为什么只差半笔？"折扣"的"折"和"拆开"的"拆"，为什么只差一点？"風"字最奇怪，看看像是一口钟盖着一只虫，为什么钟把虫盖住了就会有风呢？谁也讲不出一个道理来！现在简化为"风"了，也还不知道为什么要这样写才算是代表了"風"。

汉字难学，是因为每一个字都靠死记，譬如要一个农民认识1500字，那就要认1500次，因为1500字就有1500个不同的面孔。如果一天认3个字，就得认一年半！如果一天只认1个字，就得认四年！

如果汉字改用拼音文字，那就好了。什么叫做拼音文字呢？拼音文字就是依照声音写下来的文字。你们学过注音字母吗？拼音文字的办法很像注音字母的办法。说的是什么声音，就照样写下来，例如"幸福"，只要写ㄒㄧㄥㄈㄨ就行了；"富裕"只要写ㄈㄨㄩ就行了。"学"字写作ㄒㄩㄝ，"观"字写作ㄍㄨㄢ，不是很简单吗？"自己"的"己"写作ㄐㄧ，"已经"的"已"写作ㄧ；"折扣"的"折"写作ㄓㄜ，"拆开"的"拆"写作ㄔㄞ，不是分得很清楚了吗？

拼音文字的最大优点就是用不着每个字死记。凡是同音的字，都可以拼成一个样子，例如"風"字写作ㄈㄥ，用不着再写一口钟盖着一只虫了，而且"丰产"的"丰"也写作ㄈㄥ，"蜜蜂"的"蜂"和"山峰"的"峰"也都写作ㄈㄥ，这样，我们只要认得一个ㄈㄥ，就算是认得"风丰蜂峰封"等字了，不是很容易吗？

上面讲的是注音字母，已经有许多好处。现在文字改革委员会还拟定了一套汉语拼音方案，这个方案所用的拼音字母比注音字母更好写，更好认。将来大家学会了拼音字母的时候，自然会知道它的好处，这里不去详细讨论它了。

总之，拼音文字是最先进的文字，是最容易学的文字。

　　我们中国的小学要念六年才能毕业,中学要六年,总共是十二年,苏联只要十年就够了。为什么呢? 因为俄文是拼音文字,容易学;汉字不是拼音文字,难学。我们如果希望儿童学文化学得又快又好,就必须把汉字改为拼音文字。

　　毛主席说"文字必须在一定条件下加以改革,言语必须接近民众",又说"文字必须改革,要走世界文字共同的拼音方向"。我们应当遵照毛主席的指示,积极创造条件,争取早日实行拼音文字。

　　要创造什么条件呢? 就是要先推广普通话,要先做好汉语规范化的工作。

　　如果汉族的语言不统一,就很难实行拼音文字。因为拼音文字是按照说的话写下来的,现在各地区的人们说话的口音都不一样,写成了拼音文字也都不一样。如果没有统一语言,各按各的口音来写,北京人写的书,不但广东人、福建人看不懂,连上海人、湖南人也看不懂了。广州人写的信,不但北方人看不懂,连潮州人、海南人也看不懂了,例如"幸福",按照汉语拼音方案(草案)写下来应该是 xiŋfu,那是北京音。如果让广州人按照广州音写下来,那就变了 haŋfuk。这样,如果一个北京人和一个广州人通起信来,一定弄到谁也不懂谁。

　　有人反对拼音文字,就是因为这个道理。他们说,汉字虽然难写难认,但是全国人都看得懂。如果改为拼音文字,那就只有一个地区的人能看懂了,例如依照北京音来写拼音文字,就只有北京人能懂,至多也只有北方人能懂,南方人都不懂了。现在语言虽不统一,文字倒还是统一的;如果改为拼音文字,不但语言不统一,连文字也不统一了! 这是反对拼音文字的理由。

　　这些反对的话都有道理。那么,我们怎么办呢? 如果实行拼音文字,又怕南方人看不懂;如果不实行拼音文字,汉字又这样难写难认,拖长了学文化的时间。岂不是进退两难了吗?

　　不,我们并不进退两难。我们只有进,没有退。前进有困难,有障碍,我们就要克服困难,消除障碍。

　　我们一定要大力推广普通话,使全国说汉语的人都会说、都听得懂。听得懂也就看得懂,会说也就写得下来。将来不论南北东西,只要是说汉语的人,每一个人写下来的拼音文字都是依照北京音来拼写的。语言统一了,拼音文字也就统一了。现在来大力推广普通话,就是要达到这个目的。

　　同时,我们一定要做好汉语规范化工作,编出一部词典来。在这一部词典里,我们首先要确定某一种东西叫什么名字,例如叫"肥皂"就不再叫"胰子",叫"自行车"就不再叫"脚踏车"或"单车";其次我们要确定每一个字的读音和写法。这样,有些南方人写字一时想不起,就查字典;看书一时看不懂,也查字典。

　　拼音字母只有30个①,比注音字母还少(注音字母共有40个,用来拼写北京音的也有37个)。只要会写这30个字母,随便什么字都写得出了;只要认得这30个字母,什么书也都会看了,那真太好了!

　　好是好,就是要先推广普通话,不然的话,拼音文字虽好,可不能实行。

　　是不是要等到全国每一个人都学会了普通话才实行拼音文字呢?那又不是的。只要大多数人学会了就行了;也不要学得十全十美,只要学得大致不差就行了。老实说,就是那些不懂普通话的人,学习普通话的拼音文字,也不比汉字更难。如果能懂几成,就更容易了。

　　从前面的话看来,汉语规范化并不难懂。汉语规范化就是让汉族全体5亿6000万人民说完全一样的话。要是达到了这个目的,对于我国伟大的社会主义建设事业的发展具有重大的意义。

---

① 1958年由第一届全国人民代表大会第五次会议批准推行《汉语拼音方案》,方案采用26个拉丁字母。

在推广普通话的宣传工作中
应该注意扫除的一种思想障碍

政府号召我们大力推广以北京语音为标准音的普通话,得到了全国文字改革会议全体代表的一致拥护。我们相信,这一个号召也会得到全国人民的拥护的。

现在,我想谈一谈推广普通话的工作在群众中可能遭遇到的一种思想障碍,就是怕学普通话的思想。

许多人怕学普通话,特别是自己的方言和普通话距离较远的人们,以为普通话太难学了,学不好怕人家笑话。这种思想不扫除,我们推广普通话的工作是会遭受很大的障碍的。

我个人认为:要完全依照北京语音的标准来说普通话,那自然是相当困难的。但是,我们不能把标准和要求混为一谈。我们既然要学普通话,不能没有一个标准。这个标准可以说是最高的要求。依最高的要求来说,我们不但要求说出来人家听得懂,而且要求有明确的、一致的规范。但是,我们还有一个最低的要求,那就是只要求说出来人家听得懂,凡是懂普通话的人都听得懂。

拿学生成绩来做譬喻,最高要求是五分,最低要求是三分。从两分到三分是一个过程,需要相当大的努力。但是,从两分到三分到底是容易的,不是困难的。

不要轻视从两分到三分这个距离。假定现在你所说的"普通话",人家只懂四成,那么由四成到六成就是向标准的普通话靠近了一步,大大地增进了听众的了解。我们的要求不是在三五年内全汉族人民或全国人民都能说标准的普通话,我们只是要求汉族人民的各种方言每一年每一天都向标准的普通话不断地接近,方言的分歧一天比一天缩小。这就大大地增强了全民语言的交际功用,同时为拼音文字铺平道路。

由此看来,学习普通话并不是一件可怕的事情。平时听见人家说"天不怕,地不怕,只怕广东人说官话";也有人说"天不怕,地不怕,只怕苏州人说官话"等等。这种嘲笑的态度是值得重新考虑的。我建议改变嘲笑为鼓励,改为:"天不怕,地不怕,还怕什么普通话!"许多人谈过他们学话的经验,都说只要不害臊就行。我建议换一个说法:"只要勇敢就行。"

当然,我也不是说学习普通话可以抱着马马虎虎的态度,因为如果以为把词汇改变了一下,就变成了普通话,那也是不对的。语音不改变,也会妨碍听众的了解,例如有些广东人把"政治"说得很像"经济",那就妨碍听众的了解。

但是,在宣传工作中,我认为总是应该扫除人民群众怕难的思想障碍,然后推广普通话的工作才能顺利展开。

这是我对推广普通话的宣传工作的一点粗浅的意见,是否正确,请代表们批评指教。

（原载《光明日报》1955 年 10 月 26 日）

谈谈学习普通话

自从国务院关于推广普通话的指示发出以后,对于学习普通话的重要性,大家都明白了。现在我想谈一谈:(一)学习普通话是不是"打官腔"?(二)学习普通话是不是"忘本"?(三)学习普通话难不难?

一

学习普通话是不是"打官腔"?不是的。普通话是以北方话为基础方言,以北京语音为标准音的。在封建社会里,做官的人的确是说这种话,用这种话去吓唬人民。但是,我们并不能因此就说这种话是属于官的。我们应该说:任何地方的话都是属于人民的;做官的老爷们绝对没有能力创造出一种"官话"来。现在事实证明了,在中国共产党的领导下,在人民的政权下,官老爷早已消灭了,而被称为"官话"的北京话仍旧存在。可见这种话决不是"官话",而是人民的话。我们之所以采用北方话作为普通话的基础方言,并不是因为北方话比别的地方的话更好一些。一切方言都应该是平等的。实际上,普通话虽然以北方话作为基础方言,但它并不等于北方话,因为它已经在北方话的基础上提高了。为什么不在别的方言的基础上提高,而要在北方话的基础上提高呢?这是历史所造成的。五百多年来,北京差不多一直是政治、经济、文化的中心,文学作品是用北方话写的。五四运动以后,白话文也是用北方话写的。汉族人民和说汉话的人民有百分之七十以上是说北方话的(包括西南官话)。现在我们要求语言统一,走哪一条路最近呢?当然是拿传播最广的北方话作为基础,才是达成语言统一的最有效的方法。词汇和语法可以拿北方话做基础,至于语音呢,单说北方话还不行,北京和天津的语音就有出入,所以非指定一个城市的语音作为标准音不可。指定哪一个城市呢? 大家都会同意北京,因为北京是我们的首都。首都的话代表民族的话和国家的话,不但中国是这样,世界上许多国家都是这样。我们学习普通话,就是学习我们首都的话,哪里是"打官腔"呢?

二

学习普通话是不是"忘本"呢? 那也不是的。说"忘本"的人们以为抛弃了祖宗的话就是"忘本"。首先我们说,我们推广普通话,并不是要消灭方言。大家学会了普通话,只是多学会了一种话,并不是以后就不许再说家乡话了。其次,我们要指出:在一千年以前,我们的汉语并不像今天这样分歧;在几千年前,我们的汉语更只有一种。这就是说,在几千年前,我们的远祖所说的话是统一的。如果我们大家学会了普通话,语言统一了,那该是一件多么好的事,哪里是"忘本"呢?

三

学习普通话难不难? 任何一件重要的事情做起来都有困难。但是,我们如果了解它的重要性,它就变为不难的了,因为我们能想法子克服困难。社会主义建设事业,哪一件不难呢? 但是我们不叫难,因为我们为了建设社会主义社会,就不惜付出一切的力量。学习普通话,在社会主义建设中,应该算是比较轻松的一件事了。有些人也许不相信语言的统一是和社会主义建设事业有很大的关系的。但是,如果不是在社会主义建设事业中能起重大作用的事情,党和人民政府就不会用这么大的力气来推动它。

　　实际上,学习普通话也是不难的。现在一般书籍、杂志、报纸上的文章都是用普通话写的,我们都看得懂,有些人就差不多能用普通话念出来。但是,我们听人家用普通话念出来的时候,实在也和我们的家乡话相差不远。比起学习一种外国语,不知道容易多少倍!说普通话难学,那是因为还没有深切体会推广普通话的重要性,不肯花工夫去学它。无论是谁,如果肯下决心,普通话一定学得好,特别是青年人,要学到百分之九十五以上的正确程度是完全可能的。

　　假使你是北方人或四川、云南等省的人,学起北京的语音来,那真容易得很。有许多字音是家乡话和北京话一致的,只是声调差一点,例如“天地”这两个字,北方各省和西南各省的读音都差不多。当然,我们绝对不能因为差不多就满足了,而不去学习正确的普通话。有了差不多思想,就不愿意刻苦地学习了。其实,那怕只差一成也不应该满足,因为这一成就足够妨碍思想的交流。一个四川人说“鞋子”说成“孩子”,一个湖北人说“日本”说成“而本”,一般人就不会听懂。因此,凡是自己以为差不多的人,倒反是应该重视普通话的学习。

　　江苏、浙江、福建、广东等地的人,学起北京语音来,似乎是很难了。实际上也并不难。北京话和各地区的方言是同出一源的。因此,不管语音上的差别有多么大,方音和北京的语音之间总有一个对应的规律。我们找出了这个对应的规律,学习普通话就容易得多了。我们知道了一个字应该怎样念,就能推知同一类型的字应该怎样念,不需要硬记每一个字音,例如我们知道了“天”字怎样念,就可以用类推的方法知道“田、连、先、钱、坚”等字是怎样念的。我们知道了“高”字的读音,也可以类推“劳、毛、袍、好”等字的读音。表面上看来,江苏、浙江、福建、广东等地的人学起北京语音来,好像是比北方人(例如河南人)困难得多。其实并不一定是这样。相近的东西总是比较容易混乱的；差别较大的东西总是比较容易辨别清楚的。江苏、浙江、福建、广东等地的语音和北京语音差别较大，容易给人们一种鲜明的印象，大家感觉到非改变不可，那样就有了学好的可能。因此，无论江苏、浙江、福建、广东，都有一些人学得很好的一口普通话，说得好的要比一般北方人还好。中央推广普通话工作委员会开会的时候，有几位委员都谈到南方人学普通话并不难，这不是空口安慰大家，而是有理论根据的，并且是有事实证明的。

由此看来，学习普通话，北方人不难，南方人也不难。只要大家在思想上明确起来，拿探矿山、治黄河的精神来学习普通话，绝对没有学不好的道理。

（原载《时事手册》1956 年 3 月号）

谈谈广东人学习普通话

广东人学习普通话并不难,但是第一要有决心,第二要有办法。

为了社会主义建设更加顺利进行,我们需要统一我们的民族语言。必须充分认识推广普通话的必要性,然后才有学习普通话的决心。决心是一个先决的条件;如果没有决心,纵使有很好的学习办法,也还是学习不好的。但是在这里我不想多谈决心问题。我要谈的只是怎样学习普通话的问题,和广东人在语言统一中的重大责任的问题。

广东人学习普通话的时候,首先注意到家乡话的词汇和普通话的词汇的差别,因而努力做到改用普通话的词汇。这是正确的学习方法。有些人只知道运用普通话里的许多词语,但是他们的语音还是广东音,这可以叫做词改音不改。大家都笑他们的普通话说得很坏。其实并不太坏。从"佢哋"到"他们",从"咁肥"到"那么胖",已经是一个艰苦的学习过程。我们应该重视他们学习普通话的成绩,即使这不是十分令人满意的成绩。真的,词改音不改,比起词和音都不改要容易懂多了。因此,我们应该鼓励大家先把普通话的词汇学好。这是很容易的事,因为现在一般报纸、杂志和书籍都是用普通话写的,只要随时注意普通话的词汇和家乡话的词汇的异同,就能够基本上掌握词汇了。

比较困难的是语音方面。但是,由于广东话(广府话、客家话、潮州话、海南话等)与北京话同出一源,所以二者之间存在着语音规律。我们如果掌握了这个规律,也就容易得多,例如我们知道了"烟"字在广州念 in,在北京念 ian,这 in 和 ian 的对应就是一个规律,由此可以推知"天、仙、见、面"在北京话里是 tian、xian、jian、mian。类推法是一个以简驭繁的方法,一般人学话都无意识地使用这个方法。现在要做到有意识地运用它,并且要做得细致一点。

仔细分析起来,语音的对应有两种情况:第一是由异到同,就是广东话的两个音到北京话里合为一个音,例如北京话里没有收-m 的音,所以不但广州的 in 和北京的 ian 对应,连广州的 im 也和北京的 ian 对应了。换句话说,北京话里"添、天"不分,"剑、见"不分了。第二是由同到异,广东话的一个音到北京话里变为两个音了,例如广州的 ou 到北京话里分为 u 和 au。"布告"和"报告"在广州话里是同音的,都是 bougou,但是它们在北京话里不同音,"布告"是 bugau,"报告"是 baugau。第一种情况好办,例如两个抽屉里的东西要合到一个抽屉里,那是最容易做到的事。第二种情况比较难办,例如一个抽屉里的东西要按照某种标准分为两个抽屉,那就不简单了。广州人知道了"布"该念 bu,"报"该念 bau 之后,遇着一个"葡萄",也还不知道该念 putu 呢,还是该念 pautau 呢(实际上该念 putau)。在这种情况下,就有必要按字典查明这些字的读音,列入甲乙两表,多多温习,牢牢记住。同时也可以找出一些窍门,例如广州话的 ou 在 b、p、m、d、t、n、l、z、c、s 的后面才有问题;如果在 g、k、h 的后面,就只能和北京的 au 对应,不可能和北京的 u 对应了。总之,掌握语音对应规律,是汉族人民和学习汉话的人们学习普通话的语音的良好方法。

由此看来,广东人学习普通话并不困难。广东语音和北京语音距离很远,这是事实。但是,差别的大小并不能说是学习难易的标准。差别太小了,倒反容易混淆,例如一个河南人自以为河南话和北京话差别不大,不肯用心学习,结果仍然是一口河南话。差别大了,倒反令人有鲜明的印象,觉得非改不可,倒反容易学好。在中央推广普通话委员会开会的时候,有几位委员都说南方人学普通话倒反容易,其中有一位委员特别说到,广东人学习普通话并不像人们想象的那样困难。有许多广东人学得一口很好的普通话。这不是空口安慰大家,而是有理论根据的,有事实证明的。

广东人在语言统一中负有重大的责任,因为广东话和福建话都是距普通话最远的。推广普通话的工作的成败,要看在广东推行的成绩如何。应该指出:推广普通话并不是消灭方言。广东人学会了一种话,对个人来说是很大的便利,对国家来说是响应了党和人民的号召,做了一件对社会主义建设事业有利的事情。将来拼音文字的实施,也要看广东等地的人民是否学好了普通话。因此,学习普通话对广东人民来说具有特别重大的意义。相信广东人民一定能够完成这一项政治任务。

（原载《南方日报》1956 年 3 月 25 日）

谈谈在高等学校里推广普通话

　　政府推广普通话的政策是完全正确的,因为是从社会主义建设事业上来考虑这一个问题的。语言不统一,就会大大地妨害了民族在政治上、经济上、文化上的统一。推广普通话的必要性,国务院在关于推广普通话的指示中已经说得很明白了。现在我只想结合高等学校的具体情况来谈一谈。

　　我个人觉得,在高等学校里,要推广普通话,还是应该先做好思想动员的工作。作为高等学校的教师和学生,对于普通话的大道理,自然比一般人懂得多。但是,在业务繁忙,同时又要向科学进军的时候,大家也会觉得做事情要有个轻重缓急,学习普通话无论怎样重要,总不会像准备功课和进行科学研究那样重要,所以只好暂时不管了。我认为有必要说明两点:第一,必须深刻体会到学习普通话和自己的业务有密切关系,我们不能把学习普通话和自己的业务割裂开来,应该认识到学好普通话就是搞好业务。能够想通了这一点,就不会再以为学习普通话是妨害业务。思想上没有抵触,学习普通话的积极性也就提高了。第二,必须说明学习普通话并不需要很多时间,并且不难学。这样,有了决心和信心,事情就容易办了。

　　我们进行教学改革,主要是进行教学内容的改革和教学方法的改革。我认为学好普通话是属于改善教学方法的范围之内的。否则学生听不懂话或者只懂一半,教学效率就会大大地降低。在语言不通的情况下，也就谈不上什么教学内容了。最近有一位南方的著名学者在北京做了些学术报告，据北京的听众对我说，几乎是一句也不懂！像这一类的例子，每一个人都可以举出许多。奇怪的是：教授们似乎对于这一方面不大介意，甚至某些教授有一种奇怪的论调，譬如对学生们说："要我学好普通话是很难的，但是，要你们学会听我的话却是容易的，再过一些时候你们就能听懂了。"这种说法是颇欠考虑的，因为每年都有新生（或新听课的学生），也就是说，每年都要让几十个或几百个学生忍受半年以上的"鸭子听雷"的苦处；如果自己把普通话学会了，不是一劳永逸了吗？我觉得我们应该把语言的修养当作教学工作中的一件大事。中国自古就说，教书先生是靠一张嘴吃饭的，从前在封建时代是吃东家的饭，对东家负责，今天是吃人民的饭，我们要对人民负责。学生听不懂话，我们能置之不理吗？教书要讲究口才，但是，在今天来说，学校里的学生是五方杂处的，所谓教书的口才，应该是包括流利而基本上正确的普通话在内。如果讲者眉飞色舞，听者昏昏欲睡，即使口若悬河，又能起什么作用呢？总之，作为人民的教师，要搞好教学，一定先要学好普通话。

　　就学校里来说，学生的情况比较复杂些，他们只要听课，不需要讲课，似乎并不迫切需要学习普通话，甚至有些学生不希望老师们用普通话讲课，而希望老师们用本地话讲课。但是，学生们用得着普通话是在毕业以后（特别是在非官话区域是如此），而等到毕业以后现学普通话已经来不及了。2 月 12 日《人民日报》的社论指出："全国中等学校和高等学校 1956 年的应届毕业生，如果还不会说普通话，应该进行短期的补课。"看来，以后不是每年都补课，而是应该预先把普通话学好。过去有些南方的大学毕业生分配到北方来工作，由于语言不通，在工作上带来不少困难，甚至要求调职。就在去年北京大学的毕业生中，有一位是广东人，被分配到北京的一所中学教书，他就不敢承担这一任务。我觉得今后这一种情况必须逐渐加以改变;而同学们普遍地掌握普通话,就是为政府更顺利地分配毕业生工作创造条件。

学习普通话需要多少时间呢?依照北京大学的办法,正式上课只需要十足的八小时,共分四次,每周两次,每次两小时。这样,两周可以学完。学完以后,能基本上掌握发音常识和拼音字母,为自学普通话打下了基础。这并不是说语言是可以突击的。要真正学好普通话,大约需要两三年;但是,所需要的只是实践或实习的时间,并不需要整段的时间。在从前,许多人没有意识到自己的普通话蹩脚,至少是没有意识到蹩脚到什么程度和错误在什么地方。现在有了学习普通话的迫切要求以后,通过了学习,然后知道以前自以为普通话说得"嘸啥",其实是距离还很远,于是随时随地都注意别人的发音,特别是会说普通话的人的发音。这种注意是同别人谈话的时候和听课的时候同时注意的,并不需要另外花时间。有时候,在讲课以前,对某字的读音有疑问,就查一查字典。查字典是一两分钟的事情。再者,开会时不说本地话,也是普通话的实践活动。一切都不需要许多额外的时间。

学习普通话要知难,同时要不怕难。所谓要知难,就是先肯定一点:凡不是在北京生长的人,要完全掌握北京语音(普通话的标准音)是很不容易。这样就肯定了自己的普通话还存在着缺点,需要克服。但是,我们所谓学好普通话,并不是要求口音和北京本地人的口音一模一样,连声音的轻重缓急也不差毫厘。我们所要求的,就语音方面说,只是掌握北京的语音系统,而这个语音系统是有可能掌握的。

我个人觉得在高等学校里推广普通话,应当以自愿学习为原则。年老的教授们如果也高兴参加学习,自然也值得欢迎,但是丝毫不能勉强。国务院关于推广普通话的指示里只提到青年教师和助教,这是照顾老年教授的意思。我想,即使是对青年教师和助教来说,也应当以自愿为原则。今天我们的政治学习也还是以自愿为原则的。只要大家在思想上明确了学习普通话的必要性，自然会踊跃参加的。

推广普通话并不是要用人力来消灭方言。领导上再三提出过这个原则，但是各地在推广普通话的时候，并没有完全体会到这个原则。譬如说，同乡见面不许再说家乡话，这个做法就很生硬。当然，如果两个同乡自愿用普通话交谈，那自然很好；但如果他们要用家乡话交谈，也应该让他们有他们的自由。又譬如说，教师发音不正确，班代表提意见，我认为这个做法也很生硬。教师们没有一个不愿意发音正确的，正像他们没有一个不愿意获得较好的教学效果一样，但是发音正确不是一两天就做得到的。

总之，在高等学校里推广普通话要着重在思想动员，要形成一种舆论。但是这种舆论应该是积极性的鼓励，不应该是消极性的禁止、批评和嘲笑。在学习方面，要结合高等学校的特点，正规学习的时间不宜太多，但是要注意巩固，要注意经常从自学中提高。

这是我个人主观的想法。在北京大学推广普通话工作没有做出总结以前，很难谈得具体。可能这些想法还有不正确的地方，希望读者指教。

（原载《高等教育》1956 年第 7 期）

为推广普通话和推行
汉语拼音而努力

　　最近,教育部发出通知,要加强学校普通话和汉语拼音教学,这的确是当务之急,我坚决拥护,并且坚决贯彻执行。这里,我谈谈我的一点感想。

　　1956 年,国务院成立了中央推广普通话工作委员会,陈毅副总理担任委员会主任,当时提出的推广普通话的方针是:"大力提倡,重点推行,逐步普及。"福建大田县吴山乡是推广普通话工作的红旗;山西万荣县在推行汉语拼音、搞注音识字工作中很有成效。一次我去万荣参观,看见好些贫下中农聚集在一起,随便指定其中一个人在黑板上用汉语拼音写出我们说出的一句话,他们能够做到一字不差。这两项工作取得了一定的成绩。但是,从全国来看,成绩还不够大。国务院 1977 年在一个文件的批语中指出:"普通话是社会主义革命和社会主义建设的需要,是国家的统一、人民的团结的需要,必须大力推广,逐步普及。"应该认识到,我们今天推广普通话,是为四个现代化服务,例如,科学技术的交流,就用得着普通话。周总理指出,在我国汉族人民中努力推广普通话"是一项重要的政治任务"。我们要深刻领会周总理这个指示,身体力行。

　　普通话,以北京语音为标准音,以北方话为基础方言,以典范的现代白话文著作为语法规范。普通话,基本上就是北京话,不过,不包括北京的土话罢了。语言有三要素:语音、词汇、语法。学习普通话,语音、词汇、语法三方面都要学好,例如,语音方面,上海、广州等地的人学普通话,不要把"姓黄"(huang)说成"姓王"(wang);词汇方面,上海人不要把"自行车"说成"脚踏车",广东、广西人不要把"自行车"说成"单车";广西人不要把"知道"说成"懂",云南人不要把"再"说成"又";语法方面,广东、广西人不要把"你先去"说成"你去先",闽南人当人家问你"吃了饭没有?"你已经吃过饭,就回答说"吃了"(le),不要回答说"有!"诸如此类,是务必注意的。

学习普通话有两种思想障碍:第一种思想障碍是狭隘的地方观念作怪。1958年,我把周总理关于文字改革的报告录音带到广州播放,听说广州有的小学生说:"为什么他们不学我们的广州话,却要我们学他们的北京话?"关于北京话定为普通话的问题,我们要讲清楚。北京话本来也是一种方言,为什么要定为现代汉语的标准语——普通话呢?

我们需要普通话,但是,普通话不是由谁来制定的。民国初年,读音统一会规定一种国音,南腔北调,结果是失败了,谁也不会说这种人为的话。民族共同语必须有一种活的语言作为基础,这就是所谓基础方言。基础方言的地点应该是政治、文化的中心。法语以巴黎话为标准,巴黎话原属于法兰西岛方言,而法兰西岛正是古代政治、文化中心。我国古代也有标准语,在一个很长时期以洛阳话为标准语,因为洛阳是政治、文化中心。北京作为我国政治、文化中心,已有六百五十年的历史,以北京话作为汉族共同语,是历史的必然。党中央在延安的时代,延安广播电台就是用的北京话。普通话是自然形成的,不是谁来制定的。我们不要普通话则已,若要普通话,就只能用北京话。现在还有人由于狭隘的地方观念,不肯学习普通话,那是错误的。

第二种思想障碍是旧的习惯势力作怪,认为学普通话有困难,学不好,所以索性不学它。这种理由也是站不住脚的。普通话如果从小学教起，小孩们一学就会，毫无困难。1956年，在青岛召开的普通话观摩会上，广西梧州市一个小学生上台表演，他的普通话说得像北京的小孩一样，这样的小学生，现在全国已经很多了，希望越来越多，将来全国所有的小学生都会说普通话。现在，有的小学生不会说普通话，责任在教师。

教育部的通知指出："就全国范围讲，从1978年起，五年内应做到各级各类的语文教师（包括民族地区的汉语课教师）基本上能用普通话教学，其他各科教师也能逐步使用普通话教学。"这应该是可以做得到的。学习普通话并不难。当然，成年人学习普通话，要学得跟北京人完全一样，是困难的，甚至是不可能的。但是，要学到基本上能用普通话教学，只要肯下苦功去学，是完全可能的。一位上海教师讲课，把"典型"说成"电影"；一位广东教师讲课，把"私有制"说成"西游记"；一位湖南教师讲课，把"图画"说成"头发"；一位潮州教师讲课，把"青年"说成"亲娘"，这就影响教学的效果。我希望五年以后，不再有这种现象。

汉语拼音，主要有两个作用：一个是为推广普通话服务，一个是给难字注音。普通话和汉语拼音是互相推进的：多看拼音读物，就能逐渐掌握普通话；学会了普通话，就能正确地使用汉语拼音。我们在加强学校普通话教学的同时，也要加强汉语拼音教学，理由就在于此。

最后，关于汉字拼音化，我也谈谈我的看法。毛主席指示我们："文字必须改革，要走世界文字共同的拼音方向。"我们继承毛主席遗志，要争取早日实现汉字拼音化。在抓纲治国的新时期，我认为汉字拼音化的条件已经成熟。我们不需要等待全国汉民族语言统一然后实现汉字拼音化。那将是遥遥无期。相反地，实行拼音文字以后，可以促进汉民族语言的统一。我们应该认识到，文字是一种符号，是用眼看的，不是用耳听的，不会正确地读出字音的人也会从字形上认识它是什么字。拼音文字的结构已经比汉字合理得多了,决不会比汉字更难认。广东人虽然常常把"私有制"说成"西游记",但是汉字拼音化以后,他决不会把"私有制"写成 xiyouji,而且一定会写成 siyouzhi,因为他看见书报上"私有制"都是这样写的,他也就学会了。我认为,四个现代化需要汉字拼音化。在这个电子计算机时代,电脑需要拼音汉字。我强烈地盼望着:在不太长的期间内,我国将实现汉字拼音化。

（原载《光明日报》1978 年 10 月 11 日）

粤方言与普通话

——在香港中国语文学会举行的
学术演讲会上的演讲

粤方言指的是华南的一种方言,其地域包括广东中部、西部、南部,广西南部等,以广州话为代表。今天我讲粤方言与普通话,实际上是讲广州话和北京话。

普通话是以华北方言为基础方言,以北京语音为标准音,以现代白话文为语法规范。实际上就是去掉土话成分的北京话。

今天我讲的是粤方言与普通话的比较,目的是帮助粤方言区的人学习普通话,也帮助北方人学习广州话。这个报告分为六个部分:(一)普通话有、广州话没有的音;(二)广州话有、普通话没有的音;(三)广州话合、普通话分的音;(四)普通话合、广州话分的音;(五)广州话与普通话语法的比较;(六)广州话与普通话词汇的比较。

(一)普通话有、广州话没有的音

最突出的是广州人没有"资、雌、思"一类的音。"四十四",广州人说起普通话来很像"试时试"。"私人"与"诗人"不分,"黑字"和"黑痣"不分,"推辞"和"推迟"不分,等等。

广州人也没有卷舌音。广州人说起普通话来,"收拾"很像"休息","师范"很像"稀饭","私有制"很像"西游记","姓饶"很像"姓姚"。

广州话没有卷舌元音[ɚ]，例如"儿、耳、二"。

广州话没有韵头。它没有韵头 i，广州人说普通话，"交代"很像"招待"，"姓姜"很像"姓张"，"将来"说成"张来"，"教授"说成"照受"，"连"说成[lɛn]，"梁"说成[lɛŋ]。也没有韵头 u，广州人说普通话，"专"说成[tʃon]，"船"说成[tʃʻon]，"乱"说成[lon]，"算"说成[ʃon]，"桌"说成[tʃo]。也没有韵头 ü，因此，"全、传"同音，都是[tʃon]，"卷、转"同音，都是[tʃon]。

广州话没有轻声字。"莲子、栗子、房子、凳子、帽子"等等，其中的"子"字都念重音。甚至把"椅子"说成"移紫"，"饺子"说成"矫紫"。

（二）广州话有、普通话没有的音

首先是广州话有入声字。入声字收音于-p、-t、-k。在广州话里，"合、何"不同音，"揖、医"不同音，"叶、夜"不同音，"立、例"不同音，这几组字的第一个字都是收音于-p 的。"质、至"不同音，"物、务"不同音，"义、衣"不同音，"八、巴"不同音，"乞、起"不同音，"不、布"不同音，这几组字的第一个字都是收音于-t 的。"木、墓"不同音，"福、扶"不同音，"鹿、路"不同音，"辱、乳"不同音，"速、素"不同音，"药、耀"不同音，"麦、卖"不同音，"百、摆"不同音，"力、利"不同音，"各、个"不同音，"尺、耻"不同音，等等。这几组字的第一个字都是收音于-k 的。

广州话有[œ][ø]一类的元音，这是广州话的一大特点。共有六种韵母：(1)靴[hœ]（只有一个字）；(2)梁[lœŋ]、张[tʂœŋ]、长[tʂœŋ]、相[ʃœŋ]、乡[hœŋ]、姜[kœŋ]、强[kʻœŋ]，等等；(3)论[lœn]、信[ʃœn]、准[tʃœn]、笋[ʃœn]，等等；(4)雷[løy]、需[ʃøy]、催[tʃʻøy]、缕[søy]、去[høy]、具[køy]、居[køy]，等等；(5)律[lœt]、出[tʃʻœt]、术[ʃœt]，等等，(6)略[lœk]、脚[kœk]、却[kʻœk]、雀[tʃœk]、着[tʃœk]，等等。

广州话有长短音的分别。主要有下列五种韵母，(1)［aːi］：［ai］，例如：街［kaːi］：鸡［kai］；柴［tʃʻaːi］：齐［tʃʻai］；戒［kaːi］：计［kai］；赖［laːi］：丽［lai］；债［tʃaːi］：际［tʃai］。(2)［aːn］：［an］，例如：慢［maːn］：民［man］；间［kaːn］：根［kan］；闲［haːn］：痕［han］；还［waːn］：云［wan］；关［kwaːn］：军［kwan］；山［ʃaːn］：身［ʃan］；颜［ŋaːn］：银［ŋan］。(3)［aːu］：［au］，例如：受［kaːu］：钩［kau］；巧［haːu］：口［hau］；嘲［tʃaːu］：周［tʃau］；巢［tʃʻaːu］：筹［tʃʻau］。(4)［aːk］：［ak］，例如：客［haːk］：黑［hak］。(5)［aːm］：［am］，例如：监［kaːm］：今［kam］；岩［ŋaːm］：吟［ŋam］。

其余如［oi］［on］等韵母，也都是广州话的特点，不详细叙述了。

（三）普通话分、广州话合的音

广州话没有［tʂ］［tʂʻ］［ʂ］，也没有［ts］［tsʻ］［s］，也没有［tɕ］［tɕʻ］［ɕ］。广州人说普通话时，往往把这三类音混同为［tʃ］［tʃʻ］［ʃ］。在广州，"传全存"三字是同音字，有人把"此处存车"写成了"此处传车"。有些广东人说"招待"时很像"交代"，说"交代"时又很像"招待"，其实说的是［tʃautai］。他们往往把"教授"说得像"照受"，把"姓邹"说得像"姓周"。他们又往往把"祖宗"说得像"主中"。

广州话没有［xu-］一类的音，所以当他们说普通话时，往往说"胡"似"吴"，说"黄"似"王"，说"华"成"娃"［wa］，说"还"成"顽"，等等。有时候，他们又矫枉过正，把该念［w-］的倒反说成［xu-］。这次我到香港来，许多人介绍我叫黄教授，我每次都纠正了，因为我不愿意改姓黄！

匣母撮口字，也常常被广州人把它和喻母字混同起来，例如"玄、圆"不分，"院、县"不分，等等。我在中山大学任文学院长时，广州人常常矫枉过正，叫我黄县长，三个字错了两个！

广州人不分明、微两母，一律念成明母[m-]。因此，"国文"和"国民"不分，说"微"似"眉"，说"亡"似"忙"，说"务"似"慕"，等等。这次我在肇庆参观鼎湖山时，一位同志对我说："今天有'墓'，看不清楚。"我说："不是有'墓'，是有'雾'。"

广州话里，唇舌齿音后面没有[u]。因此，广州人说"布告"如"报告"，说"姓卢"如"姓劳"，说"姓屠"如"姓陶"，说"大雾"如"大帽"，说"打赌"如"打倒"，等等。前些日子我在鼎湖山游览时，有几个青年学生要求见我，说他们是"冒名而来的"。原来他们想说"慕名而来"，却说成"冒名顶替"的"冒名"了！

广州、香港的年轻一代[n][l]不分，所有[n]母字都并入[l]，于是"青年"变了"青莲"，"困难"变了"困兰"等等。

广州话里，尤侯韵没有齐齿呼，所以广州人"刘、楼"不分，"九、狗"不分，"酒、走"不分，等等。有的广东人说普通话时，矫枉过正，就把"狗"说成"九"，把"走"说成"酒"。我常常听见广东人说"这条路不好酒"，"让我先酒"！

广州话里，邪母字和从母字不分，说邪如从。由于广州话里从母和澄母、床母也不分，广州人读邪母字也和澄、床两母相混。因此，松＝从，辞＝迟，随＝槌，囚＝曹，寺＝字，谢＝tʃe，等等。我游鼎湖山时，一位同志对我说鼎湖山有个庆云字，其实他想说的是庆云寺。

（四）广州话分、普通话合的音

广州语音来自古音，有些古音能分的字，现代广州话保存了古音系统，仍旧能分，而普通话不能分了。下面举出一些例子。

广州话保存了古代的入声字，这一点和普通话大不相通，前面已经说过了。

广州话保存了古代的闭口韵。所谓闭口韵，就是收-m尾的韵。因此，"金"[kam]不同于"斤"[kan]，"琴"[kʻam]不同于

"勤"［k'an］，"吟"［ŋam］不同于"银"［ŋam］，"林"［lam］不同于"邻"［lan］，"侵"［tʃ'am］不同于"亲"［tʃ'an］，"心"［ʃan］，"咸"［haːm］不同于"闲"［haːn］，"岩"［ŋaːm］不同于"颜"［ŋaːn］，"严"［jim］不同于"言"［jin］，"添"［t'im］不同于"天"［t'in］，"兼"［kim］不同于"坚"［kin］，等等。

广州话保存了古代的二等字。所谓二等字，是指主要元音为［a］的字。这些二等字，在普通话里，或者并入了一等（"饱、保"同音，"班、般"同音），或者并入了三、四等（"间、坚"同音，"咸、嫌"同音），只有广州话维持了二等字的独立性，"包"［paːu］不同于"褒"［pou］，"饱"［paːu］不同于"保"［pou］，"庖"［p'aːu］不同于"袍"［p'ou］，"茅"［maːu］不同于"毛"［mou］，"巢"［tʃ'aːu］不同于"潮"［tʃ'iu］，"嘲"［tʃaːu］不同于"招"［tʃiu］，"交"［kaːu］不同于"骄"［kiu］，"饺"［kaːu］不同于"矫"［kiu］，"班"［paːn］不同于"般"［pun］，"办"［paːn］不同于"半"［pun］，"间"［kaːn］不同于"坚"［kin］，"闲"［haːn］不同于"贤"［jin］，"咸"［haːm］不同于"嫌"［him］，"减"［haːm］不同于"检"［kim］，"监"［haːm］不同于"兼"［kim］，等等。

广州话有声母［ŋ］，这是部分地保存了古疑母字。我们知道，普通话是没有声母［ŋ］的。这也是广州话一大特点。"艺"读［ŋai］，"牛"读［ŋau］等等，都保存了古代的声母。甚至［ŋ］自成音节，不用韵母而构成字音，如"吴、五、悟"等等字都读为［ŋ̩］。我们注意到：在广州话里，"银"［ŋan］不同于"寅"［jin］，"吴"［ŋ̩］不同于"无"［mou］，"岸"［ŋon］不同于"案"［on］，"眼"［ŋaːn］不同于"演"［jin］，等等。

以上所讲广州语音与普通话语音的异同，是很粗略的。为时间限制，不能多讲。例如广州话有［h］无［x］，北京话有［x］无［h］（好：北京［xao］，广州［hou］），上面就没有讲到。又如广州话日是母字混入喻母（然＝延，人＝寅），也没有讲到。这些都留待将来再讲了。

　　学习普通话的时候,普通话有、广州话没有的音,要学会;广州话有、普通话没有的音,要避免;普通话分、广州话合的音,要能分;广州话分、普通话合的音,要能合。这样学习普通话,就差不多了。

（五）广州话与普通话语法的比较

　　广州话和普通话的语法差别不大,主要是助词和副词的问题。

　　首先我要指出广州人说普通话时常犯的一种错误,那就是乱用助词"来"字。广州人用"来"字(说成"嚟")表示肯定或否定语气,例如"佢系医生嚟㗎。""佢咯系学生嚟㗎。"译成普通话,他们以为就是:"他是医生来的。""他不是学生来的。"他们不知道普通话里并没有这种表示肯定或不定的语气,应该只说:"他是医生。""他不是学生。"

　　广州话有一种后置副词,也是普通话所没有的。最典型的是个"先"字。普通话说"你先走",广州话说"你行先"。副词"先"字放在动词后面,这是普通话所不允许的。还有"食佐饭先去"(吃了饭再去)一类的句子,其中的"先"字有再或然后的意思,这种语法更不是普通话所能有的。

　　广州话又有后置副词"添"字,加重肯定或否定的语气,例如"我唔单只会听广州话,我重会讲添"(我不但会听广州话,我还会说呢)。有时候,加个"嘑"字,表示一种叮咛语气,语气更重,例如:"我不单只会听广州话,我重会讲添嘑。"这种"嘑"字就不能译成普通话了。

　　广州话与普通话语法的比较,可以写成一本书。希望有人能写这样一本书。这里不能详细讨论了。

（六）广州话与普通话词汇的比较

　　广州话的白话词汇,和普通话的词汇大不相同。有些语词是保存了古语,例如不说"喝"而说"饮",不说"吃"而说"食",不说

"走"而说"行",不说"跑"而说"走",都是古语的遗留。在这一点上,我们可以说,广州话不但保存了许多古音,还保存了许多古语。

但是,也有许多词语是来历不明的。李方桂先生对我说过,他怀疑"痕"字(癞的意思)是受了外族的影响。的确可以这样设想。广东在上古是百越之地,许多少数民族和汉族聚居在一起,汉语不可能不受外族语言的影响,例如"巴闭、论阵、淹尖"等双声叠韵词,来历不明,可能是外语借词。

广州话和普通话的比较,可以编成一部字典。这里只就一般人误以为普通话的词汇举例来说一说。

单车,普通话叫"自行车"。

孖[ma],相连的一双(一对)的意思,普通话里没有相当的词。

枧[kaːn],普通话叫"肥皂"。

斟,普通话说"商量",不完全符合原意。

坐监,普通话说"坐牢"。

马蹄,普通话说"荸荠"。

以上所讲,供学习普通话的人参考,也供学习广州话的人参考。不尽之处,请参考我所写的《广东人怎样学习普通话》和《广州话浅说》。讲得不对的地方,敬请批评指教。

1980 年 12 月

方言区的人学习普通话

　　我国的语言是统一的(指汉语)。一个南方人写起文章来,北方人都看得懂,可见书面语言早已统一了。为什么书面语言容易统一呢? 这是因为:方言和普通话的差别主要不在词汇和语法,而是在语音方面。广东人说"行",北京人说"走";广东人说"走",北京人说"跑";广东人说"食",北京人说"吃";广东人说"饮",北京人说"喝";广东人说"冇",北京人说"没有";广东人说"嘅",北京人说"的"。这些都是一学就会的。在词汇方面,广东人学习普通话并没有什么困难。广东人说"食多半碗饭",状语"多"字在动词后面;北京人说"多吃半碗饭",状语"多"字在动词前面。广东人说"俾十个银钱佢",直接宾语在间接宾语前面;北方人说"给他十块钱",直接宾语在间接宾语后面。这些语法上的分别,更是微乎其微。方言区的人学习普通话的困难,主要是语音方面。

　　语音方面,也不是人们想象的那么困难。普通话本来也是一种方言(北京话)。汉语方言是有一个共同来源的。各地方言由于历史发展的关系,分化为各种语音系统,但是方音和方音之间,有其对应的规律。例如北京话的韵母 ian,等于广州话的 in。我们学习普通话的时候,实际上是系统地学,例如我们既知广州"天"字读 tin,而普通话读 tiān,就可以类推"田"字读 tián,"电"读 diàn,"先"读 xiān,"连"读 lián 等等。每个人学习普通话的过程都是这样的:只要记住一个语音系统的对应规律,并不需要逐字去死记它。

　　不同的方言区学习普通话有不同的困难,例如吴语区的人学习普通话时往往把浊音带到普通话里去,粤语区的人就没有这个毛病。粤语区的人对于普通话"资雌思"一类字音往往发不准,而吴语区的人对此则易如反掌。因此,方言区的人学习普通话,首先要攻破自己方言区学习普通话的难关。

　　就粤语区来说,据我们所知,最困难的是 z、c、s,zh、ch、sh,j、q、x 三个音系,广东人往往混为一个音系,读成粤方言所有的[ʧ][ʧʻ][ʃ]。广东人学习普通话,能分清"资知基、思诗希",他的普通话就算及格了。常常听见广东人说"交代"像"招待",说"休息"像"收拾",都是上述三个音系混为一个音系的缘故。

　　粤方言没有韵头 i、u、ü("关"读[kwan]其实是声母 kw 加韵母 an)。因此,对于普通话里有韵头的字,广东人往往说得不像,例如把"面"说成 mên,把"专"说成 zhou,把"圆"说成 yon 等等。说话的人不觉得不像,听话的人就听出广东口音来了。

　　方言区的人学习普通话,有高标准,有低标准。高标准是学得百分之九十像北京人说话(百分之百几乎没有可能,而且没有必要),低标准是词汇、语法大致和北京话相当,说得相当流利,听得懂。低标准是任何人经过努力都可以达到的。

(原载香港《普通话》丛刊第二集)

主要术语、人名、论著索引